사이버 공간의
문화 코드

이 도서의 국립중앙도서관 출판예정도서목록(CIP)은 서지정보유통지원시스템 홈페이지(http://seoji.nl.go.kr)와 국가
자료공동목록시스템(http://www.nl.go.kr/kolisnet)에서 이용하실 수 있습니다. (CIP제어번호: CIP2015016107)

사이버 공간의 문화 코드

조화순 엮음

한울
아카데미

머리말

　문화는 한 국가의 얼굴이다. 한 국가에서 표현되는 문화를 보면 한 국가의 사고방식, 가치관, 생활과 의식 수준의 정도가 민낯으로 드러난다. 문화는 한 사회를 특징짓는 고유의 물질적이고 정서적인 복합체이기 때문에 단기간에 경제력이 좋아져도 곧바로 높은 수준의 문화를 향유할 수는 없다. 바람직한 사고방식과 가치관이 사회 구성원들에게 향유되지 않으면 경제나 기술 발전의 성과들은 공동체를 위한 동력으로 작동하지 못한다. 인간을 비판적인 사고력과 합리성을 지닌 존재로 만들고 개개인의 삶의 질을 향상시키는 것이 바로 '문화'이기 때문이다. 그렇다면 세계적인 수준의 인터넷과 모바일 휴대폰의 보급률을 자랑하고 '정보통신 일등강국'을 표방하는 한국의 문화 수준은 어떠한가? 이 책은 우리 삶의 일부가 되고 있는 사이버 공간에서 형성되는 문화를 통해 한국 사회의 문화적 특징과 그 수준을 알아보려는 시도이다.

　사이버 공간은 그곳에 존재하는 많은 사람들이 매일 셀 수 없는 정보와 의견을 교환하는 공간이다. 흔히 사이버 공간은 가상의 공간으로 이해되지만, 허위의 공간이나 비가시적인 공간이 아니다. 사이버 공간은 그곳을 채우는 사람들과 사람들이 하는 이야기가 존재하는 공간이고, 그곳에서 사람들의 이야기가 모여 한 사회의 문화를 형성한다. 문화는 특정 공간에 존재했던 인류가 남긴 흔적이며, 인류의 역사는 다양한 문화가 융성하고 쇠퇴

했던 과정의 총체이다. 그렇기에 사이버 공간에는 인간의 삶과 사회의 총체를 이해할 수 있는 일종의 문화 코드(code), 즉 공유된 문화적 체계가 존재한다.

정보 기술의 발전이 한국 사회와 문화에 미친 영향력은 매우 컸다. 사이버 공간에 블로그, 미니홈피와 같은 집을 만들고, 연예인이나 정치인을 추종하는 팬클럽이 만들어지며, 개인적인 흥미를 공유하는 음악, 영화, 패션, 스포츠 관련 인터넷 카페에 모여 사이버 공간과 현실 공간을 오가는 문화 교류가 이루어지고 있다. 게임, 채팅과 같은 새로운 놀이 문화가 생기고 있을 뿐만 아니라 영화와 드라마를 즐기는 방식도 과거와 같지 않다. 사이버 공간을 떠돌며 페이스북에 다녀간 흔적을 남기고, '좋아요'를 클릭하며, 카카오톡을 통해 사람들과 교류한다. 그래서 사이버 공간의 여러 곳에는 사람들이 즐기고, 사고하고, 행동한 의식적·무의식적 흔적들, 즉 문화가 담겨 있다.

인터넷과 뉴미디어가 발전하면서 사람들은 품격 있는 사회를 만들 수 있으리라 믿어왔다. 미래학자들은 기술적 발전이 사회를 움직이는 가치와 신념, 개인들의 속성이나 행동의 원리를 바꿀 수 있으리라고 주장했다. 그런데 기술의 진보를 통해 한국 사회의 문제들을 해결할 수 있을 것이라는 희망은 낙관적일 수만은 없다. 사이버 폭력, 게임 중독, 프라이버시 침해, 사이버 범죄 등도 사이버 공간에서 벌어지고 있는 한국 사회의 모습이기 때문이다. 그렇다면 기술의 발전에 따른 한국 사회 변화를 읽어낼 수 있는 키워드로서 '사이버 공간의 문화 코드'의 현실은 어떠한가? 사이버 문화 코드는 어떻게 생성되고 전파되고 있는가? 이 책은 이러한 한국의 사이버 문화 코드의 특징을 알아내고 해독하는 것을 목적으로 한다. 기술적 성장이 사회를 구성하고 있는 문화들과 조응하며 변화해온 궤적을 좇는 이러한 작업은 바로 사회를 살아가고 있는 우리 자신을 설명하고 이해하기 위해 꼭 필요한 작업일 것이다.

이 책을 준비하는 과정에서 많은 분께 도움을 받았다. 우선 이 책이 안정적으로 마무리되도록 지원을 제공한 한국연구재단에 감사의 마음을 전한다. 한국연구재단의 2013년도 사회과학연구지원사업(SSK, Social Science Korea)을 통해 다수의 의미 있는 연구 기회와 그에 따른 결과들을 얻을 수 있었다. 이 책 또한 그 결실 중 하나이다. '쏠림과 불평등: 네트워크 사회의 민주주의와 사회통합(NRF-2013S1A3A2055285)'이라는 주제 아래 다양한 분야의 연구자들이 모여 함께 나누었던 학문적 교류는 연구진 모두에게 소중한 자산이 되었다. 이 책은 연구팀이 이 주제에 관심이 있는 국내의 우수한 연구진들 간의 교류와 논의를 통해 나온 결과물이다. 번거로운 공동 협업 과정에 기꺼이 동참하고 까다로운 집필 요구를 신속하게 반영해준 참여 저자들께 깊은 감사의 말씀을 전한다. 특히 연세대학교 사회학과의 강정한 교수와 박근영 박사는 이 프로젝트를 출발시키는 데 많은 도움을 주었다. 그리고 교정 작업에 많은 도움이 된 연세대학교 사회학과 대학원의 이선형, 오주연, 임정재, 그리고 정치학과 대학원의 함지현 대학원생에게 고마움을 전하고 싶다. 끝으로 출판에 도움을 준 도서출판 한울의 김종수 대표를 비롯한 관계자 여러분께 감사의 마음을 전한다.

2015년 6월
조화순

CONTENTS__ 사이버 공간의 문화 코드

사이버 공간의 문화 코드

조화순

정보 기술의 발전을 배경으로 이전에는 상상조차 하지 못했던 현상들이 나타나고 있다. 사이버 공간에서 가상도시, 전자 포럼, 전자상거래, 디지털 예술, 사이버 교육, 소셜 미디어 게임이 일어나고 있는 것이다. 정보 기술 발달의 초기에 사이버 공간은 기존 사회의 현실과는 유리되어 작동하는 공간으로 간주되었다. 그러나 시민들이 활발하게 사이버 공간을 이용하면서 사이버 공간은 더 이상 인간의 삶과 유리된 비현실적이고 독특한 세계가 아니다. 언제 어디서나 접속이 가능하고, 개방적이며, 상호적인 커뮤니케이션 네트워크는 인간의 삶의 방식을 변화시킨다. 사람을 만나고, 물건을 사고, 놀고, 정보를 교환하고, 기록을 남기는, 우리를 둘러싼 모든 삶의 양식들이 이러한 변화에 포함된다. 사이버 공간에서 이루어지는 인간의 활동들은 '문화'라는 개념을 통해 하나로 묶일 수 있는 삶의 족적을 남긴다. 사이버 공간에서는 한 사회의 구성원에 의해 공유되는 물적·지적 토대, 행동, 가치관, 언어 등을 포함하는 체계, 즉 사이버 공간의 문화가 드러나고 있다.

사이버 공간은 물리적 현실 공간과는 다른 독특함을 가지고 있다. 사이버 공간에서는 단순한 의사소통뿐만 아니라 과거와는 다른 형태의 정보 전달과 지식 생산이 일어난다. 사이버 공간에서는 정보의 공급자와 수요자가 분리되지 않고 동시적으로 만나며, 지식의 생산과 유통이 쌍방향적으로 이루어진다. 문자가 중심이 되던 지식의 상호 교환 체계는 디지털 그래픽과 음향을 만나 이미지와 소리가 복합적으로 어우러진 역동적인 정보와 지식의 전달 체계로 탈바꿈하고 있다. 시간과 공간을 초월해 국가와 인종, 지역과 계층에 구애를 받지 않고 지식 생산과 소비의 패러다임이 이루어지면서 인류는 비로소 좀 더 보편적인 가치관과 문화를 향유할 수 있는 가능성을 가지게 되었다.

더욱 흥미로운 점은 새로운 문화 창조의 공간으로 떠오른 사이버 공간에는 그곳에서 만들어지는 문화 속에 나고 자란 새로운 세대, 이른바 디지털 세대가 성장하고 있다는 것이다. 디지털 세대는 인터넷과 소셜 미디어, 디지털 콘텐츠에 매우 익숙하다. 생활의 모든 면에 디지털 기기와 연결되어 있기 때문에 이들에게 현실의 문화와 사이버 문화 사이의 경계는 명확하지 않다. 디지털 세대가 주도적으로 형성하는 사이버 문화는 오프라인에 익숙한 기성세대의 그것과 차별적인 문화로 형성될 것이다.

그렇다면 사이버 공간에서 형성되는 문화는 어떤 특징을 가지고 형성되고 있는가? 피에르 레비(Pierre Levy)는 시간과 공간을 초월한 사이버 공간을 통해 많은 접촉이 일어나고 상호 연결되면서 사이버 공간에서 형성되는 문화는 더욱 '보편성'을 지향하는 문화로 나아가고 있다고 평가한 바 있다. 전례가 없는 디지털 기술의 발전은 기존 산업사회와는 다른 커뮤니케이션과 문화가 사이버 공간에 형성되도록 하는 힘인 것이 분명하다. 소위 문화 변화에 대한 '자유의지론(libertarianism)'의 입장은 문화가 인간을 통해 만들어진 하나의 결과물임을 강조한다. 새로운 커뮤니케이션 공간의 발전과 팽창이 사회에 어떤 긍정적인 변화를 가져올 것인가는 전적으로 인간의 의지에 달려 있다. 인간은 스스로 문화를 만들고 자신이 창조한 문화를 통해 자신의 삶을 만들어간다. 문화는 인간이 스스로 만든 것이며, 인간은 문화를 통해 자신의 삶을 만들어가는 존재이다. 결국 문화는 인간이 실제로 살아가는 현실을 반영하는 것으로 인간의 감정과 인식, 활동을 통해 형성된다. 이 입장에서는 사이버 공간의 문화가 이제까지와는 완전히 다른 새로운 것으로 형성되고 있다고 보는데, 이는 사회 변화에 대한 인간의 열망을 반영하고 있다.

반면 사이버 공간 역시 기존 사회의 문화를 그대로 반영하며 발전한다는 '문화결정론(cultural determinism)'은 사이버 공간의 문화도 그 자체로 이미 형성되어 문화의 내부에 존재하는 인간에게 영향을 준다고 본다. 문화결정론의 관점에서 문화는 그 자체로 생명력을 가진 존재로, 스스로 태어나고 발전해나간다. 존재하는 문화 속에서 인간은 태어나는 순간부터 죽을 때까지 문화를 체득하고 생각하며 느끼고 자신의 행동을 결정한다. 문화는 그 자체로 주어진 환경이 되며, 인간은 문화라는 토양에 뿌려진 씨앗과도 같다. 이러한 관점에서 문화는 한 사회가 가지고 있는 속성에 의해 결정되는 것으로, 삶을 영위해나가는 한 개인과 집단의 성격을 결정짓는다.

사이버 공간을 통해 형성되는 문화는 한 사회가 기존에 가지고 있는 한계와 단점을 극복하고 인간 개개인의 의지에 의해 변화가 가능한 것인가? 혹은 한 사회가 가진 문화는 현실 공간이든 사이버 공간이든 인간 개개인의 행동과 가치관을 결정하는 것인가? 문화에 대해 상반된 두 입장은 상호보완적으로 이해되어야 할 것이다. 일정 정도 자율성을 가진 인간은 집단

속에서 자신의 존재감을 확인하고 다른 사람들과 공감대를 형성하는 과정을 통해 일종의 집단 내의 사고에 익숙해진다. 한 사회 내에서 공유되는 특유한 신념 체계는 일정한 형태로 코드화되고 유지되며 정보와 지식을 전달하는 중요한 통로로 작동한다. 특정 사회에서 생성된 문화는 전달과 모방의 과정을 통해 한 사회가 가진 조건과 정서를 사회에 전염시킨다. 생물학자 리처드 도킨스(Richard Dawkins)가 '문화유전자(meme, 밈)'라 일컬은 일종의 코드가 바로 이러한 것이다. 문화유전자는 인간의 특성을 규정하는 정보를 물리적으로 전달하는 유전자처럼 세대나 계층 간에 저장되거나 모방·복제될 수 있는 문화의 전달 단위, 문화적 특성을 규정하는 정보를 전달한다. 인간 개개인은 한 사회의 문화 속에서 태어나 특정 문화 속에서 성장하는데, 이런 점에서 인간이 생각하고 행동하는 과정은 자신의 사회가 가진 문화의 영향을 받는다. 한 사회의 문화유전자는 다른 사회와는 차별화되는 그 자체의 법칙이 존재하고, 개개인은 이러한 문화 코드에 영향을 받으며 문화적 취향을 형성한다.

한국 사회의 사이버 공간에서는 어떤 문화 코드들이 존재하는가? 이 책의 저자들이 이야기하는 한국 사회의 문화 코드는 도덕적 이탈, 소외, 플레이밍(flaming), 집단 소비, 자기 과시와 연출, 문화 불평등과 같은 특징으로 요약할 수 있다. 첫째, 도덕적 이탈 현상이 한국 사이버 공간의 문화 코드로 존재한다. 인터넷 중독, 악플, 비방, 해킹, 인터넷 사기와 같은 도덕적 이탈이 사이버 공간에서 빈번하게 일어나고 있다. 사이버 공간은 면대면의 관계가 아니라 익명성을 전제로 하고 있어 도덕적 이탈을 용이하게 하는 구조를 가지고 있다. 도덕적 이탈의 정도는 사회마다 상이하게 나타날 것이다. 한 사회에 구조적인 제약이 많이 존재하고 상대적 박탈감을 많이 느낄수록 도덕적으로 이탈하는 행동이 많이 나타날 것이다. 현실 공간보다 사이버 공간에서 왜 더 많은 도덕적 이탈이 관찰되는지 그 원인을 규명하는 것은 사이버 공간을 통해 일어나는 문화의 특성을 이해하는 데 중요한 문제이다.

둘째, 사이버 공간에서 기술적으로는 세계의 모든 사람이 연결될 수 있지만 정보격차가 존재하고 이에 따라 정보 소외가 증가하고 있다. 디지털 기술은 잘사는 나라와 못사는 나라, 부자와 가난한 자의 격차를 심화시켜 왔다. 그런데 새로운 형태의 정보격차는 정보의 홍수 속에서 필요한 정보와 그렇지 않은 정보를 구분해내며, 필요한 정보를 적재적소에서 획득하고 활용하는 일련의 과정을 얼마나 자연스럽게 향유할 수 있는가에서도 나타나고 있다. 정보격차와 정보 소외는 경제적·사회적 계급을 재생산하며 사회적·정치적 불평등을 생산해낸다. 소수에게 기술 발전의 적절한 혜택이 부여되지 못하는 공동체, 경제적 차이에 기인한 정보 소외가 빈번한 사회에서는 민주주의의 실현을 위한 기본적인 토대가 만들어지기 어렵다.

셋째, 한국 사회에서 플레이밍이 사이버 공간의 문화로 형성되고 있다. 누군가를 빈정대거나 비방하고 모욕하는 행위인 플레이밍은 자신과 의견이나 이해를 달리하는 집단을 비난하고 공격하는 것이다. 정치, 사회, 경제 모든 면에서 특정한 사안들이 이슈화되는 경우, 맥락이나 인과적 관계가 유통되기보다는 특정 사건의 한 단면이 강조되며 인격적이고 폭력적인 내용들이 활발하게 유통되고 있다.

넷째, 집단 지성을 통한 소비가 사이버 공간의 문화로 자리 잡고 있다. 정보 처리 및 저장 기술, 통신 기술의 발달을 배경으로 생산자와 소비자, 생산자와 생산자 간의 정보 지식의 공유 네트워크가 형성되고 있으며 생산자와 소비자, 기업 간, 국가 간 경계가 허물어지게 되는 것이다. 생산 요소의 공유와 활성화는 협업 및 경험의 공유를 통한 공동의 가치 창출 행위를 증가시키고, 생산자와 소비자의 거래 행위를 변화시킨다.

다섯째, 연출주의와 과시 또한 사이버 공간의 문화로 등장하고 있다. 인터넷 카페의 게시판이나 블로그를 통해 자신의 견해나 정서를 알려온 대중은 이제 페이스북, 카카오톡, 라인, 유튜브와 같은 소셜 미디어를 통해 자신의 정체성을 드러낸다. 과시는 특정 연예인이나 정치인들을 중심으로 이루어졌으나 소셜 미디어를 통해 일반인도 사진과 동영상을 게시하며 자신을 연출하고 과시하는 문화가 나타나고 있다. 자기 연출과 노출을 통해 즐거움을 추구하는 젊은 세대의 문화는 소셜 미디어 시대를 살아가는 삶의 한 방식이다.

여섯째, 문화 불평등 현상 역시 사이버 공간의 문화로 등장하고 있다. 소셜 네트워크의 발달은 디지털 테크놀로지의 발달과 더불어 인류가 가졌던 유토피아적 이상향과는 달리 오히려 다양한 디지털 문화를 향유하지 못하는 불평등을 야기하고 있다. 이러한 문화 불평등은 경제적 불평등에 기인했지만 다시 경제적 불평등으로 연결되는 순환의 구조를 가지고 있어 문제의 심각성이 있다.

일곱째, 사이버 공간의 문화 코드는 팬덤 문화이다. 팬덤은 특정 팬들이 모인 집단을 일컫는데, 소셜 미디어의 발달은 팬덤의 형성을 좀 더 용이하게 하고 있다. 소셜 미디어의 보급과 대중문화의 확산으로 모인 팬 그룹은 자신이 좋아하는 대상에 대해 같은 지지 그룹과 메시지 교환, 게시판을 통해 정서적인 연대감을 공유하고 즐거움을 나누며 강력한 사회적·문화적 영향력을 행사한다. 텔레비전이나 대중음악에 나타나는 열광적인 팬들의 행동과 이들의 언어와 선호, 공유되는 즐거움을 분석하는 것은 특정 시대를 배경으로 하는 문화를 밝혀내는 데 유용하다.

이 책에서는 실제적인 관점에서 이러한 사이버 공간의 문화 코드들이 문화적 현상들에 어떻게 나타나는지를 이야기하고 있다. 1부에서는 '사이버 공간의 특성과 문화'를 주제로, 사이버 공간에서 제기되는 근원적 문제들에 대한 이론적 고찰을 시도했다. 1장 '사이버 공간의 도덕적 이탈'은 사이버 공간에서 발생한 다양한 문제들의 근원적인 문제에 대한 질문을 던진다. 인간의 도덕성은 연약한 기획(fragile enterprise)에 불과하며 사이버 공간에서의 도덕적 취약성은 도덕적 이탈에 대한 가능성을 높인다. 추병완은 도덕적 이탈을 설명하는 도덕적 거리와 심리적 거리 이론, 탈억제 이론, 자기 조절 이론, 도덕적 면허 효과 이론을 통해 사이버 공간에서 더 많은 도덕적 이탈이 일어나는 원인을 규명하고자 했다. 사이버 공간에서 도덕적 이탈은 환경 요인으로서 기술적 요인, 사회적 맥락, 개인적 특성과 요인이 복합적으로 작용하여 유발되는 것으로 볼 수 있다. 그럼에도 추병완은 현실 공간에서 높은 도덕성을 가진 사람일수록 사이버 공간에서도 도덕적으로 행동할 가능성이 더욱더 크다는 점을 강조한다. 즉, 여러 유혹 요인에 노출되더라도, 높은 도덕성을 가진 사람일수록 이에 저항하는 힘을 가지고 있기 때문이다. 이는 사이버 시대에서 올바른 도덕적 판단과 선택에 근거하여 도덕적 행위를 실행할 수 있도록 도덕성을 갖추어야 함을 함의한다.

1990년대 후반부터 인터넷의 급격한 보급과 함께 정보격차(digital divide)의 문제는 꾸준히 제기되어왔다. 정보를 얻고 활용하는 문제가 '정보 소비 문화의' 격차로까지 확대되었다는 것은 정보격차 역시 교육과 같이 계급 불평등을 재생할 수 있는 사회구조적 현상이 되었음을 의미한다. 이러한 배경에서 2장 '인터넷 정보격차와 청소년'은 한국 청소년 계층의 정보격차 현상에 주목하고 있다. 외형상 한국의 청소년들은 다른 나라 청소년들이나 한국 내부의 다른 연령층 등과 비교해서 정보격차에 따른 불이익을 받고 있지 않은 것으로 나타난다. 하지만 청소년 계층의 내부에는 다양한 종류의 정보격차가 존재하며, 특히 정보 활용도나 정보에 대한 태도는 그들의 부모가 가진 소득수준이나 교육수준에 의해 결정되는 성향을 보이고 있다. 이것은 사이버 공간이 현실의 경제적·사회적 계급을 재생산하는 기제를 반영하는 경향을 보이고 있음을 의미한다. 이러한 청소년 계층의 정보격차는 사회구조에 깊이 뿌리를 둔 것이기 때문에 단기간의 정책적 해법을 통해 완화하거나 개선하기 어려운 문제이다. 그러나 박근영은 그 미래가 어두운 것만은 아니라고 주장한다. 인터넷 공간에서 일어나고 있는 자발적인 지식 공유 운동처럼 인터넷 사용자들 스스로가 만든 '아래로부터의 문화'를 통해 기존 질서에 기반을 둔 정보격차 문제를 해결할 수 있는 단상이 조금씩 보이고 있다는 것이다.

2부에서는 사이버 공간의 정치와 소비, 그리고 2000년대에 이르러 주목받는 소셜 미디어의 문화 등 문화적 단면의 실제 사례들을 논의하고 있다. 3장 '정치 플레이밍 문화: 플레이밍은 어떻게 사이버 공간의 정치문화가 되었는가'는 사이버 공간에서 나타나는 정치문화, 특히 플레이밍(flaming) 현상을 집중적으로 조명하고 있다. 한국에서 네트워크를 통한 커뮤니케이션의 증가는 정치적·사회적 이슈에 대해 신속한 여론 생성과 파급을 가능케 했으나 욕설과 같은 부정적 커뮤니케이션(negative communication), 이른바 플레이밍 현상이 심각하다는 것이 저자들의 진단이다. 비난과 욕설이 난무하는 온라인 플레이밍 현상은 왜, 그리고 어떻게 한국 정치에서 하나의 문화 코드가 되었는가? 사이버 공간의 정치문화를 플레이밍으로 진단하는 저자들이 보여주는 가장 대표적인 사례는 2011년의 서울시장 보궐선거이다. 온라인 공간에서 선거 이슈와 관련해 합의 지향적인 제안이나 이성적으로 후보를 평가하는 발언보다는 감정적인 내용이 압도적이었고 이슈와 관련된 후보 개인에 대한 비방과 폭언이 난무하는 현상이 관찰되었다. 특히 의견을 선도하고 수많은 팔로어들을 보유한 영향력자(influencer)의 경우 일반 이용자보다 플레이밍 빈도 수준이 높았다. 커뮤니케이션 흐름에서 중요한 위치를 차지하는 영향력자는 타인에게 대인적 영향을 주는 사람으로 의견 형성에서 우위에 있으면서 정치문화의 형성에 부정적인 영향을 보여왔다. 왜 이러한 플레이밍 현상이 한국 사회에서, 특히 정치에서 심각하게 나타나며, 플레이밍이 생산되고 소비되는 과정에서 문화적 요소들은 어떤 역할을 담당하고 있을까? 권위주의, 계파주의, 투쟁의 문화와 같은 기존의 정치문화들은 인터넷의 도입과 함께 변화되어왔다. 이 과정에서 플레이밍은 기존의 정치문화들을 대치하며 변질된 형태로 존재해왔고 숙의민주주의 형성에 부정적인 영향을 미쳤다. 저자들은 한국의 정치문화를 더욱 성숙하게 변화시킬 방안들을 제안하고 있다.

4장 '소비하는 자아에서 공동생산하는 신부족까지: 인터넷과 소비문화의 변화'는 사이버 공간의 소비문화를 다룬다. 인터넷 사용으로 시작된 소비문화의 변화는 소셜 미디어와 스마트폰의 이용이 확산됨에 따라 다양한 양상으로 진행 중이다. 소비문화의 변화가 가지는 사회적 의미는 기업의 마케팅 전략의 변화를 넘어 소비자의 역할이 근본적으로 달라지고 있다는 것이다. 소비자는 생산 과정에 참여하는 것을 넘어서 직접 생산 활동의 주체가 되는 프로슈머(prosumer)로서 그 역할이 확대되고, 이러한 소비자들은 익명의 고립된 개인이 아니라 네트워크화된 집단적 소비자이다. 서우석은 인터넷이 소비문화의 변화에 가져온 영향을 파악하기 위해 근대적인 소비문화의 특징을 논의하고, 인터넷이 소비 수단으로 활용되는 다양한 방식에 대해 심도 있는 분석을 제시하고 있다. 프로슈머와 신부족의 등장에 관한 논의를 통해 소비자들을 어떻게 네트워크화시켰고, 과거와 다른 참여의 기회를 제공했는지 살펴보고 있다. 또한 근대적 소비문화의 특징인 경쟁적인 과시적 소비문화가 인터넷의 사용에 따라 어떻게 달라지는지를 설명한다.

5장 '내가 멋지게 변신하는 공간, 소셜 미디어'에서 최항섭은 인터넷 이용자들이 왜 스스로의 프라이버시를 노출시키며 타인과 연결되려고 하는지를 탐색하고 있다. 최항섭은 젊은 세대의 활발한 소셜 미디어의 이용을 소셜 미디어를 통한 자기 삶의 연출, 자신의 정체성을 찾으려는 행위라고 주장하며, 소셜 미디어의 특성, 프라이버시 노출, 소셜 미디어 이용이 증가하는 사회적·문화적 배경 등을 살펴보고 있다. 소셜 미디어는 연예인처럼 사회적으로 잘 알려진 사람뿐만 아니라 일반인에게도 주목받을 수 있는 공간을 제공하고 있다. 소셜 미디어 이용자들은 자신을 알릴 수 있는 공간에서 자신을 멋지게 포장하여 다른 사람들과 관계를 맺고 이들과 긍정적인 피드백을 주고받으며, 자긍심을 높이고 사회적 인정을 받고 싶어 한다. 최항섭은 사람들이 자발적으로 개인의 프라이버시를 노출시키는 것은 다른 사람에게 인정받기 위한 행동이며, 또 친구들과 비밀을 공유하기 위해 은밀한 정보를 소셜 미디어에 올리고 있다고 이야기한다.

6장은 인터넷과 소셜 미디어의 확산으로 인해 평등하고 민주적인 관계가 확산될 것이라는 예상과 달리, 현대 네트워크 사회에서 발생하고 있는 승자 독식 시장의 문제와 그 원인에 대해 살펴보고 있다. 이호영은 이러한 승자 독식 시장의 문제가 네트워크의 평범한 특성 중 하나인 선호에 기초한 사람들의 유유상종적 행동양식에 의해 발생되는 것으로서, 이로 인해 문화적 불평등, 나아가 물질적 불평등이 야기된다고 평가하고 있다. 이를 해결하기 위해서 다차원적인 정보 불평등 해소 전략과 문화적 매개자의 역할이 중요하다는 것을 강조하고 있다.

한국 문화의 코드는 해외에서 많이 알려진 드라마와 가요를 다루는 주요 미디어와 인터넷 및 SNS를 통한 문화 교류의 현재와 외국인들의 인식

수준을 통해 다루어볼 수 있다. 7장 '소셜 미디어를 통한 음악 팬덤의 형성과 사이버 한류'에서는 음악 팬덤의 형성에 중요한 역할을 하고 있는 한류가 어떤 양상을 가지며 변화하고 있는지를 아시아 주요 국가들을 중심으로 살펴보고 있다. 소셜 미디어에서 케이팝 전파의 가장 중심적인 역할을 하는 것은 한류에 대한 소식을 다루는 뉴스 포털 사이트이다. 한류가 성숙한 일본과 중국 시장에서는 주로 자국어로 케이팝 관련 뉴스를 전하는 웹사이트들이 큰 역할을 하고 있고, 이들이 다루는 중요한 이벤트 역시 자국 내에서 벌어지는 일들이었다. 반면 한류의 신흥 지역인 동남아시아 국가들에서는 영어로 된 뉴스를 제공하는 사이트들이 중요한 역할을 하고 있고, 한국에서 발생한 이벤트가 큰 영향을 주고 있다. 이들 사이트에서는 음악뿐만 아니라 가수의 예능 프로그램 출연 등의 이벤트에 대한 관심도 나타나 한류가 여러 장르 간에 복합적으로 연결되어 확산되는 특징을 보이고 있다. 여전히 한류에서 가장 큰 영향력을 가지고 있는 것은 최대 기획사인 SM 엔터테인먼트 소속의 소녀시대, 슈퍼주니어 등 한류 초기부터 활동해온 가수들이다. 그러나 일본 시장에 집중되어 있는 이들과 달리 새로운 강자로 떠오르고 있는 EXO는 일본보다는 중국을 비롯한 다른 지역에서 더 큰 관심을 받는 것으로 나타나 한국 음악의 해외 문화 전파의 차이를 알 수 있다.

한국 사회가 형성하고 있는 사이버 공간의 문화 코드와 그 성격은 디지털 기술을 배경으로 좀 더 평화롭고 행복한 사회를 건설하고자 하는 사람들에게 중요한 질문일 것이다. 디지털 기술이 갖는 잠재력은 인간의 상상을 초월하는 이상향의 가능성을 예고해왔다. 기술은 개개인의 생활양식과 패턴을 결정하고 우리의 의식, 감성, 욕구, 행위를 표현하는 데 유용한 도구로, 디지털 기술이 없는 세상을 상상하기는 어렵다. 사이버 공간은 기존의 질서를 새롭게 조직하고 재구성하는 과정을 통해 산업혁명이 낳은 불평등의 실체들을 소멸시키고 이상향을 실현하는 문화의 확장을 가능하게 할 수 있다. 그러나 유토피아적 가능성이 곧 그 가능성의 현실적 구현을 의미하는 것은 아니다. 첨단 기술은 그에 필적하는 문화의 발전을 수반하지는 못한 채 비방, 명예훼손, 욕설 등 비이성적 행동이 쉽게 일어나고 선정적이고 폭력적인 혼돈의 문화 역시 존재하게 한다. 기술은 소통을 가능하게 하지만 진정한 소통은 일어나지 않고 기술에 매몰되면서 사이버 공간의 문화는 비도덕적이고, 저급한 물질 문명화의 길을 걸어갈 수 있는 것이다. 어쩌면 사이버 공간이 제공하는 익명성에 숨은 개인은 인간의 본성에 내재된 폭력적 성향과 충동적 성향을 드러내고 현실 공간에서보다 더 잔혹해질 수 있다. 이미 한국의 사이버 공간에서는 집단적 편 가르기와 플레이밍, 정보의 왜곡과 편파적 해석, 도덕적 이탈, 소외, 여론 몰이와 대립과 같은 문화 코드가 등장하고 있다. 사이버 공간에서 일어나는 이러한 부정적 경향은 디스토피아적 미래를 염려하게 한다.

문화 코드는 이처럼 유토피아와 디스토피아의 경계에서 한 사회의 미래를 결정한다. 한 사회가 가진 높은 문화적 수준은 그 사회의 구성원들이 소통하고 다양한 일을 공유하며 전파하는 데 지대한 공헌을 수행하고, 그들을 성장시킨다. 울리히 벡(Ulrich Beck)이 이야기한 현대사회의 다양한 위험들을 방지하고 디지털 기술이 주는 혜택을 향유하기 위해서는 부단한 성찰을 통해 문화 코드를 건설해가는 것이 필요할 것이다.

1부
사이버 공간의 특성과 문화

- 사이버 공간의 도덕적 이탈
- 인터넷 정보격차와 청소년

사이버 공간의 도덕적 이탈

추병완

사이버 공간의 도덕적 취약성

오늘날 우리는 기술의 발전이 사회 발전을 선도하는 혁명기에 살고 있다. 나노 기술, 생명공학 기술, 정보 기술, 인지과학, 로봇공학, 인공지능 등의 신흥 융합 기술들은 인간의 삶을 획기적으로 변화시키고 있다. 호모 사피엔스가 지구에 등장한 이후로, 현재의 인류는 인류 역사상 가장 짧은 시간에 가장 큰 변화를 경험하며 살고 있다고 해도 과언이 아니다. 특히 지난 20세기 말부터 기술적으로 가능해진 새로운 삶의 공간으로서의 사이버 공간은 이제 인간의 삶과 현대 문명의 발전을 특징짓는 핵심어로 부상했다.

이제 우리는 하루 일상의 상당 부분을 사이버 공간에서 보낸다. 정치, 경제, 사회, 문화, 오락, 예술, 스포츠 등 인간 삶의 거의 모든 부분이 온라인 상태에서 이루어짐으로써 사이버 공간은 우리가 감히 거역할 수 없는 제2의 생활공간으로 확고하게 자리를 잡았다. 우리는 사이버 공간에서 새로운 정체성과 자아를 발견·형성하고, 적극적으로 자신을 표현하면서 타인들과 지식과 정보를 공유하며, 다양한 공동체의 성원으로 참여하면서 현실과는 구분되는 독특한 온라인 문화 창조의 주체로 급부상했다.

그러나 사이버 공간에서의 우리의 삶이 반드시 긍정적인 효과만을 갖는 것은 아니다. 온라인에서 우리의 행동은 정보의 나눔과 공유에 의한 공론적 담론의 활성화에 기여하기보다는 자질구레한 전자적·세속적 쾌락을 추구하는 통로로 변질됨으로써 심각한 사회적·도덕적·법률적 문제들을 양산하고 있기도 하다. 그 결과, 지금 우리는 라인골드(H. Rheingold, 2003)가 언급했었던 정보통신 기술에 의한 '자유에 대한 위협, 삶의 질에 대한 위협, 인간의 존엄성에 대한 위협'을 가장 실감 나게 경험하고 있다. 라인골드는 정보통신 기술이 도처에 존재하는 감시 도구가 될 수 있기에 인간의 자유를 위협할 수 있고, 삶의 건전함과 예의의 상실을 통해 삶의 질을 위협할 수 있으며, 우리를 더욱 기계적이고 덜 인간적으로 변모시켜 인간의 존엄에 대한 위협을 초래할 수 있다고 경고한 바 있다.

우리의 일반적인 기대와 달리, 사실 인간의 도덕성은 아주 부서지기 쉬운 연약한 기획(fragile enterprise)에 불과하다. 도덕성은 인간이 본래적으로 지닌 충동이나 욕구와 경쟁해야 하기 때문이다. 그렇기에 우리는 현실 공간에서 마땅히 해야만 하는 옳은 일이 무엇인지를 알면서도 충동이나 욕구의 포로가 되어 옳은 행동을 실천으로 옮기지 못하는 경우가 많다. 그런데 인간의 도덕성은 사이버 공간에서 더욱 약해지게 마련이다. 사이버 공간의 기술적 특성, 미디어의 속성, 사용자의 성격 특성 등이 서로 결합하여 인간의 도덕성을 더욱 취약하게 만들기 때문에 우리는 사이버 공간에서 현실 공간에 비해 훨씬 잦은, 그리고 많은 도덕적 이탈(moral disengagement)을 경험한다. 여기서 도덕적 이탈이란 도덕적 자기 규제 체제가 원활하게 작

사이버 문화의 특징

기술 문화로서 발생한 사이버 공간은 새로운 문화를 만들어내고 있으며, 사이버 공간에서 나타나는 문화적 특징을 요약하면 다음과 같다. 첫째, 개방성이다. 사이버 공간은 컴퓨터 통신망이나 스마트폰만 있으면 언제 어디서 누구나 참여할 수 있는 열린 공간이다. 둘째, 참여성이다. 사이버 문화는 네트워크를 이용하는 다수의 사람들이 공동의 관심에 대한 의사 교환과 이를 지속하려는 노력이 없으면 결코 이루어질 수 없기 때문에, 사이버 공간은 적극적인 참여를 통해 이루어지는 공간이다. 셋째, 공유성이다. 사이버 문화는 네트워크를 이용하는 다수의 사람들이 가진 지식과 정보를 함께 나누는 문화이다. 넷째, 저항성이다. 현실 공간에서의 일방적인 지시와 명령의 닫힌 구조와 달리 양방향적인 의사소통의 열린 구조로의 이행을 촉구하는 사이버 공간에서는 누구나 자신의 생각을 직접적으로 개진할 수 있는 개연성을 확보하고 있다. 다섯째, 익명성이다. 익명성의 장점으로는 상대방과 대등한 관계에서 정보를 교환하고 인간관계를 유지할 수 있다는 점을 들 수 있다. 반면에 익명성으로 인한 부작용도 있다. 익명성의 부작용은 탈억제와 몰개성화이다. 탈억제 현상이란 현실 상황에서보다 사이버 공간에서 감정 조절이나 표현에 대한 억제가 풀리는 것을 의미한다. 사이버 공간에서는 자신을 숨기거나 변조시킬 수 있고, 또 각 개인이 임의로 설정한 ID를 사용하므로 몰개성화라는 심리 상태가 나타난다. 여섯째, 자율성이다. 기존의 통치 기관이 사이버 공간에서는 구속력을 발휘할 수 없으며, 사이버 공간에서는 독립적으로 존재한다. 일곱째, 과거의 문화처럼 산물(products)의 문화가 아니라, 과정(process)의 문화이다. 따라서 사이버 문화는 끊임없이 부유하는 일종의 유목민적 문화(nomadic culture)라고 할 수 있다.

동하지 않아 우리가 타인에게 손실이나 해로움을 가하는 행동을 일삼는 것을 의미한다. 그러한 도덕적 이탈은 댓글을 통해 상대방을 비방하거나 욕설을 가하는 행동을 하게 할 수도 있고, 인터넷 중독의 경우처럼 자기 배려(self-care)와 자기 조절(self-regulation)의 실패를 초래할 수도 있으며, 해킹이나 인터넷 사기 등과 같은 사이버 범죄의 경우처럼 타인의 권리와 재산을 침해하는 가운데 타인들에게 상당한 정신적·물질적 피해를 입히기도 한다. 그 결과, 사이버 공간에서의 도덕적 이탈은 다양한 정보화 역기능을 초래하는 근본적인 원인 중 하나가 되고 있다.

알려진 바와 같이 사이버 공간에서는 우리가 다른 사람들을 물리적으로 직접 만나지 않기에 우리의 도덕감(moral sense) 자체가 매우 느슨해지게 된다. 달리 말해, 인간의 얼굴을 직접 마주하지 않는다면, 우리의 도덕감은 상당히 오그라들고, 그 결과 무례함이 판을 치게 된다. 하지만 흔히 익명성으로 통칭되는 이러한 설명은 사이버 공간에서의 도덕적 이탈을 너무 피상적이고 단편적으로 설명한다는 약점을 지니고 있다. 그렇다면 현실 공간에 비해 사이버 공간에서 왜 우리는 더 많은 도덕적 이탈을 경험하게 되는 것일까? 이 장에서는 사이버 공간에서의 도덕적 이탈을 설명하는 여러 이론들에 대한 분석을 토대로 그 원인을 규명해보고자 한다.

도덕적 거리와 심리적 거리 이론

사이버 공간에서의 도덕적 이탈을 설명하는 이론적 기제인 도덕적 거리(moral distance)와 심리적 거리(psychological distance) 이론은 온라인의 기술적·존재론적 속성들이 우리의 도덕성을 약화시킨다는 입장을 취한다. 전통적으로 심리학자들은 익명성이 사회적 거리(social distance)를 만들어낸다고 보았는데, 여기서 사회적 거리란 사회적 상호작용에서 행위자가 믿고 있는 상호성의 정도를 의미한다. 익명성에 의해 야기된 사회적 고립 혹은 공동체 의식의 결여는 사회적 거리를 만들어내어, 자기 이익적인 행동의 압도적 지배를 초래한다. 전통적인 사회적 거리 개념에 착안하여 최근 사이버 공간에서의 도덕적 이탈을 연구하는 학자들은 도덕적 거리와 심리적 거리라는 용어를 사용하고 있으며, 이러한 맥락에서 도덕적 거리 이론과 심리적 거리 이론을 자세하게 살펴보고자 한다.

도덕적 거리 이론

일반적으로 도덕적 거리라는 용어는 어떤 도덕 행위자가 타인에게 갖고 있는 도덕적 의무감의 정도를 의미한다. 사이버 공간에서 우리가 취하는 행동들은 그 행동의 결과가 가져오는 해로움으로부터 행위자 자신이 거리 상 멀리 떨어져 있기에, 우리의 도덕적 거리감을 크게 만드는 경향이 있다. 도덕적 거리를 크게 느낄수록 타인을 향한 도덕적 의무감은 그만큼 약해지고, 그 결과 우리는 쉽사리 도덕적 이탈을 범하게 된다. 온라인에서의 도덕적 거리가 도덕적 이탈을 초래한다고 믿는 대표적인 학자는 바로 루빈(R. Rubin, 1996)이다. 그는 정보사회에서 이전에는 예기치 못했던 많은 비도덕적 문제들이 발생하는 근본적인 이유는 바로 정보 기술이 지니고 있는 유혹 요인이라고 주장한다. 그리고 그 유혹 요인들은 우리로 하여금 도덕적 거리를 더욱 멀게 느끼도록 한다는 것이다. 루빈은 정보통신 기술이 지니고 있는 일곱 가지 유혹들이 우리의 도덕적 거리감을 더욱 멀게 느끼도록 만들어버림으로써, 사이버 공간에서 우리의 도덕적 나침반을 크게 훼손시키고 있다고 주장한다. 그 유혹 요인들을 살펴보면 다음과 같다.

유혹 1: 속도
정보를 수집하고 전달하는 속도는 정보통신 기술에 의해 엄청나게 증가했다. 간단히 말해 비윤리적 행동들이 눈 깜짝할 사이에 일어날 수 있게 된 것이다. 비록 허가를 받지 않고 정보를 구하려고 할 때 어느 정도의 준비 시간이 소요된다고는 할지라도, 그러한 정보를 몰래 빼내는 행위 자체는 아주 짧은 시간에 이루어질 수 있다. 우리가 어떤 것을 아주 빠르게 해낼 수 있다면, 대부분의 경우 우리는 붙잡힐 기회가 아주 적을 것이라고 생각할 것이다. 왜냐하면 그 행동을 하다가 체포될 시간 자체가 적기 때문이다. 해킹의 경우에서 볼 수 있듯이, 정보통신 기술의 발달로 인해 정보를 훔치거나 전달하는 일이 아주 빠르게 일어날 수 있으며, 적어도 행위 그 자체의 순간에는 탐지가 거의 불가능하게 되어버렸다. 더구나 속도는 우리의 도덕적 감각을 무디게 만드는 그 나름의 유혹이 되고 있다. 따라서 우리는 속도감에 매료되기 쉽다. 일례로 자동차의 제한속도를 어겨가면서 아주 빠르게 달리는 것이 나 자신이나 다른 사람들에게 피해를 가져다줄 수 있다는 것을 잘 알고 있음에도, 많은 사람들은 그러한 행위 자체에서 일종의 쾌감을 얻는다. 컴퓨터의 속도감 또한 우리에게 그러한 쾌감을 가져다준다.

유혹 2: 프라이버시와 익명성

가정이나 사무실에서 사용되는 컴퓨터 관련 기기의 발달로 비도덕적인 행동들을 거의 절대적인 프라이버시 보호 아래, 즉 다른 사람에게 전혀 들키지 않고도 할 수 있게 되었다. 거기에는 아무도 보지 않는 데서 어떤 일을 해낼 수 있다는 일종의 흥분감도 작용한다. 자신의 가정이나 사무실과 같은 일종의 보호된 환경 속에서 다른 사람들의 눈에 띄지 않게 그런 행동들을 해낼 수 있기 때문에 발각될 확률이 그만큼 적어지게 되는 것이다. 이러한 프라이버시와 익명성이 도덕적 이탈을 더욱 부채질한다.

프라이버시와 익명성으로 인한 도덕적 관심의 결여는 그러한 비도덕적 행위가 범행 장소로부터 멀리 떨어져 있다고 여겨질 때 더욱 심해지는 경향이 있다. 비도덕적 행위를 하는 사람들이 피해자와 상당히 멀리 떨어져 있는 장소에서 정보를 훔치는 경우, 그들은 다른 사람의 집이나 사무실에 직접 침입하여 훔칠 때와 같은 수준의 위험 부담을 느끼지 않게 된다. 따라서 수천 킬로미터 떨어진 곳에서 피해자에게 들키지 않고 정보를 몰래 빼낼 수 있다는 생각이 사람들로 하여금 비도덕적 행동을 하도록 유혹한다.

한편 프라이버시라는 개념은 또 다른 형태의 도덕적 무감각을 초래한다. 컴퓨터 기술을 통해 우리는 아주 개인적인 정보들을 얼마든지 구할 수 있다. 의료 기록, 교육 기록, 신용 기록 등과 같은 극히 사적인 정보들을 몰래 빼내어 보는 것이 위반자에게는 색다른 흥미를 줄 수 있다. 특히 정보통신 기술의 발달로 남에게 들키지 않고도 다른 사람의 전화 내용을 몰래 엿듣는다든지, 다른 사람의 침실이나 화장실에서의 행동을 엿보는 것이 얼마든지 가능해졌다. 이렇듯 다른 사람의 프라이버시나 사생활을 몰래 엿보는 행위 그 자체가 위반자들에게는 기묘한 쾌감을 가져다준다.

유혹 3: 매체의 본질

오늘날 전자 매체의 본질은 원래의 정보를 제거하거나 훼손시키지 않으면서도 그러한 정보를 훔칠 수 있는 것을 가능하게 해준다. 우리가 다른 사람의 파일을 몰래 훔쳐보거나 사용한다고 해도, 그 파일은 전혀 손상되지 않은 채 원래의 소유자에게 그대로 남아 있다. 이러한 매체의 본질은 위반자로 하여금 실제로 훔친 것이 아무것도 없으며, 피해자의 경우도 도난을 당한 것이 아무것도 없다는 생각을 갖게 만든다. 타인의 중요한 지적 재산들을 훼손시키지 않으면서도 얼마든지 그것을 몰래 사용할 수 있다는 생각과 그러한 것이 가능하도록 만들어준 매체 자체의 특성이 우리를 비도덕적 행위로 유혹한다.

유혹 4: 심미적 매료

일반적으로 사람들은 자신의 기술이나 능력을 이용하여 어려운 문제를 해결했을 때 모종의 성취감을 느끼게 된다. 더구나 다른 지적인 사람들에 의해 만들어진 보안 장치들을 무력하게 만들면서 다른 컴퓨터 체계에 자신이 처음으로 침투해 들어갔을 때 많은 사람들은 자신이 드디어 큰일을 해냈다는 그릇된 성취감을 갖기가 쉽다. 해커들이 바로 이 경우에 해당된다고 할 수 있다. 자신의 컴퓨터 기술을 활용하여 다른 사람들이 만들어놓은 보안 장치들을 무색하게 만들며 침투해 들어가려는 잘못된 도전 욕구와 그에 따른 잘못된 성취감 등의 심미적 매료가 우리로 하여금 비도덕적 행동을 하도록 유혹한다.

유혹 5: 최소 투자에 의한 최대 효과

상대적으로 적은 노력으로도 많은 사람들에게 접근하여 최대의 효과를 낼 수 있다는 생각이 비도덕적 행동을 유발시키는 하나의 유혹이 될 수 있다. 스미싱과 피싱 등 정보통신 기기를 이용한 신종 사기 행위들이 급증하는 것은 바로 이 때문이다. 감언이설에 의한 사기 행위를 시도하는 경우, 예전처럼 수백 통의 전화를 걸거나 우편물을 발송할 필요가 없어졌다. 이제는 간단히 인터넷에 사기 정보를 올려두는 것만으로도 가능해졌기 때문이다. 아주 적은 노력으로 수많은 사람들에게 접근하여 단기간에 최대의 효과나 이익을 얻을 수 있다는 생각이 바로 비도덕적 행위를 유발시키는 유혹 요인이 된다.

유혹 6: 국제적 범위

새로운 정보통신 기술이 발달하면서 전 세계에 접근하는 것이 가능하게 되었다. 정보를 훔치기 위해, 그리고 이윤을 얻기 위해 이제는 전 세계적으로 활동하는 것이 가능해졌다. 이렇듯 단기간에 전 세계적으로 영향을 미칠 수 있다는 것도 비도덕적 행동을 유발하는 유혹 요인이 된다.

유혹 7: 파괴력

정보통신 기술이 오용될 경우 그것이 수반하는 파괴력은 실로 엄청나다. 가장 대표적인 경우가 바로 컴퓨터 바이러스이다. 컴퓨터 바이러스를 유포하는 사람들은 그러한 파괴적 행위로부터 모종의 쾌감을 얻는다. 그러한 사람들은 더욱 영리한 자신의 기술로 더욱 치유가 곤란한 바이러스를 유포하는 행위에서 만족감과 보람을 찾으려고 한다. 이렇듯 정보통신 기술이 가지고 있는 엄청난 파괴력 자체가 비도덕적인 행동을 유발하는 유혹이 된다.

온라인에서의 도덕적 이탈에 대한 루빈의 논의는 도덕적 이탈을 야기하는 정보통신 기술의 속성이 무엇인지를 분명하게 설명해준다는 점에서 커다란 장점을 갖고 있다. 그리고 각각의 유혹 요인이 어떠한 도덕적 이탈을 초래하는지를 사례를 들어 설명해준다는 점에서 상당한 설득력을 갖고 있다. 하지만 그의 설명은 개인과 환경의 변인 중 지나치게 환경 변인으로서의 정보통신 기술의 속성만을 다루고 있기에 도덕적 이탈에서의 개인차를 명확하게 설명하지 못하는 단점을 갖고 있다.

심리적 거리 이론

심리적 거리는 주체와 객체 간의 실재하는 것과 지각된 것에 대한 심리 효과를 의미한다. 사람들은 그들 자신과 그들을 둘러싸고 있는 환경을 동시에 경험하기 때문에 그 경험에서 존재하지 않는 것들은 심리적으로 거리가 있다고 느낀다. 달리 말해 심리적으로 거리가 있다는 것은 한 개인의 실재에 대한 직접적이고 주관적인 경험이 존재하지 않는다는 것을 의미한다.

리버만과 그 동료들(Liberman, Trope and Stephan, 2007)은 심리적 거리를 네 가지 유형으로 분류했다. 첫째, 시간 거리(temporal distance)란 사건이 발생한 시점과 현재 살고 있는 지금 시점 간의 거리를 의미한다. 어떤 사람이 과거에 일어난 사건으로부터 현재 살고 있는 시간과의 거리가 클 경우에, 그 사건에 감정을 연루시키는 것이 더욱 어려워진다. 예를 들어 6·25 전쟁을 경험하지 못한 전후 세대들은 전쟁을 체험한 세대에 비해 전쟁의 참혹함에 대한 감정을 연루시키는 것이 훨씬 어렵다. 마찬가지로 현재의 청소년 세대가 할아버지와 할머니 세대의 보릿고개 시절을 공감하기란 쉽지 않다. 둘째, 공간 거리(spatial distance)란 개인이 갖고 있는 정보에 대해 반응하는 거리를 의미한다. 주체가 어떤 주제에 대해 갖고 있는 정보가 적을수록 심리적 거리가 더욱 커진다. 예를 들어 블로그, 페이스북, 트위터 등을 이용하지 않는 사람들은 SNS에 대한 정보가 매우 적기에 SNS 예절 및 윤리의 필요성에 대한 논의에서 심리적 거리감을 크게 느낄 수 있다. 셋째, 사회적 거리(social distance)는 둘 또는 그 이상의 사람들 간의 관계를 지칭하며, 그러한 관계는 본질상 개인적이거나 공적인 것 중 어느 하나일 수 있다. 주체와 객체 간의 관계가 없을수록 심리적 거리는 커지게 되는데, 예를 들어 1 대 1의 온라인 게임에서 오늘 처음 만난 상대방은 나와 특별한 관계가 아직 형성되어 있지 않기에 심리적 거리감이 크다. 끝으로, 가상성 거리(hypotheticality distance)는 시간 거리의 정반대로서 미래를 내다보고 어떤 사건이 일어난 것처럼 감정과 에너지를 동원하는 것을 의미하며, 미래에 사건이 일어날 가능성이 적을수록 심리적 거리감은 커지게 된다. 온라인에서는 내 행동의 결과가 어떤 결과를 가져오는지를 직접 눈으로 보거나 예측하는 것이 상당히 어렵기 때문에 심리적 거리감이 더 커질 수 있다.

크로웰과 그 동료들(Crowell, Narvaez and Gomberg, 2005)은 디지털 기술이 심리적 거리를 만들어냄으로써 도덕성 혹은 도덕적 기능 수행의 4구성 요소에 해로운 영향을 미친다고 주장한다. 원래 레스트(J. Rest)가 만든 도덕성의 4구성 요소 모델(Four Component Model)은 도덕적 행위가 발생하는 데 필요한 내적 과정, 즉 도덕적 민감성, 도덕적 판단, 도덕적 동기, 도덕적 품성 및 실행력을 나타낸다. 이 구성 요소들은 인성 특성이나 덕목이 아니라, 우리가 도덕적 상황에 어떻게 반응하는지를 추적하는 데 사용되는 분석 도구이다. 그러므로 4구성 요소 모델은 과정의 총체(ensemble of processes)를 묘사하는 것이지, 분리된 별개의 요소를 묘사하는 것이 아니다. 이 모델에 따르면, 어느 단일의 요소가 작동한다는 것이 도덕적 행위를 예측해주지는 못한다. 도덕적으로 행동한다는 것은 전체적인 총체의 개별 과정 및 수행에 달려 있다. 개별 과정은 도덕적 행위의 완성을 촉진함에 있어서 함께 작용하는 인지적·정의적·행동적 측면들을 포함하고 있다.

그런데 크로웰과 그 동료들은 컴퓨터 매개 커뮤니케이션 기술은 사회적 억제의 축소를 유발하여 비도덕적 행동이 일어날 가능성을 높게 한다고 보았다. 그들은 컴퓨터 매개 커뮤니케이션 기술이 만들어내는 심리적 거리가 앞서 언급한 4구성 요소들 각각에 어떤 영향을 미치는지를 상세하게 설명했다.

도덕성의 4구성 요소 모델

레스트와 그의 동료들에 따르면, 어떤 도덕적 행동이 나오는 데에는 최소한 네 가지 과정이 있다고 한다. 이러한 네 가지 과정 또는 요소들은 4구성 요소 모델 (Four Component Model)을 구성한다. 4구성 요소 모델은 도덕적 행동을 하는 데 필요한 내적 과정들을 나타낸다. 이것들은 성격 특성이나 덕목이 아니며, 오히려 사람이 특별한 사회적 상황에서 어떻게 반응하는지를 조사하는 데 사용되는 분석의 주요 단위이다.

제1요소: 도덕적 민감성

상황에 도덕적으로 반응하는 것을 선택하도록 하기 위해서는 특정한 행동이 필요할 때 재빠르게 반응해야 하고 적절하게 그 사건들을 설명할 수 있어야 한다. 즉, 개인은 상황적 정보에 민감해야 하고 다양한 가능성 있는 행동들을 구성적으로 상상해야 한다는 것이다. 특정한 행동이 필요할 때 재빠르게 반응해야 하고 적절하게 그 사건들을 설명하는 데 결정적인 것은 바로 공감 능력이다. 이것은 보통 다른 사람의 고통을 인식하게 될 때 자신도 느끼게 되는 고통이라고 정의된다.

일단 무엇이 발생했는지를 감지한 사람들은 가능한 행동들과, 이러한 행동들의 있음 직한 결과에 의해 누가 어떤 영향을 받을 것이고, 사람들이 어떻게 반응할 것인지에 관해 생각하게 된다. 도덕적 민감성은 이와 같이 어떤 상황을 도덕적인 문제 상황으로 감지하고 그 상황에서 어떠한 행동을 할 수 있으며 그 행동들이 관련된 사람들에게 어떠한 영향을 미칠 수 있는가를 상상해본다는 측면에서 정의와 인지 모두의 점진적인 발달과 특히 밀접한 관계가 있다. 사회 인지에서 최근 주목받고 있는 분야는 단서에 대한 감지뿐 아니라 정보 통합과 추론에서의 복잡한 의미들을 탐구하는 일이다.

제2요소: 도덕적 판단

제2요소의 기능은 어떤 행동이 도덕적으로 옳은지 그른지를 판단하는 것이다. 다시 말해 일어날 만한 행위의 방향이 결정되면 이제 도덕적 이상, 즉 '내가 할 수 있는 많은 일 중 내가 해야만 하는 일은 무엇이며, 도덕법칙이 필요로 하는 일은 무엇인가?'라는 관점에서 행위의 방향을 평가해야 한다. 이와 같은 제2요소는 우리에게 도덕적 민감성 속에 사회적 규준과 도덕원리를 통합시킬 것을 요구한다. 도덕성에 관한 분야에서 어떤 이론가들이 도덕 판단에 관한 연구를 도덕 전체에 관한 것이라고 간주한다 해도, 4구성 요소 모델은 이러한 연구가 단지 요소 2와 관계가 있을 뿐이라고 주장한다. 즉, 도덕적 판단은 도덕성의 전부가 아닌 것이다. 도덕적 판단은 우리에게 인간이 얼마나 민감한지, 혹은 인간이 그들의 도덕적 이상을 실행시키는 능력을 가지고 있는지에 관해 말해주지 않는다. 그리고 어떤 다른 가치들이 도덕적 이상보다 우선하는지와 관련된 제3요소에 관해서도 아무것도 말해주지 않는다.

제3요소: 도덕적 동기

행동의 결과를 알고 있고, 여러 행동들이 선택할 만한 매력을 가지고 있을 때 왜 사람은 도덕적인 선택을 해야 하는가? 무엇이 다른 가치를 포기하고 도덕적인 가치를 선택하도록 동기화시키는가? 도덕적 가치들은 사람들이 가지고 있는 유일한 가치가 아니다. 사람들은 쾌락, 승진, 예술, 음악, 지위 등과 같은 것을 가치 있게 여길 수 있다. 이러한 다른 가치들이 선택된 도덕적 가치와 충돌하게 된다. 예를 들어 당신은 어려움에 처한 사람에게 도움을 주기 위해 새 자전거를 포기한다. 또한 당신의 조직에 대한 비난이 정당하다고 생각하면서도 조직의 평판에 가치를 두기 때문에 그러한 비평을 인정하지 않는다. 도덕적인 행동을 선택하는 것이 다른 가치와 갈등을 일으키는 경우가 종종 발생한다. 여기서 다른 가치 대신 도덕적 가치를 우선시하는 것을 도덕적 동기화라고 한다.

제4요소: 도덕적 품성 및 실행력

요소 4는 위험하고 예기치 않은 곤경에 빠졌을 때 필요하다. 이것은 방심과 다른 유혹들에 저항할 것을 요구한다. 최종 목적을 마음속에 그리고 계획하는 것은 매우 중요한 일이다. 도덕적 행동을 실천하기 위해서는 용기를 잃지 않고, 여러 가지 유혹에 굴복하지 않으며, 눈앞에 있는 목표를 지켜내는 인내심을 필요로 한다. 이러한 인내, 굳건함, 그리고 능력의 특성은 우리가 '인격(character)' 또는 '자아 강도(self-strength)'라고 부르는 것들이다.

첫째, 심리적 거리는 도덕적 민감성을 변형시킨다. 이러한 현상은 대면적 대인 관계 커뮤니케이션을 위한 상호작용 규칙들이 사이버 공간에서는 쉽게 활성화되거나 적용되지 않기 때문에 발생한다. 이를테면 심리적 거리는 재산을 구성하는 속성들에 대한 변화된 지각을 만들어낸다. 전자적으로 부호화된 자료나 대상은 물리적 자료나 대상과는 다른 방식으로 지각됨에 따라 소프트웨어나 컴퓨터 파일 등의 사적 소유를 잘 인정하지 않는다.

둘째, 변화된 도덕적 민감성은 도덕적 판단에도 영향을 미친다. 우리가 손으로 만질 수 있는 대상이나 물건에 대해 도덕적으로 그릇된 것이라고 판단하는 것과 디지털 대상이나 자료에 대해 도덕적으로 그릇된 것이라고 판단하는 것 사이에 큰 차이를 보여준다. 디지털 자료나 대상은 사적인 소유가 아니라고 인식하는 한, 디지털 자료나 대상과 연루된 행동에 대해서는 더욱 관대한 도덕적 허용을 보여준다. 이것은 디지털 시대의 컴퓨터 매개 커뮤니케이션에서 송신자와 수신자의 심리적 거리가 멀어진 것과 마찬가지로, 디지털 대상이나 자료의 경우에도 사용자와 재산권 소유자 간의 심리적 거리가 커진다는 것을 말해준다.

셋째, 심리적 거리는 도덕적 동기에도 영향을 미친다. 예컨대 자전거는 그 자전거의 소유자를 내포하지만 소프트웨어는 그렇지 못하기에, 소프트웨어에 대해서는 재산권에 대한 일상적인 규칙들이 제대로 활용되지 않는다. 매체가 행위자로부터 한쪽 끝에 있는 사람, 즉 개발자나 메시지 수신자들과의 심리적 거리를 크게 만들 때에는 일상적인 규칙이나 행동 기준에 의거하는 경향성을 감소시킨다. 달리 말해, 심리적 거리는 타인에 대한 결과나 해로움에 대한 지각을 변경시키기 때문에, 개인적 이익을 추구하려는 동기가 상대적으로 커지게 된다.

끝으로, 심리적 거리는 도덕적 행동에도 영향을 미친다. 심리적 거리는

'해로움이 없다면 문제가 될 것이 거의 없다'는 식의 정신 상태를 유발하여 여러 가지 유형의 비도덕적 행위들에 관여하게 만든다. 이렇듯 디지털 기술은 심리적 거리에 의해 도덕적으로 관련된 정보의 처리에 해로운 영향을 미치기에 도덕적 이탈을 용이하게 만든다.

크로웰과 그 동료들은 주로 전자적 커뮤니케이션과 지적 재산권의 문제와 관련하여 디지털 기술이 만들어내는 심리적 거리가 도덕적 기능의 4구성 요소 각각에 미치는 해로운 영향을 잘 보여주었다. 심리적 거리는 청중이나 재산권 소유자가 궁극적으로 받게 되는 영향에 공감하는 것을 어렵게 만들어 도덕적 민감성을 감소시킨다. 제한된 공감은 가능한 행동의 우선순위를 다시 정하게 만들 수 있고, 그 결과 다른 상황에서는 비도덕적인 것(예: 자전거를 훔치는 것)을 좀 더 수용 가능한 것(예: 소프트웨어를 불법 복제하는 것)으로 만드는 도덕적 판단을 만들어낸다. 그리고 심리적 거리는 잠재적으로 해로움을 당하게 될 사람들을 모호하게 만들어버림으로써 타인에 대한 관심보다는 개인적 목표를 상승시켜준다. 동시에 즉각적인 사회적 제재의 결여는 사이버 공간이 모두를 위한 무법의 자유 공간이라는 인식을 갖게 만들어 도덕적 동기를 크게 약화시킨다. 끝으로, 심리적 거리는 '해로움이 없다면 반칙이 아니기에 아무것도 문제가 될 것이 없다'는 정신 상태를 유발하여 비도덕적 행동에 쉽게 관여하도록 만든다.

비록 크로웰과 그 동료들이 온라인 커뮤니케이션과 지적 재산권의 문제를 구체적인 사례로 들어 설명했음에도, 이 이론은 사이버 공간에서 여타의 도덕적 이탈 행동을 설명하는 데에도 매우 효과적이다. 현실 공간에서의 언어폭력과 집단 따돌림은 그로 인해 고통을 받는 피해자의 모습을 직접 보게 되어 가해자들로 하여금 더 이상의 해로운 행동을 하지 않거나 주춤하게 만들 수 있는 속성이 있으나, 사이버 공간에서는 가해자가 피해자를 직접적으로 대면하지 않기 때문에 도덕적 민감성의 심각한 약화를 초래하고, 그 결과 다양한 형태의 사이버 불링(cyber bullying)이 쉽게 일어날 수 있다. 또한 사이버 공간에서의 심리적 거리감은, 상대방을 자신처럼 고귀한 인격을 갖춘 도덕적 존재로 여기기보다는 자신의 욕구 충족을 위한 대상이나 그 실체를 알 수 없는 비인격화된 존재 또는 단순한 물리적 객체로 여길 가능성이 많기 때문에, 우리의 도덕적 판단에도 해로운 영향을 미칠 수 있다. 특히 사이버 공간에서 찬반 토론 등 의견이 대립할 경우, 나와는 의견이나 이념이 다르다는 이유로 상대방의 의견이 아닌 상대방의 인격을 비하하고 모독하는 행동을 쉽사리 하게 되는데, 이것은 심리적 거리감이 우리의 도덕적 판단력을 훼손하기 때문이다.

카카오톡을 통한 청소년의 도덕적 이탈 행동

'청소년 스마트폰 메시지 서비스의 사용 실태와 인간관계에 미치는 영향 연구'에 나온 조사 결과(신향숙, 2012)를 보면, 중·고생의 98%가 카카오톡을 사용하는 것으로 나타났다. 이와 함께 초·중·고생의 29.2%가 '타인에게 사이버 폭력을 행사한 적이 있다'고 대답한 방송통신위원회의 '2013년 사이버 폭력 실태' 조사 결과도 있다. 또 2012년 방송통신위원회에 따르면 스마트폰 이용자 중 79%가 카카오톡을 이용한 게임을 하고 있고, 그 이용률 역시 12~19세의 청소년이 87%로 가장 높았다. 문제는 이렇듯 청소년들의 사생활에서 큰 부분을 차지하게 된 카카오톡이 청소년 사이버 학교폭력의 주요 무대가 되었다는 점이다. 왕따, 욕설, 이미지 불링 등 다양한 형태의 사이버 학교폭력 행위가 카카오톡 안에서 벌어지고 있다. 최근에는 청소년들이 인터넷 카페를 통해 카카오톡 아이디를 공유한 뒤 음란한 대화와 사진을 서로 나누는 '카카오톡 애인' 현상도 유행하고 있다. 경기도 소재 모 초등학교 담임교사인 A(29·여) 씨는 "요즘에는 초등학생들도 자신의 성기나 가슴 사진을 찍어 카카오톡으로 주고받는 일까지 벌어지고 있다"라고 말했다 (≪헤럴드경제≫, 2014.1.29).

한편 심리적 거리는 타인에 대한 결과나 해로움에 대한 지각을 변경시키기 때문에, 도덕적 가치보다 개인적 이익을 추구하려는 동기의 중요성이 상대적으로 커지는 결과를 초래한다. 사이버 공간의 심리적 거리는 잠재적으로 해로움을 당할 수 있는 사람이나 여타의 행위자들에 대한 직접적 관심보다는 개인적인 목표나 이익 추구에 탐닉하게 함으로써 사이버 공간을 도덕규범으로부터 자유로운 일종의 해방 공간으로 간주하게 만들고, 그 결과 인간의 도덕적 동기를 심각하게 훼손시킨다. 특히 사이버 공간은 자신의 정체성을 다양하게 표출할 수 있는 기회를 제공하기에 정체성을 탐색하는 데 도움을 줄 수도 있지만, 다른 한편으로는 정체성의 분열을 초래할 수 있어 도덕적 자아(moral self) 형성에 심각한 장애를 불러일으킬 수 있으며, 그것은 도덕적 행동에 필수적인 도덕적 동기의 약화를 초래한다. 블라지(A. Blasi)에 의하면, 인간의 도덕적 정체성은 자신의 정체성 또는 자아 개념과 도덕성의 통합의 결과인데, 자신의 자아 개념을 분열시키고 자기 일관성(self-consistency)에 장애를 가져올 수도 있는 사이버 공간은 도덕적 행동을 위한 동기적 원천을 근본적으로 방해하는 기능을 하기 때문이다.

끝으로 심리적 거리는 행위자에게 직접적인 해로움이 없다면 문제가 될 것이 거의 없다는 식의 변형된 정신 상태를 유발하여 여러 가지 유형의 비도덕적 행위들에 쉽게 관여하도록 만든다. 달리 말해 심리적 거리는 우리로 하여금 저작권 위반 및 침해, 인터넷 사기, 표절, 도촬, 해킹, 바이러스 유포, 사이버 불링, 사이버 스토킹, 사이버 명예훼손 등의 비도덕적이고 불법적인 행위에 쉽게 관여하도록 만든다.

크로웰과 그 동료들이 제시한 심리적 거리 이론은 현실 공간에서 도덕성 발달 수준이 높은 사람일수록 사이버 공간에서 도덕적 이탈을 경험하는 것이 낮다는 사실을 암시해줌으로써, 도덕적 이탈에서의 개인차를 설명해주는 장점이 있다. 즉, 레스트의 4구성 요소에서 높은 점수를 받은 사람일수록 사이버 공간에서 심리적 거리를 느낄 경향이나 가능성이 그만큼 적기 때문이다. 또한 심리적 거리 이론은 우리가 느끼는 심리적 거리감이 도덕성의 4구성 요소에 구체적으로 어떤 영향을 미치는지도 잘 설명해주는 장점이 있다.

블라지의 자아 모델

도덕적 정체성에 대한 블라지의 설명은 도덕적 동기화의 원천으로서의 도덕적 정체성의 기저를 이루는 기제에 대한 통찰력을 제공해준다. 콜버그(L. Kohlberg) 이론의 유산인 도덕적 이해와 도덕적 행동 간의 간극을 메우기 위한 시도로서 블라지는 도덕적 기능 수행의 자아 모델(self model)을 제안했다. 블라지의 자아 모델은 도덕적 인지로부터 도덕적 행동으로의 전환, 그리고 판단과 행위의 일치에 초점을 맞추고 있다. 이 모델은 세 가지 구성 요소로 이루어져 있다.

첫째, 도덕적 행동으로 이어지기 전에 도덕적 판단은 책임감 판단을 거칠 수 있다. 그러므로 개인은 주어진 상황에서 수행해야 할 옳은 또는 도덕적인 방법을 결정해야 할 뿐만 아니라 자신이 그러한 판단에 입각하여 행동해야 할 책임이 있는지의 여부를 평가한다.

둘째, 책임감 판단의 기준은 개별적 자아의 구조, 즉 도덕적 정체성에서 유래한다. 도덕적 정체성은 개인차를 반영하고 있기에, 도덕적 인간이 되는 것이 자아감의 중심적인 또는 본질적인 것인지의 정도는 개인마다 차이가 있을 수 있다. 즉, 도덕적인 사람이 되려는 이상은 각 개인들의 자아 개념에서 차지하는 중심성의 수준에서 차이가 있을 수 있다. 또 도덕적 정체성은 내용에서 사람마다 다를 수 있다. 어떤 사람은 동정심이 풍부한 것을 자신의 도덕적 정체성에 중심적인 것으로 삼는 반면에, 다른 사람은 공정하고 정의로운 것을 자신의 도덕적 정체성에 핵심적인 것으로 삼을 수 있다. 각 개인의 고유한 도덕적 정체성을 구성하는 중첩되지 않는 도덕적 특성들이 존재할 수 있다고 할지라도, 대부분 사람들의 도덕적 정체성에 중심적인 것이 될 수 있는 일군의 공통된 도덕적 특성들이 존재한다.

셋째, 자아 모델의 세 번째 구성 요소는 자기 일관성(self-consistency)이다. 블라지에 의하면, 자신의 자아감에 일치하여 살고자 하는 자연적인 인간의 경향성이 존재한다. 그러므로 개인의 자아가 도덕적 관심에 집중할 때 이러한 경향은 도덕적 행동을 동기화시키는 핵심적인 힘으로 작용한다.

이렇듯 블라지는 도덕적 판단이 도덕적 정체성에 근거한 책임감 판단을 통해 여과되어 자기 일관성을 향한 경향성에 의해 행동으로 추진된다면, 도덕적 행동을 더욱 신뢰성 있게 예측할 수 있다고 생각했다. 블라지에 의하면, 자신의 도덕적 판단에 입각하여 행동하지 않는 것은 개인에게 자아의 핵심 안에서의 분열을 초래하는 것이다.

탈억제 이론

사이버 공간에서의 도덕성 약화 요인에 관한 원인을 규명하고자 할 때 우리는 컴퓨터 매개 커뮤니케이션의 특성을 고려할 수 있다. 일반적으로 우리는 사이버 공간에 진입하게 될 때 현실의 규제로부터 풀려나 내 마음대로 할 수 있다는 느낌을 흔히 갖게 된다. 심리학에서는 이러한 현상을 일컬어 탈억제(disinhibition) 현상이라고 부른다. 엄밀하게 말해서 탈억제란 자기표현과 타인의 판단에 대한 관심에 있어서의 명백한 축소 또는 감소에 의해 특징지어지는 일련의 행동들을 지칭하는 것이다. 컴퓨터 매개 커뮤니케이션에서의 탈억제된 의사소통에 대한 연구들은 온라인 상태에서의 도덕적 이탈을 초래하는 원인들을 설명하는 데 부분적으로 도움을 준다. 그러한 연구들은 몰개성화(deindividuation), 축소된 사회적 단서, 사회적 실재감 등의 용어를 통해 잘 파악될 수 있다.

몰개성화라는 용어를 처음으로 사용한 르 봉(Gustave Le Bon)은 군중 속의 일원이 되는 것은 침몰, 즉 개별 행동에 대한 정상적인 제약들이 제거되는 상태를 유발한다고 주장했다. 몰개성화는 집단으로 행동하는 상황에서 구성원 개개인의 정체성과 책임감이 약화되어 집단 행위에 민감해지는 현상을 의미한다. 몰개성화는 한 개인이 집단 속에서 개별화되지 않을 때에는 내적 제약의 감소가 발생하기 쉬움을 보여준다. 이에 의하면 익명성, 각성, 감각적 과부하, 기분 전환용 약물, 자기 초점에서의 감소 등은 몰개성화를 유발하여 탈억제적이며 공격적인 행동을 일삼기 쉽다는 것이다. 이를 바탕으로 컴퓨터 매개 커뮤니케이션 연구자들은 사용자에 의해 의사소통이 익명적으로 이루어질 때, 그래서 그가 내적 기준이나 수혜자보다는 눈앞의 과제에만 초점을 맞출 경우에 몰개성화된다고 주장한 바 있다. 그러나 보통의 컴퓨터 매개 커뮤니케이션 사용자들을 몰개성화되는 것으로 보는 이러한 관점은 오늘날 많은 비판에 직면하고 있다. 예를 들어 조인슨(A. Joinson, 1998)은 컴퓨터 매개 커뮤니케이션 참가자들이 익명이 아닐 때에도 탈억제된 행동을 보인다는 연구 결과를 제시했다. 이것은 몰개성화의 필수적 전조라는 익명성이 온라인에서의 탈억제된 행동에 결정적인 역할을 하는 것이 아닐 수도 있음을 잘 보여준다.

축소된 사회적 단서 이론에 따르면, 컴퓨터 매개 커뮤니케이션 네트워크의 한정된 대역폭과 그에 따른 상호작용 동안의 사회적 단서의 축소가 사회적 규범과 제약의 영향으로부터의 축소를 유발하여 반규범적이고 탈규제적인 행동을 낳는다고 한다. 하지만 축소된 사회적 단서 이론은 컴퓨터 매개 커뮤니케이션으로부터 사회성을 제거했다는 이유로 비판을 받았다. 컴퓨터 매개 커뮤니케이션이 협소한 대역폭을 가지고 있는 것은 사실이지만 온라인 관계의 발전, 대인 관계적인 사회적 단서의 발전(예: 이모티콘), 전자우편의 헤더와 서명에 담긴 범주적 단서(예: 성, 지역, 직업) 등은 컴퓨터 매개 커뮤니케이션이 사회성을 결여하지 않고 있음을 암시해주기 때문이다.

사회적 실재감 이론은 상이한 커뮤니케이션 미디어가 상이한 실재 수준을 전달한다는 생각에 기반을 둔 것이다. 사회적 실재감은 미디어를 이용할 때 그 미디어가 사용자와 의사소통하고 있는 상대방의 존재를 어느 정도 인식할 수 있게 해주느냐의 문제와 관계된다. 예컨대 대면적 커뮤니케이션은 가장 높은 사회적 실재감을 보여주는 반면에 컴퓨터 매개 커뮤니케이션은 상당히 낮은 사회적 실재감을 나타낸다. 실제로 미디어 간의 사회적 실재감을 비교한 결과에 의하면, 면대면 상황이 0.81, TV가 0.24, 전화가 -0.52, 멀티스피커 오디오가 -0.81, 사무용 서한이 -0.85로 나타났다. 따라서 낮은 사회적 실재감은 탈인격화된 커뮤니케이션을 초래한다는 것이다. 그 결과, 컴퓨터 매개 커뮤니케이션에서 사용자들은 덜 우호적이고, 감정적·개인적이며, 더 사무적이거나 과제 지향적이 된다. 그러나 충분하게 토의할 수 있는 긴 시간이 주어질 경우에는 컴퓨터 매개 커뮤니케이션을 통해 교환되는 사회적 정보의 양이 증가하고, 사용자들 간의 관계 발전도 찾을 수 있다는 반대 주장도 제기되고 있다.

이렇듯 사이버 공간에서의 탈억제 요인을 규명함에 있어서 컴퓨터 매개 커뮤니케이션의 연구 결과들은 상반된 주장을 하고 있기에, 어느 한 가지 요인만으로 온라인 상태에서 도덕적 이탈이 더 쉽게 발생하는 이유를 설명한다는 것 자체가 어려운 일이다. 기술적 특성, 커뮤니케이션 특성만이 아니라 그러한 특성과 결합된 사용자 자신의 성격 특성 또한 중요한 영향을 미칠 수 있기 때문이다.

온라인에서의 탈억제에 대한 비교적 체계적인 설명을 제공하는 사람은 바로 슐러(J. Suler, 2004)이다. 슐러는 탈억제 현상이 긍정적 기능과 부정적 기능을 모두 갖고 있다고 본다. 탈억제는 개방적인 자기표현을 가능하게 해준다. 대부분 사람들은 대면적인 현실 세계에서 일상적으로 말하거나 행동하지 않는 것을 사이버 공간에서는 서슴지 않고 말하거나 행동하게 된다. 그들은 사이버 공간에서 긴장이 풀어짐을 느끼고, 무언가에 얽매여 있다는 느낌을 훨씬 적게 가지며, 좀 더 개방적으로 자신을 표현하게 된다. 때때로 사람들은 자신에 관한 아주 개인적인 것들을 다른 사람과 공유한다. 사이버 공간에서 사람들은 비밀스러운 감정, 두려움, 소망을 토로하기도 하고, 이례적으로 타인에게 친절함과 관대함을 보여주기도 한다. 슐러는 이러한 긍정적 성격의 탈억제 현상을 온화한 탈억제(benign disinhibition)라고 부른다.

그러나 탈억제 효과가 반드시 긍정적인 것만은 아니다. 탈억제 효과는 사이버 공간에서 타인에게 무례한 언어를 거침없이 사용하거나 가혹한 비판·노여움·증오·위협을 가하도록 만들기도 한다. 그런가 하면 탈억제 효과는 현실 세계에서는 거의 찾지 않는 음란물 사이트나 폭력 사이트와 같은 인터넷의 어두운 뒷골목을 배회하도록 만들기도 한다. 슐러는 이러한 부정적 유형의 탈억제를 유독한 탈억제(toxic disinhibition)라고 부른다.

내적인 감정과 욕구의 방출을 차단하는 심리적 경계가 느슨해지도록 만드는 탈억제 효과는 도대체 어떻게 해서 가능한 것일까? 슐러에 의하면, '너는 나를 알지 못한다'는 분열적 익명성(dissociative anonymity), '너는 나를 볼 수 없다'는 비가시성(invisibility), '나중에 다시 보자'는 식의 비동시성(asynchronicity), '그건 모두 내 머릿속에 있다'는 유아적 투입(solipsistic intro-jection), '그것은 단지 게임이다'는 분열(dissociation) 현상, '우리는 동등하다'는 지위의 중립성(neutralizing of status), 상호작용 효과(interaction effect)라는 일곱 가지 요인들이 탈억제를 불러일으킨다고 한다. 이렇듯 탈억제 효과를 불러일으키는 데에는 사실 여러 가지 요인들이 작용하고 있다. 어떤 사람에게는 한두 가지 요인이 지배적일 수 있으나, 대부분의 경우 여러 가지 요인들의 상호작용을 통해 탈억제 효과가 생기게 된다.

슐러의 탈억제 이론은 앞서 도덕적 거리나 심리적 거리와는 달리 기술의 속성과 개인적 속성의 상호작용을 강조한다는 점에서 큰 차이가 있다. 그러나 기술의 속성을 설명할 때 그가 제시한 요인들은 앞서 루빈이나 크로웰 등이 제시한 요인들에 비해 다소 정교하지 못하다는 약점을 갖는다. 루빈이나 크로웰 등은 기술의 속성들이 도덕적 이탈을 초래하는 과정을 비교적 매우 구체적이고 상세하게 설명하고 있으나, 슐러는 온화한 탈억제와 유독한 탈억제를 동시에 설명하려는 시도를 하려다 보니 도덕적 이탈 기제를 설명하는 데 한계를 보이고 말았다.

슐러의 탈억제 효과

슐러에 의하면, 탈억제 효과를 불러일으키는 데에는 사실 여러 가지 요인들이 작용한다. 어떤 사람에게는 한두 가지 요인이 지배적일 수 있으나, 대부분의 경우 여러 가지 요인들의 상호작용을 통해 탈억제 효과가 생기게 된다.

첫째, '너는 나를 알지 못한다'는 식의 익명성이다. 인터넷 서핑을 하면서 우리가 만나는 대부분 사람들은 자신이 누구인지를 말하지 않는다. 시스템 관리자 또는 기술적 지식이 해박하거나 우리에 대해 알고 싶어 하는 동기가 강한 사람들은 우리의 전자우편 주소나 인터넷 주소를 알 수도 있다. 그러나 대부분 사람들은 우리가 우리 자신에 대해 그들에게 말한 것만을 안다. 그러므로 우리가 원한다면 우리의 정체성을 숨길 수도 있다. 익명성이라는 말이 암시하듯이 우리는 사이버 공간에서 이름을 갖지 않거나 숨긴 채로 행동할 수 있다. 그러한 익명성은 탈억제 효과를 위해 효과적으로 작용한다. 익명성의 정도는 우리 행동에 아주 중요한 방식으로 영향을 미치며, 탈억제 성향, 즉 행동에 대한 정상적인 사회적 제한을 낮추는 상황을 만들어낸다. 사람들이 현실 세계와 자신의 정체성으로부터 그들의 행동을 분리할 수 있는 기회를 갖게 될 때, 그들은 자신의 속내를 털어놓는 것에 대해 덜 위협을 느끼게 된다. 심지어 사이버 공간에서 적대적인 감정에 입각하여 행동했다고 하더라도, 그러한 행동에 대한 책임을 질 필요가 없다. '그것은 내가 아니다'라고 자신에게 항변하면 그만이기 때문이다.

둘째, '너는 나를 볼 수 없다'는 식의 비가시성(invisibility)이다. 많은 온라인 환경에서 타인은 우리를 볼 수가 없다. 우리가 사이트나 게시판을 검색할 때, 또는 대화방에서 채팅을 할 때 사람들은 우리가 누구인지를 전혀 모를 수 있다. 이러한 비가시성은 우리의 모습이 타인의 눈에 띌 경우에는 감히 갈 수 없는 장소에 가게 하거나 할 수 없는 행동을 할 수 있도록 용기를 부여해준다. 익명성은 정체성의 은닉이기에 비가시성은 익명성과 중복될 수 있다. 그러나 익명성과 비가시성은 중요한 차이점이 있다. 전자우편이나 채팅 또는 메신저와 같은 텍스트 커뮤니케이션에서 상대방은 우리가 누구인지에 대해 상당히 많이 알 수도 있다. 그러나 그들은 여전히 우리를 볼 수가 없고, 우리의 목소리를 들을 수도 없다. 모든 사람의 정체성이 노출된 경우라고 할지라도, 육체적으로 보이지 않는 기회는 탈억제 효과를 증폭시킨다. 그러므로 우리는 우리가 어떤 행동을 했을 때 타인이 우리를 어떻게 보거나 무슨 말을 하는가에 대해 걱정할 필요가 없다.

셋째, '나중에 다시 보자'는 식의 비동시성(asynchronicity)이다. 전자우편이나 게시판에서의 의사소통은 비동시적이다. 사람들은 다른 사람들과 실시간으로 상호작용을 하지 않는다. 우리가 말한 것에 대해 상대방이 응답하는 데에는 몇 분에서부터 몇 달이 걸릴 수도 있다. 타인의 즉각적 반응을 다룰 필요가 없다는 사실 자체가 탈억제의 이유가 될 수 있다. 타인의 즉각적인 실시간 피드백은 사람들이 자신에 대해 드러내놓는 정도의 지속적인 흐름에 강력한 영향을 미친다. 전자우편이나 게시판처럼 피드백에 시간적인 지연이 있을 경우, 사람들의 사고 사슬은 그들이 생각하거나 느끼는 것에 대한 더 심층적인 표현을 향해 확고하면서도 신속하게 나아가게 된다. 어떤 사람들은 비동시적인 의사소통을 사적·감정적·적대적 메시지를 보낸 후에 도망가는 것으로서 경험할 수도 있다. 따라서 비동시성은 '치고 빠지는 식'의 일탈 행동에 관여하도록 만든다.

넷째, '그건 모두 내 머릿속에 있다'는 식의 유아적 투입(solipsistic introjection)

이다. 대면적인 단서가 결여된 상태에서의 텍스트 커뮤니케이션은 사람들에게 매우 흥미로운 영향을 미친다. 사이버 공간에서 때때로 사람들은 그들의 정신이 마치 온라인 동료의 정신과 융합되고 있다는 것을 느낀다. 타인의 메시지를 읽는 것은 마치 자신에게서 나오는 목소리로서 경험된다. 즉, 타인이 자신의 정신세계에 마법적으로 들어와 있는 것처럼 느끼게 된다. 사실 의식적이든 무의식적이든 우리는 상대방이 어떻게 생겼는지 또는 어떻게 행동하는지에 대한 시각적 이미지를 부여할 수 있다. 온라인 동료는 우리의 정신세계 안에서 하나의 인격체가 된다. 그리고 그러한 인격체는 텍스트 커뮤니케이션에서 그가 실제로 자신을 우리에게 어떻게 표현했는지뿐만 아니라 우리의 기대·소망·욕구에 의해 부분적으로 형성된다. 어떤 사람이 우리가 알고 있는 사람을 생각나게 할 수도 있기 때문에, 우리는 그러한 아는 사람에 대한 기억을 인격체의 이미지 속에 채워놓게 된다. 이렇듯 인격체가 우리의 정신 속에서 더욱 정교하고 실제적인 것이 됨에 따라, 우리는 타이핑에 의존한 대화가 우리의 머릿속에서 모두 일어나는 것으로 생각하기 시작할 수도 있다. 즉, 우리는 그 대화가 우리 자신과 우리의 상상 속의 인격체 간의 대화인 것처럼 생각할 수도 있다. 그러므로 안전한 곳이라 할 수 있는 우리의 상상 속에서 우리는 현실에서는 결코 하지 않는 모든 유형의 말과 행동을 전혀 거리낌 없이 하게 된다.

다섯째, '그것은 단지 게임이다'는 식의 분열(dissociation) 현상이다. 유아적 투입과 사이버 공간에서의 도피 가능성의 결합은 탈억제를 불러일으키는 새로운 힘을 만들어낸다. 우리는 우리가 만들어낸 상상적 인격체가 다른 공간에 존재하고 있다고 느낄 수도 있다. 즉, 우리는 우리의 온라인 인격(persona)과 온라인 타자들이 현실 세계의 요구나 책임과는 분리되어 있는 거짓 혹은 가장의 차원에 살고 있다고 느낄 수도 있다. 따라서 우리는 오프라인의 사실과 온라인의 허구를 분리시키거나 분열시킨다. 그렇기에 많은 사람들은 온라인에서의 삶을 현실 공간에서의 삶에 적용되지 않는 규칙과 규범을 가진 게임으로 여기고 있다. 그 결과, 그들은 컴퓨터의 전원을 끄고 일상으로 돌아오면 이제 게임을 끝냈다고 생각한다. 그리고 그들의 온라인 정체성도 함께 사라지게 된다. 이것은 현실과 무관한 거짓 혹은 가장의 무대에서 일어난 일에 대해 왜 내가 책임을 지어야 하는가와 같은 사고를 조장하게 만든다.

그런데 이러한 분열 현상은 낮은 사회적 실재감(sense of social presence)과 밀접한 관계가 있다. 사회적 실재감이 낮을수록 의사소통의 내용이 사무적이고 (impersonal), 개인적 특성을 띠지 못하며(depersonalized), 과업 지향적인 특성을 지니게 된다. 대면적 교류 상황에서는 다양한 물리적 환경(서로 간의 거리, 대화 장소 등), 서로가 지닌 상대적 지위(몸짓, 의상, 자세 등), 지배적 성향(위압적인 몸매, 태도, 행동거지) 등이 의사소통 내용에 대한 적절한 해석의 틀을 제공하거나, 소통 행위의 정도에 영향을 미치는 여러 사회적 맥락 단서이다. 이러한 교류의 맥락 단서가 결여되었기 때문에, 사이버 공간에서는 흥분하기 쉽고, 타인 지향적이기보다는 자기도취적이며, 규제되지 않은 언사, 상호의 지위를 동등화시키는 표현들이 나타나기 쉽다.

여섯째, '우리는 동등하다'는 식의 지위의 중립성(neutralizing of status)이다. 온라인에 있는 동안 현실 공간에서의 우리의 지위는 상대방에게 알려지지 않거나, 현실 공간에서와 같은 영향력을 발휘하지 못한다. 그러므로 사이버 공간에서는 지위·성별·부·인종에 상관없이 누구나 동등하게 참여할 수 있다. 현실 공간의 경우 사람들은 권위 있는 자들 앞에서는 자신이 실제로 생각하는 것을 말하는 것을 주저하게 된다. 그러나 사이버 공간에서는 누구나 동등하다고 느끼기 때문에 자기가 생각하고 느끼는 것을 불승인이나 처벌에 대한 두려움이 없이 쉽게 말할 수 있다.

일곱째, 상호작용 효과(interaction effect)이다. 탈억제 효과는 우리가 사이버 공간에서 행동하는 데 영향을 미치는 유일한 요인이 아니다. 기저의 감정·욕구의 강도와 충동 수준 또한 사람들이 사이버 공간에서 행동하는 방식에 영향을 미칠 수 있다. 인성 변인 역시 방어 기제의 강도나 억제 경향성 또는 표현 경향성에서의 차이를 만들어낸다. 신파조의 사람들은 매우 개방적이고 감정적이다. 강박관념에 사로잡힌 사람은 매우 억제된 행동을 보인다. 온라인에서의 탈억제 효과는 이러한 인성 변인들과 상호작용을 하게 된다. 그 결과, 어떤 경우에는 현실 공간에서의 행동과 조금 다른 모습을 보이지만, 어떤 경우에는 극적인 행동 변화를 보이기도 한다.

자기 조절 이론

밴두라(A. Bandura, 1999)의 사회 인지 이론(social cognitive theory)에 의하면, 인간의 도덕적 자기 조절은 도덕적 사고나 의지에 의해 얻어지는 것이 아니라, 인간의 다른 행동들과 마찬가지로 두 가지 제재를 거쳐서 나오는 것이다. 달리 말해, 인간의 도덕적 행동은 두 가지 형태의 통제 메커니즘을 거치게 된다. 첫 번째 제재인 사회적 제재는 사람들이 자신의 행동이 가져올 사회적 질타와 기타 나쁜 결과들 때문에 행동에 옮기지 못하는 것을 의미한다. 이것은 개인이 나쁜 행동을 하면 사회로부터 검열당하고 처벌받을 것이라는 개인의 예상적 제재이다. 반면 두 번째 제재인 개인적 제재는 내면화된 자기 제재로서, 올바른 행동을 하는 것은 자기만족과 자존감을 높여주며 반대로 나쁜 행동을 하는 것은 자기비판과 처벌이 따를 것이라는 개인의 예상적 자기 제재이다. 밴두라에 의하면, 우리가 도덕적 행동을 실천하는 것은 다른 사람들로부터 비난을 피하기 위해, 그리고 자기만족과 자존감을 높이고 자기 처벌이나 죄책감을 없애기 위해서이다.

상황 요소에 의해 발달되거나 움직이는 개인의 자기 조절 메커니즘은 세 가지 중요한 기능을 수행한다. 즉, 행동에 대한 자기 감시, 개인적 표준과 환경 상황에 관련하여 행동을 결정하는 것, 정의적 자기 반응이다. 사람들은 자신의 행동, 그리고 자신이 놓여 있는 상황을 감시하는데, 여기서 말하는 자기 감시는 어떤 선입견이나 감정을 판단으로부터 배제시키는 것을 의미한다. 개인적 표준과 환경 상황에 관련하여 결정을 내리는 것은 구체적 상황에서 행동과 관련된 도덕적 판단을 내릴 때에는 여러 가지 많은 판단 요소들을 고려해야 한다는 것을 의미한다. 그리고 정의적 자기 반응은 예상되는 자기 존중이나 자기 비난이 자기 조절 메커니즘에 도움을 주는 것을 의미한다. 즉, 사람들은 자기만족이나 보람의 감정 때문에 어떤 일을 하게 된다는 것이다.

한편 밴두라는 개인의 도덕적 표준이 그의 행위에 선택적으로 활성화되고, 자기 조절이 비도덕적 행동을 통제하지 못하는 여러 가지 현상을 제시하면서, 그러한 현상은 도덕적 정당화, 완곡한 언어의 사용, 유리한 비교, 책임 소재의 이동, 책임감의 분산, 결과의 무시와 왜곡, 비인간화, 비난의 전가와 같은 여덟 가지 메커니즘에 의해 생기는 것이라고 보았다.

밴두라의 도덕적 이탈 이론

밴두라는 개인의 도덕적 표준이 그의 행위에 선택적으로 활성화되고 자기 규제가 비도덕적 행동을 통제하지 못하는 여러 가지 현상을 제시하면서, 그러한 현상은 다음의 여덟 가지 기제에 의해 생기는 것이라고 보았다.

도덕적 정당화

사람들은 자신들의 행동을 도덕적으로 정당화하기 전까지는 대개의 경우 비난받을 만한 행동을 하지 않는다. 그러므로 사람들은 인지적 재해석을 통해 과실이 있는 행동을 올바른 행동으로 탈바꿈시켜 버린다. 이 과정을 통해 어떤 나쁜 행동이 개인적·사회적으로 수용되면, 개인은 그런 상황에서는 새로 만들어진 그 원리에 따라 행동하게 된다. 이를테면 군인들이 전쟁에서 살생하는 것, 국수주의나 이데올로기 또는 종교의 이름으로 저지르는 폭력과 살인 등이 이에 속한다. 이때 행위자들은 자신들의 인격 구조와 공격 성향 또는 도덕 표준을 바꾸기보다는 살인에 대한 도덕적 가치를 인지적으로 재해석함으로써 그러한 행동을 하게 되는 것이다. 그리고 그러한 행동은 자기 비난으로부터 자유롭게 된다. 예를 들어 사람들은 사이버 공간에서 도덕적 정당화를 통해 인터넷 마녀사냥 행위에 참여하게 된다. 인터넷 마녀사냥은 어느 특정인에 대해 근거 없는 악의적 댓글이나 메일로 인성 및 신변에 대한 공격을 하는 행위와 더불어 사람들에게 그 특정인에

대한 여론을 악의적으로 몰아가는 행위를 뜻한다. 이때 사람들은 마녀사냥의 대상이 되는 특정인은 마땅히 지탄받아야 할 인물이고, 자신의 공격 행위는 지탄받아 마땅한 사람을 처벌하는 일종의 정의로운 심판관의 행동이라고 합리화한다.

완곡한 언어의 사용

완곡한 언어는 비난받을 만한 행동을 가려주는 편리한 수단을 제공해주며, 때로는 그런 행동을 존경할 만한 행동으로 탈바꿈시켜 버린다. 이렇듯 위생적으로 포장된 언어들은 자기 비난을 피할 수 있게 해준다. 예를 들어 군인들은 '죽이다'라는 표현 대신에 '청소한다'는 표현을, 용병들은 '살인'이라는 말 대신에 '계약 완수'라는 표현을 사용하며, 테러리스트들은 자신들을 '자유의 수호자'라고 부른다. 또한 '폭격'을 '외과 때림'으로 표현하는 것, '민간인 손상'을 '2차 손상'으로 표현하는 것 등도 모두 완곡한 언어의 사용 사례들이다. 예를 들어 온라인 게임에서 아무이유 없이 남의 캐릭터를 죽이는 행동을 의미하는 'PK', 그리고 게임, 메신저 등과 같이 웹상에서 벌어지는 일이 실제로 살인이나 싸움으로 이어지는 것을 나타내는 신조어인 '현피' 등은 완곡한 언어 사용의 전형적인 사례이다.

유리한 비교

두 사건이 연속적으로 일어날 경우 첫 번째 사건은 두 번째 사건이 어떻게 수용되고 판단되는지에 영향을 미치게 된다. 어떤 행동에 대한 도덕적 판단은 다른 어떤 것과 비교해보는 손쉬운 구조에 의해 영향을 받게 된다. 즉, 사람들은 대조원리를 이용하여 자기 스스로가 개탄할 만한 행동을 아주 극악무도하고 무자비한 다른 어떤 행동과 대조해봄으로써 자신의 행동이 대조되는 다른 어떤 것보다는 옳은 것이라고 생각하게 된다. 이러한 비교가 빈번하고 힘을 얻을수록 파괴적인 행동이 하찮은 것 또는 비교적 호의적인 것으로 변모해버린다. 일례로 국내의 저항 세력들은 자신들의 폭력을 다른 나라의 대학살과 비교함으로써 자신들의 행동을 하찮은 것이나 심지어 양호한 것으로 변모시키게 된다. 예를 들어, 특정인에게 악성 댓글을 다는 사람들은 자신들의 행동이 현실 공간에서 그 특정인을 직접적으로 공격하거나 해로움을 주는 것보다는 양호한 것이라고 유리한 비교를 하게 된다.

책임 소재의 이동

일반적으로 자기 제재는 해로운 효과에 대한 개인적 작인(personal agency)이 분명할 때 가장 강하게 활성화된다. 행동과 그 행동이 유발하는 효과의 관계를 모호하게 하거나 왜곡시키는 것에 의해 자기 제재가 철회되는 경우가 있다. 어떤 정당한 권위자들이 특정 행동에 대한 결과를 책임지게 된다면, 사람들은 그들이 평소에 거부했던 것들을 쉽게 행동으로 옮길 것이다. 이러한 책임 소재의 이동을 통해 사람들은 자신들의 행동이 개인적 책임에서 유발된 것이 아니라 권위자들의 명령에서 유발된 것으로 해석한다. 책임 소재의 이동은 개인적으로 해로운 행동을 자제하는 경향성을 약화시킬 뿐만 아니라 타인들에 의해 학대당한 사람들의 복지에 대한 사회적 관심을 저하시킨다. 예를 들어 나치의 교도관들은 자신들의 비인간적 행동을 개인적 책임으로부터 분리시켰다. 그리고 종교와 이데올로기의 이름 아래 저질러지는 온갖 만행도 이러한 책임 소재의 이동에 의해 쉽게 유발되는 것이다. 또한 인질극을 벌이는 사람들이 인질로 잡혀 있는 사람들의 안전에 대한 책임을 협상에 응하는 상대방의 반응으로 이동시키는 것도 책임 소재의 이동에 해당된다. 사이버 공간에서 우리는 아주 쉽게 책임 소재를 이동시킨다. 상대방의 게시문이 자신을 화나게 만들었으므로, 자신이 그 글에 악성 댓글을 다는 것은 마땅한 일이라는 식으로 책임 소재를 상대방에게 전가하는 것이다.

책임감의 분산

결과와 행동 간의 관계에서 행동에 대한 자기 제재는 책임감의 분산에 의해 더욱 약화된다. 책임감의 분산은 분업(division of labor)에 의해 발생하게 된다. 분업이 일상화되면 그 일의 중요성에 대한 인식이 흐려지게 된다. 이러한 책임감 분산은 1964년 미국 뉴욕의 주택가에서 발생했던 살인 사건을 통해 잘 나타난다. 제너비즈(Kitty Genovese)라는 여성이 한밤중에 강도에게 습격을 받았다. 그녀는 자기 집 앞에서 강도와 30여 분 동안 사투를 벌이면서 도와달라고 소리를 쳤지만 주위의 50여 가구에서 아무도 도와주지 않아 결국 강도에게 살해되고 말았다. 사회심리학자들이 이 사건을 조사해본 결과, 이웃 사람들의 도덕성이 낮거나 이웃에 대한 무관심으로 인해 그런 사건이 발생한 것은 아니었다. 이웃 사람들은 그들이 사랑싸움을 하는 것인지 또는 폭행을 당하고 있는 것인지를 제대로 알 수 없었다. 즉, 이웃 사람들은 사태를 불확실하게 느끼고 있었던 것이다. 그리고 어떤 이웃들은 여자가 곤경에 처해 있다는 것을 알았지만 여러 집에 불이 켜진 것을 보고 누군가가 경찰에 신고할 것이라고 생각하면서 그냥 잠자리에 들었는데, 여러 사람이 있다 보니 책임감이 분산되게 된 것이다. 또한 집단적인 결정이 개인들에게 해로운 행동을 하도록 만들 수도 있다. 따라서 모든 사람에게 책임이 있다면 아무에게도 책임이 없는 것이 되고 만다. 그러므로 사람들은 집단적 기능에 의해 책임감이 귀속될 때에는 자신들이 스스로 사고하고 행동할 때보다 더욱 가혹하게 행동한다. 사람들은 집단이 발생시키는 결과가 나쁜 것일수록 그 결과에 대한 개인적 책임감을 덜 느끼게 된다. 사이버 공간에서 특정인에 대해 마녀사냥식의 공격이 이루어질 때, 그런 공격 행위에 참여하는 사람들은 책임감의 분산을 느껴 별다른 죄책감을 느끼지 않게 된다.

결과의 무시와 왜곡

자기 제재의 약화는 행동의 결과에 대해 고려하지 않거나 행동의 결과를 잘못 해석하는 경우에 발생한다. 사회적 유인에 의해서 혹은 자기 이익을 위해서 개인이 남에게 해로움을 입힐 행동을 선택할 때, 그 사람은 자기가 야기한 해로움의 결과를 회피하거나 축소해버린다. 그런 사람들은 자신이 보게 될 이득만 생각할 뿐 그것의 해로운 결과에 대해서는 생각하지 않는다. 그들은 결과를 의도적으로 모른 체하거나 결과를 왜곡함으로써 자신이 야기한 해로움의 증거들을 불신하려고 적극적으로 시도한다. 그리고 다른 사람에게 해를 입힐 때 상대방이 보이지 않거나 행위자가 피해자로부터 시간적·공간적으로 멀리 떨어져 있을 때에는 그런 행동을 더욱 쉽게 저지른다. 사이버 공간에서의 각종 범죄들, 적대 국가를 향한 원거리 미사일 발사 등이 이런 부류에 속한다. 결과로부터 개인이 멀리 떨어져 있을수록 예상되는 파괴적 결과를 제지하는 억제력은 더욱 약해진다. 사이버 공간에서는 나의 욕설이나 폭언이 상대방에게 미치는 결과를 눈으로 직접 볼 수 없기 때문에 도덕적 이탈이 쉽게 생길 수 있다.

비인간화

나쁜 행동을 일삼는 사람의 자기 평가나 제재의 강도는 가해자가 피해자를 바라보는 시각에 좌우된다. 가해자는 피해자를 비인간화시켜 버린다. 피해자를 비인간화시킴으로써 가해자들은 그들을 인간 이하의 존재로 대우하게 된다. 나치에 의한 유대인 대학살이 바로 이 부류에 속한다. 그리고 미국 서부 개척 시대에 백인이 인디언을 무참하게 살해할 수 있었던 것은 그들을 야만인 또는 악마로 비인간화시켰기 때문이다. 일례로 서울 지하철 2호선에 탑승한 한 여성이 데리고 탄 애완견이 갑자기 설사를 했다. 사진 속 주인공은 당황하면서 개는 닦았으나, 지하철 바닥에 떨어진 개의 배설물은 치우지 않고 다음 정거장인 아현역에서 내렸다. 결국 같은 칸에 있던 다른 사람들이 바닥에 떨어진 개의 배설물을 치웠다. 이 사건을 지켜본 한 사람이 애완견의 배설물을 치우지 않고 자리에 앉아 있는 여성의 사진과, 사진 속의 주인공이 애완견을 데리고 내린 다음 어떤 할아버지가 개의 배설물을 치우는 사진, 이렇게 두 장의 사진을 찍고 이 상황을 설명한 글을 인터넷에 올렸다. 이 사진과 글은 2005년 6월 5일부터 여러 사이트에 퍼졌고, 인터넷 뉴스 사이트에 실리면서 폭발적으로 퍼져나갔다. 이 사진을 접한 대부분의 네티즌들은 사진 속의 주인공에 대해 분노하며 비인간화시켰다. 애완견을 데리고 공공장소에 와서 다른 사람에게 폐를 끼치고도 공중도덕을 무시한다고 생각했기 때문이다. 이에 네티즌들은 사진 속의 주인공에게 '개똥녀'라는 별명을 붙이고, 애완견을 데리고 탄 여성의 사진을 공개적으로 유포하고 신원을 알아내기 위해 조직적으로 행동하기도 했다. 주인공의 홈페이지로 오해한 싸이월드 미니홈피에 욕설을 남기기도 했고, 실제 주인공을 흉내 내어 거짓 사과문을 써서 장난을 치기도 했다.

비난의 전가

자신이 혐오하는 사람이나 대상 또는 상황에 대한 비난은 자기 제재를 약화시키는 아주 간편한 방식이다. 이 과정에서 사람들은 자기 자신은 무고한 피해자라고 여기고, 그들의 해로운 행동은 자신들의 강력한 분노에 의해 어쩔 수 없이 강제된 것이라고 본다. 예를 들어 강간의 원인들 가운데 일부는 피해자의 도발적인 행동에 기인한다고 보는 것, 가난의 원인을 가난한 사람들의 게으름으로 전가하는 것 등이 이에 속한다. 사이버 폭력이나 사이버 불링을 일삼는 사람들은 그 폭력이나 불링의 대상이 되는 사람들에게 비난을 전가하는 경우가 대부분이다.

밴두라에 의하면, 사려 깊은 사람이 무원칙적이고 냉담하게 굳어버린 사람으로 탈바꿈하게 되는 이러한 도덕적 이탈(moral disengagement) 현상은 갑작스럽게 이루어지는 것이 아니라 그들이 변하고 있다는 것을 알아차리지 못할 정도로 자기 제재의 점진적 감소를 통해 서서히 이루어진다. 밴두라는 도덕적 이탈을 유발하는 인지적·사회적 기제를 비교적 상세하게 설명하고 있다. 그의 이론은 우리가 비도덕적인 행동에 휘말리지 않기 위해서는 개인의 도덕적 표준을 설정하고, 자기 조절 능력을 발휘해야 한다는 점을 시사해준다.

밴두라에 의하면, 도덕 행위자의 실천은 두 가지 특성을 갖고 있다. 하나는 억제적 형태(inhibitive form)의 특성으로서, 우리로 하여금 비인간적인 행위에 관여하는 것을 억제하는 기능을 수행한다. 다른 하나는 순행적 형태(proactive form)로서, 이는 인간적으로 행동하려는 힘을 통해 표현된다. 밴두라는 우리가 억제적 형태로서의 도덕 행위자보다는 순행적 형태로서의 도덕 행위자로서 기능할 때 인간다움이 실현되는 사회가 될 수 있다고 역설한다.

하지만 밴두라의 이론은 온라인을 염두에 두고 개발된 것이 아니라, 현실 공간에서의 도덕적 이탈에 초점을 맞춘 것이기에 온라인 상태에서의 인간 행위에 직접적으로 적용하는 데에는 한계가 있다. 이를테면 책임감의 분산은 오히려 온라인 상태에서 이타주의를 증진시키는 요인으로 작용하기도 하므로, 그의 이론은 온라인에서의 행동을 설명하는 데 부분적으로 한계를 보여준다. 사이버 공간에서는 행위자의 숫자를 서로 잘 알지 못하기 때문에 책임감의 분산이 적게 일어나서, 사람들이 더욱 이타적으로 행동을 하게 된다는 연구 결과들도 있다.

도덕적 면허 효과

사실상 자신을 도덕적으로 강직하지 않다고 생각하는 사람은 매우 드물다. 심지어 살인과 폭력을 일삼은 상당수의 범법자들마저 자신들이 긍정적인 도덕적 특성을 갖고 있는 사람이라고 생각한다. 이를테면 그들은 부당한 현실을 타파하기 위해 만행을 저질렀다는 식의 자기 합리화를 시도하거나, 타인과의 유리한 비교를 통해 자신의 도덕적 우위를 조금이라도 더 표명하는 경우가 많다. 최근 일부 학자들은 사람들이 명백한 도덕적 위반에 직면하여 자신의 도덕적 자아 가치(self-worth)를 조절하는 방식에 대해 연구해왔다. 그러한 연구 결과에 따르면, 사람들은 암묵적인 수준에서 자신들의 도덕적 행동을 파악한다. 그래서 사람들은 자신들이 어떤 좋은 행동을 했을 때에는 일종의 도덕적 신용(moral credits)을 축적한 것으로 여기고, 그러한 도덕적 신용은 이후에 자신들이 모종의 비도덕적 행동을 했을 때에 현금화하여 상쇄할 수 있는 것으로 여기는 경향이 있다고 한다. 따라서 사람들이 자신의 도덕적 진실성에 대해 상당한 수준으로 확신하고 있을 경우에는 더 이상의 선한 행동을 실행하려는 동기를 거의 갖지 못한다고 한다. 학자들은 이러한 현상을 일컬어 도덕적 면허 효과(moral licensing effect)라고 부른다.

사람들은 그들의 다음 행동이 도덕적으로 미덥지 않을 경우에는 그들이 이전에 실행한 도덕적 행동으로부터 일종의 신용을 이끌어내어 도덕적으로 의심스러운 행동에 관여할 경향성이 크다. 예를 들어 자신들의 이전 행동이 동정심, 관대함, 편견 없음을 표현한 것이라고 확신할 때, 그들은 냉혹하고 이기적이고 편협한 것에 대한 두려움을 크게 느끼지 않는 가운데, 도덕적으로 미덥지 않은 방식으로 행동할 경향성이 더욱 증가한다. 이러한 도덕적 면허는 대개 두 가지 방식을 통해 작동한다. 하나는 도덕적 신임장 (moral credentials) 기제이다. 개인의 선한 행동은 그 사람에게 선한 사람이라는 일종의 신임장을 제공해주며, 그 결과 그 사람은 이후의 문제시되는 행동을 도덕적으로 수용 가능한 것으로 파악하게 된다. 왜냐하면 그는 자신이 비도덕적 행위에 관여하지 않는 도덕적인 사람이라고 믿게 해주는 신임장을 갖고 있기 때문이다. 다른 하나는 도덕적 신용(moral credits) 기제이다. 개인의 선한 행동은 도덕적 은행에 도덕적 달러를 예치하게 만들고, 따라서 자신의 도덕적 은행 계좌에 잔고가 충분히 있을 때에는 비도덕적 행위에 대한 모종의 상환을 가능하게 해준다. 이러한 도덕적 면허는 도덕적 영역의 전역에 걸쳐 발생하며, 어느 한 영역에서의 선한 행동은 다른 영역에서의 도덕적 면허를 가능하게 한다.

이에 연구자들은 도덕적 면허 효과를 입증하기 위해 실험 참가자들에게 성차별주의적 진술에 반대함으로써 자신에게 도덕적 신임장을 부여할 수 있는 기회를 제공했다. 그 결과, 이후의 과제에서 도덕적 신임장을 부여받은 실험 참가자들은 그렇지 않았던 참가자들에 비해 더욱 편견을 지닌 견해를 드러냈다(Monin and Miller, 2001: 35). 이를테면 명백하게 성차별주의적인 진술들에 반대할 기회를 가졌던 참가자들은 이후에 고정관념상 남성의 일에 해당하는 직종에 대한 선택에서 여성보다는 남성이 더욱 적합하다는 반응을 더 많이 보여주었다. 성차별주의에 대한 반대를 통해 도덕적 신임장을 획득한 참가자들은 이후의 성별과 관련한 애매모호한 결정 상황에서 남성을 편애하는 성차별적 행동을 보여주었던 것이다.

이런 현상은 정치적 태도의 영역에서도 발견되었다. 오바마(B. Obama) 대통령에 대한 투표 선호도를 보여주었던 실험 참가자들은 이후의 과제에서 흑인보다는 백인을 향한 긍정적 편애를 보여주었다. 많은 유권자들이 오바마를 지지한 것은 그들의 정치적 가치만이 아니라 그들이 인종 편견을 갖고 있지 않음을 표명하는 것이다. 오바마를 지지한 참가자들은 일종의 도덕적 신임장을 획득하여 이후의 결정 과제에서 직종에 대한 적합성과 기부금 할당에서 흑인보다는 백인을 훨씬 편애하는 경향을 보여주었다.

도덕적 면허 효과는 사람들이 긍정적인 자기 이미지와 관련된 사고를 할 때에도 발생한다. 단어 목록 가운데서 긍정적인 특성의 단어들을 인용하여 자신들에 대한 이야기를 기술한 실험 참가자들은 중립적인 단어들을 포함하여 이야기를 기술한 참가자들에 비해 자선 단체에 대한 기부 의사와 환경 보전 활동에 대한 협조에서 부정적인 반응을 보여주었다. 이것은 자신들의 긍정적 특질에 관한 참가자들의 사고가 그들의 도덕적 진실성을 확인시켜주었고, 그 결과 친사회적 행동에 관여하려는 욕구의 감소를 초래한 것으로 풀이된다. 이러한 연구 결과들은 긍정적 또는 부정적 특성들을 현출하는 것이 실제적인 도덕적 행동에 관여하는 것을 필수적이지 않게 만들어버리는 도덕적 면허로 귀결된다는 사실을 잘 보여준다.

도덕적 면허 이론에 의하면, 우리 인간은 나름의 도덕적 균형을 이루며 살고자 한다. 그래서 자신이 도덕적으로 좋은 일을 했다고 생각할 때에는 일종의 도덕적 면허를 획득하여, 도덕적으로 바람직하지 않은 행동에 관여하게 된다. 이를테면 하이브리드 자동차를 타는 사람들은 휘발유 자동차를 타는 사람들에 비해 자신들이 친환경적으로 살고 있다는 도덕적 면허를 얻게 되고, 그 결과 교통 법규를 더 많이 위반한다는 연구 결과가 있다. 또한 친환경 마크가 부착된 제품을 구매하는 사람들은 자신들이 친환경적인 삶을 살고 있다는 도덕적 면허를 얻게 되어, 일반인들에 비해 쓰레기 분리수거를 잘 하지 않는 것으로 밝혀졌다. 도덕적 면허 이론에 의하면, 현실 공간에서 도덕적 면허를 얻은 사람일수록 사이버 공간에서 도덕적 이탈을 할 가능성이 높음을 예측해준다. 그리고 사이버 공간에서 면허를 얻은 사람일수록 사이버 공간에서 도덕적 이탈을 할 가능성이 매우 크다는 점을 암시해준다. 예를 들어, 현실에서 친구를 도와주어 도덕적 면허를 획득한 사람은 온라인 게임에서 상대방에게 졌을 때 상대방에게 쉽사리 욕설이나 폭언을 일삼을 수 있다. 또한 페이스북에서 남이 게시한 좋은 글에 '좋아요'를 누르고 좋은 댓글을 달았던 사람은 일종의 도덕적 면허를 획득하여, 이후에 다른 사이트에서 악성 댓글을 다는 행동을 할 수도 있다. 그러나 아직 이에 대한 실제적인 연구 결과는 존재하지 않는 것이 사실이다. 하지만 도덕적 면허 이론은 우리가 도덕적 이탈을 쉽게 경험하게 되는 심리적 기제를 부분적으로 설명해주는 장점을 갖고 있기에, 앞으로 많은 경험 연구가 필요한 이론이다.

지금까지 사이버 공간에서 인간의 도덕적 이탈을 설명하는 여러 이론들을 살펴보았다. 무릇 인간의 행동은 개인적 요인과 환경적 요인 간의 상호작용의 결과이듯이, 사이버 공간에서의 인간의 도덕적 이탈 역시 마찬가지이다. 환경 요인으로서의 기술적 요인, 사회적 맥락, 그리고 개인적 특성과 요인들이 복합적으로 작용하여 도덕적 이탈 현상을 유발한다. 그럼에도 한 가지 분명한 사실은, 현실 공간에서 높은 도덕성을 가진 사람일수록 사이버 공간에서도 도덕적으로 행동할 가능성이 더욱 높다는 사실이다. 비록 사이버 공간이 인간의 도덕성을 약화시키는 여러 가지 유혹 요인들을 제공함에도, 도덕성이 높은 사람일수록 그러한 유혹 요인들에 저항할 수 있는 내면적 힘을 더 많이 갖고 있기 때문이다. 따라서 도덕적인 삶을 영위하는 것은 인간으로서 우리에게 주어진 중요한 삶의 목적이라는 사실을 수용하는 가운데, 자신의 삶을 도덕적 차원에서 끊임없이 성찰하고, 올바른 도덕적 판단과 선택에 근거하여 도덕적 행위를 실행할 수 있는 능력과 의지, 습관을 갖추는 것이야말로 사이버 혁명의 시대에 살고 있는 우리에게 부여된 중요한 삶의 과제이다.

| 참고문헌 |

김유정. 1998. 『컴퓨터 매개 커뮤니케이션』. 커뮤니케이션북스.

신향숙. 2012. 「청소년 스마트폰 메시지 서비스의 사용 실태와 인간관계에 미치는 영향 연구」. 한양대학교 석사학위논문.

최용성. 2014. 「사이버 공간에서의 도덕심리와 레스트의 4구성요소에 따른 정보윤리교 육적 교수전략에 관한 연구」. ≪윤리연구≫, 94, 277~325쪽.

추병완. 2012. 「온라인에서의 도덕적 이탈과 인터넷 윤리교육의 과제」. ≪윤리연구≫, 87, 119~141쪽.

_____. 2014. 「고양(elevation)의 도덕교육적 함의」. ≪교육과정평가연구≫, 17(3), 65~ 86쪽.

홍성욱·백욱인. 2001. 『싸이버스페이스 오디쎄이』. 창작과비평사.

≪헤럴드경제≫. 2014.1.29. "'왕따보다 무서운 사이버 학교폭력' 온라인 일탈 놔두면 '오 프라인 일탈'로." http://news.heraldcorp.com/view.php?ud=20140129000099&md= 20140201003445_BL.

Aguiar, F., P. Brañas-Garza and L. M. Miller. 2008. "Moral distance in dictator games." *Judgement and Decision Making*, 3(4), pp.344~354.

Bandura, A. 1999. "Moral disengagement in the perpetration of inhumanities." *Person-ality and Social Psychology Review*, 3, pp.193~209.

Crowell, C. R., D. Narvaez and A. Gomberg. 2005. "Moral psychology and information ethics: Psychological distance and the components of moral behavior in a digital world." in L. Freeman and A. G. Peace(eds.). *Information Ethics: Privacy and Intellectual Property*. Hershey: IGI Global.

Joinson, A. 1998. "Causes and implications of disinhibited behavior on the Internet." in Jayne Gackenbach(ed.). *Psychology and the Internet*. San Diego: Academic Press.

Liberman, N., Y. Trope and E. Stephan. 2007. "Psychological distance." in E. T. Higgins and A. W. Kruglanski(eds.). *Social Psychology: Handbook of Basic Principles*. New York: Guilford Press.

Monin, B. and D. T. Miller. 2001. "Moral credentials and the expression of prejudice." *Journal of Personality and Social Psychology*, 81(1), pp.33~43.

Rheingold, H. 2003. *Smart mobs: The next social revolution.* New York: Basic Books.

Rubin, R. 1996. "Moral distancing and the use of information technologies: The seven temptations." in J. M. Kizza(ed.) *Social and ethical effects of the computer revolution.* Jefferson, NC: McFarland & Company.

Suler, J. 2004. "The online disinhibition effect." *CyberPsychology & Behavior*, 7(3), pp.321~326.

인터넷 정보격차와 청소년

박근영

정보격차는 인터넷 유토피아를 좌절시키는가

인간의 사회적 삶이 그러하듯 사회과학 분야의 많은 연구들 역시 미래 지향적이다. 물론 과거에 발생했던 현상에 대한 해석이나 현재 상황에 대한 평가를 목적으로 하는 연구들이 다수를 차지하지만, 그러한 연구들도 궁극적으로는 아직 도달하지 않은 미래에 대해 선지자적 예측을 시도하는 또 다른 연구의 자료 역할을 하는 경우가 많다. 사실 사회학의 경우 그 탄생 배경에는 프랑스 대혁명과 산업혁명 같은 정치적·경제적 변혁이 큰 역할을 했다. 사람들은 이러한 대혼란에도 불구하고 미래 사회가 과연 안정적으로 유지될 수 있을지에 대해 불안해했으며, 대표적 고전사회학자인 마르크스(K. Marx), 베버(M. Weber), 뒤르켐(É. Durkheim) 등의 연구에는 이러한 당시 사람들의 관심이 잘 반영되어 있다. 즉, 모든 생물체가 자신의 생존과 종족의 번식을 염려하듯, 근본적으로 사회학을 비롯한 모든 사회과학은 미래에 대한 예측과 사회의 안녕에 대해 많은 관심을 가져왔다.

1960년대부터 사회과학 분야에서는 미래 사회에서의 정보의 역할과 규모 등에 대해 크고 작은 논쟁이 계속되어왔다. 제2차 세계대전을 거치면서 통신 기술 및 컴퓨터 기술이 크게 향상되었으며, 이를 바탕으로 정보를 생산해서 전달하는 정보 기술 역시 비약적으로 발전하게 된다. 이러한 변화를 관찰했던 학자들은 머지않은 미래에 기술적으로 고도성장한 사회에서 불가피하게 증가하는 불확실성을 극복하기 위해 정보의 수요가 크게 증가할 것이며, 이에 대응하기 위한 통신 기술 및 기기가 빠르게 발달·확산되는 '정보사회'가 나타날 것이라고 예상했다(최동수, 2007). 하지만 정보사회의 도래가 그 사회의 구성원들에게 미치는 영향에 대해서는 대립적인 전망이 제시되었는데, 토플러(A. Toffler)와 같은 학자들은 정보화가 진척됨에 따라 산업 생산력이 크게 증가하고 기존 사회가 가지고 있던 갈등이 자연스럽게 해소되어 인류의 복지가 증진된다는 긍정적인 예측을 내놓았다. 반면 실러(Herbert I. Schiller)와 같은 학자들은 정보사회의 혜택이 선진국과 후진국 사이에서 차별적으로 분배될 수밖에 없으며, 같은 국가 내에서는 기득권층의 통제나 감시의 수단으로 사용됨으로써 특정 계급에게만 봉사할 가능성이 있음을 경고하기도 했다(전석호, 1993; 최동수, 2007).

그로부터 약 20여 년 뒤, 1990년대의 세계는 '인터넷'이라는 새로운 매체의 보급으로 정보통신 분야에서 가히 혁명과도 같은 변화를 경험하게 된다. 우선 정보 습득 자체가 용이해졌을 뿐만 아니라 생산, 유통, 변형 등 정보와 관련된 모든 영역에서 자율성이 확보되어 가용 정보의 양이 크게 증가했다. 그 결과 정치, 경제, 문화 등 사회의 각 영역에서 사람들의 사고방식과 행동방식에 커다란 변화를 초래했다. 이러한 포괄적인 변화를 고려한다면 과거 1960~1970년대 학자들이 상상했던 완전한 의미의 정보사회의 모습이 어느 정도 현실화되었다고 평가하기에 부족함이 없는 듯하다.

그렇다면 오늘날 정보사회의 모습은 과거 학자들이 예견했던 정보사회에 대한 긍정적 전망과 부정적 전망 중에서 어느 쪽에 근접해 있을까? 물론 우리 사회에서 정보가 생산되고 활용되는 다양한 영역의 활동들을 개별적으로 살펴보면 반드시 어느 한쪽의 극단적인 주장이 옳았다고 결론을 내리기가 쉽지 않다. 정보사회가 가져다준 생활 전반에서의 편리와 다양한 세부 분야에서의 혜택을 무시할 수 없기에 긍정적 전망이 우세할 듯하지만, 그만큼의 예상치 못했던 새로운 문제를 야기한 것도 사실이기 때문이다.

그중 '정보격차(digital divide)'의 문제는 과거 긍정론자들의 주장처럼 오늘날의 정보사회에 유토피아적 의미를 부여하는 데 가장 큰 걸림돌이라고 할 수 있다. 정보격차란 단순하게 정의하면 "최신의 정보 기술들에 대해 접근성을 가지고 있는 사람들과 그렇지 못한 사람들 사이의 인지된 격차"라고 할 수 있다(Compaine, 2001: xi). 이와 같이 정보격차 문제가 제기된 초기에는 '정보'에 대한 '접근성' 여부가 수혜자와 비수혜자를 나누는 중요한 기준이었음을 알 수 있다.

하지만 정보격차의 문제를 좀 더 잘 이해하기 위해서는 '정보'의 개념을 재정립할 필요가 있다. 사실 정보(information)와 자료(data)는 매우 차별적인 개념이다. 정보사회에서 생산되어 유통되는 통속적 의미의 정보는 대단히 많지만 그러한 정보를 필요로 하는 사람들에게 특정한 형태로 가공해서 전달할 수 없다면, 그 경우에는 '정보'라는 용어보다는 단순한 '자료'의 수준으로 보거나(최동수, 2007), 심지어는 '정보 공해'로 받아들여질 수도 있다. 즉, 필요한 내용을 목적에 맞게 적절한 시기에 얻지 못하고 무분별하게 접하게 된다면 '아는 것이 힘'이 되는 것이 아니라, '모르는 것이 약'이 되는 상황이 되기 쉽다는 것이다. 이러한 기준으로 '정보격차'를 다시 정의한다면, 직간접적으로 유용하게 사용될 수 있는 정보에 대해 적절한 시기에 접근할 수 있는 가능성이 개인들 사이에 불균등하게 분포함을 말한다.

하지만 오늘날의 정보격차는 단순히 자료 자체에 대한 접근성의 문제에 머무르지 않고 더욱 복잡한 여러 수준의 문제들로 발전했다. 매일매일 인간의 지능이나 인지력으로는 감당하지 못할 정도로 많은 자료가 생산·유통되는 현실에서는 개인이 접할 수 있는 자료의 절대량은 큰 문제가 되지 않는다. 즉, 이렇게 풍부해진 자료들 중에서 얼마나 필요로 하는 정보를 정확히 선별해서 얻어내는가의 문제, 획득된 정보를 얼마만큼 자신의 이익을 위한 활동에 적용시킬 수 있는가의 문제, 더 나아가 필요한 정보를 탐색하고 가공하여 활용하는 일련의 과정을 얼마나 자연스럽게 수행할 수 있는가의 문제까지 발전할 수 있다(김문조·김종길, 2002).

이 장에서는 바로 이 정보격차에 대해 논의하려 한다. 앞서 언급했다시피 정보격차의 핵심은 정보사회의 혜택이 그 사회의 구성원에게 균등하게 돌아가지 않는다는 점에 있다. 나이, 성별, 계급, 학력, 지역 등등 개인이 지닌 다양한 속성에 따라 일부는 필요한 정보를 적재적소에서 얻을 뿐만 아니라 이를 통해 다양한 이윤을 추구하는 반면, 나머지는 정보 자체에 접근할 기회가 허락되지 않거나, 정보를 얻었다 하더라도 이를 제대로 사용하지 못하고 사장시키고 만다. 즉, 같은 사회의 구성원이라 하더라도 정보화된 세상이 누군가에게는 기회이자 축복이지만, 또 다른 누군가에게는 아무런 혜택이 없거나 오히려 스스로를 더 위축시키는 재앙이 될 수 있다.

이 장에서는 특히 인터넷 사용과 관련하여 우리나라 청소년 계층에게 나타나고 있는 정보격차에 주목한다. 청소년들은 본래 새로운 것을 지향하는 속성으로 인해 뉴미디어나 정보통신 기술을 다른 연령대에 비해 빠르게 수용하는 계층이기 때문에 흔히 정보화의 수혜자로만 인식되는 경향이 있

다. 그렇지만 청소년 계층에서도 정보격차나 불평등의 문제는 꾸준히 존재
해왔으며, 그 구체적인 양상은 시시각각 변하고 있다. 청소년들은 아직 경
제적으로 독립하지 못해 부모나 다른 성인의 통제를 받아야 하며, 육체적
으로나 정신적으로 성장기에 있기 때문에 사회의 주류 문화보다는 그들만
의 하위문화의 영향을 강하게 받는 특성을 지닌다. 따라서 청소년 계층에
서 나타나는 정보격차의 문제는 성인 사회의 정보격차 문제와는 다른 양상
을 보일 수 있다. 이러한 복합적인 요인을 고려하여 청소년들에게서 나타
나는 정보격차의 특성과 그러한 격차가 어떠한 문제를 낳을 수 있는지 다
각적으로 검토해볼 것이다.

정보의 가치

1775년 4월 18일 밤, 보스턴의 은세공 기술자였던 폴 리비어(Paul Revere)는 보
스턴 해안에서 30여 킬로미터 떨어진 렉싱턴(Lexington)과 콩코드(Concord)라
는 도시를 향해 어두운 밤길을 세 시간이 넘도록 말을 몰아야 했다. 보스턴에 진
주한 영국군이 독립운동의 지도자인 새뮤얼 애덤스(Samuel Adams)와 존 핸콕
(John Hancock) 등을 체포하기 위해 이동 중이라는 사실을 미리 전달하기 위해
서였다. '미드나잇 라이드(Midnight Ride)'로 잘 알려진 이 일화는 주로 미국 독
립 전쟁의 시작을 알리는 역사적 사건으로 해석되지만 '정보'라는 주제를 중심에
놓고서도 다양한 의미를 찾아볼 수 있다.

그림 2-1 | '미드나잇 라이드'를 묘사한 그림 (A. L. Ripley, 1937년 작)

우선 피상적으로만 생각한다면 이 일화가 우리에게 전해줄 수 있는 교훈은 매우 단순하다. 정보통신 기술이 지난 250년 동안 눈부시게 발전했다는 상투적인 내용 정도가 될 것이다. 마치 전등이 없는 시기를 살아보지 못한 사람들은 전등 없는 캄캄한 밤을 상상하기 어렵듯, 현재를 사는 우리의 관점에서는 '영국군이 오고 있다'라는 단편적 정보 하나를 전달하기 위해 세 시간이 넘는 시간 동안 위험과 어려움을 감수해야 했다는 사실이 마냥 신기하게 들릴 수 있기 때문이다.

하지만 이 사건이 우리에게 전달해줄 수 있는 더 중요한 메시지는 정보 자체의 기본적인 속성에 관한 것이다. 즉, 단편적이고 보잘것없는 정보라 할지라도 그 정보를 간절히 원하는 사람들에게 제대로 전달된다면 상상을 뛰어넘는 큰 효과를 볼 수 있다는 것이다. 사실 당시 영국군이 독립운동의 지도자를 체포하고 비축된 물자를 파괴하러 머지않아 이동을 시작할 것이라는 점은 누구나 쉽게 예상할 수 있었던 내용이었다. 실제로 폴 리비어가 전달한 이 간단한 정보는 당시 미국 동부에 거주하던 많은 사람들, 특히 미국의 독립에 관심이 없었던 사람들에게는 정보로서 별 가치가 없는 내용이었다. 하지만 독립파(Patriots)에 속한 사람들은 다른 누구보다 그에 관한 정확한 정보를 필요로 했으며, 특히나 영국군이 도착하기 충분한 시간 이전에 그 정보를 얻어야지만 이를 값지게 사용할 수 있었다. 결국 독립파는 의도했던 정보를 원하는 시간에 획득했고, 그 결과 초기 미국 독립 전쟁에서 큰 손실을 방지할 수 있었다.

사이버 공간의 특성

인터넷은 원래 1960년대 말 미국 펜타곤의 내부 시스템에서 시작되었으며, 1980년대까지는 전 세계 3만 대 미만의 호스트 컴퓨터를 연결한 제한된 연결망(network)이었다. 하지만 1990년대를 기점으로 접속 가능한 컴퓨터의 수가 크게 증가했고, 1990년대 말부터는 상업적인 인터넷 서비스 제공업자(ISP: Internet Service Provider)들이 등장함으로써 일반인들도 손쉽게 접속이 가능하게 되어 사용자의 수가 급격하게 늘어났다. 2000년 유엔 보고서는 전 세계 인터넷 보급률이 약 10%에 불과할 것이라고 추정했지만, 최근 유엔 산하 기관인 ITU(International Telecommunication Union, 국제전기통신연합)는 2015년 말까지 전 세계 인터넷 사용 인구가 약 32억 명에 달해 보급률이 43%까지 크게 성장할 것으로 전망했다.

이렇게 인터넷이 빨리 확산된 요인에 대해 다양한 이유를 찾아볼 수 있지만, 근본적인 이유는 다음 두 가지로 요약된다. 첫째, 인터넷이 처음 탄생하게 된 배경에는 많은 자료를 손쉽게 공유하려는 확실한 목적이 있었다. 인터넷은 이미 일반인에게 본격적으로 보급되기 전부터 '정보의 바다'로 불릴 만큼 방대한 양의 가용 자료를 보유하고 있었으며, 이를 바탕으로 사용자가 원하는 자료를 간편하고 신속하게 제공해주는 데 탁월한 기능을 지녔다. 즉, 인터넷이 없었다면 자료를 제공하는 해당 기관, 예를 들면 관공서나 도서관을 직접 방문해서 수동적인 방식으로 검색해야 했던 내용들을 익스플로러(Explorer)나 넷스케이프(Netscape) 등의 검색 프로그램을 통해 훨씬 더 간편하게 얻을 수 있었고, 이러한 장점은 인터넷의 급속한 확산의 가장 직접적인 요인이 되었다.

두 번째 요인은 인터넷의 매체(media)로서의 특징에서 기인한다. 인터넷은 과거 TV나 라디오처럼 많은 자본을 가진 소수의 사람들이 특정 회사를 설립하여 소비자(즉, 시청자나 청취자)에게 프로그램을 일방적으로 전달하는 매체가 아니다. 전통 미디어에서 소비자의 역할에만 머물렀던 일반인들도 인터넷에서는 자료나 개인적인 의견을 생산하여 보급할 수 있는 능력을 가지고 있는데, 이를 달리 말하면 자료가 한쪽 방향으로만 유통되는 것이 아니라 생산자와 소비자 사이에서 양방향으로 자유롭게 이동될 수 있음을 의미한다. 더 나아가 이러한 자료와 정보 유통의 양방향성은 현실 사회의 여러 가지 일들을 인터넷이 대체할 수 있는 가능성을 확장해주었다. 즉, 인터넷을 통해 일상에서 필요한 많은 일을 더 적은 노력과 시간을 투자하여 손쉽게 달성할 수 있게 된 것이 인터넷의 빠른 보급에 기여했다는 것이다. 예를 들어 인터넷 뱅킹만 보더라도 과거에는 은행 창구를 직접 찾아가 대기한 후, 창구 직원을 통해 처리해야 했던 일을 집에서 훨씬 빠른 시간 내에 간단하게 처리할 수 있다는 장점이 있다. 이와 같은 편리함과 효율성의 원칙이 뱅킹이나 쇼핑과 같은 경제활동의 영역에서만 적용되는 것이 아니라, 행정, 교육, 레저, 문화, 의료 등등 우리 일상의 거의 모든 영역으로 확장될 수 있었기에 인터넷은 단시간 내에 인기 있는 매체가 되었다.

대규모 자료의 양방향적 교류를 의미하는 인터넷의 기술적 발전과 보급은 우리가 몸담고 살아가는 현실의 물리적 공간이 아닌, 기존에는 미처 상상하지 못했던 새로운 공간을 탄생시켰다는 점에서 큰 의의를 찾을 수 있다. 2014년 OECD 34개 회원국의 평균 무선 초고속 인터넷 보급률은 72%를 넘어섰으며, 같은 해 우리나라에서는 만 3세 이상 모든 인구의 83.6%가 인터넷을 이용하는 것으로 조사되었다(임재명 외, 2014). 이러한 통계는 오늘날 산업화된 국가에 거주하는 대부분의 사람들이 실제가 아닌 인터넷 공간에 장시간 상주하며 각자의 목적을 위해 다른 사람과 교류하고 있음을 의미한다.

이미 언급한 바와 같이 인터넷은 오늘날 우리가 현실 사회에서 필요로 하는 거의 모든 활동을 온라인에서도 가능하게 만들면서 그 영역을 확대해왔다. 2003년 큰 인기를 얻었던 영화 〈올드보이〉의 주인공은 TV 한 대로 15년을 작은 골방에서 살아갈 수 있었다. 2013년에 연재되었던 강풀 원작의 웹툰 〈마녀〉의 주인공은 컴퓨터 한 대만으로 작은 옥탑방에서 외부와 철저히 단절된 삶을 살아간다. 두 대중문화 작품이 보여주는 외형은 비슷

할지 모르지만 한 가지 중요한 차이점은, TV에 의존하는 〈올드보이〉의 경우 주인공이 육체적으로 한 공간에 구속되어 있을 뿐만 아니라 특정 매체를 이용하여 외부의 어떤 사람과도 상호작용할 수 없는, 따라서 사회적으로는 그 존재 가치를 전혀 인정받을 수 없는 '감금'된 상황이라는 점이다. 반면 〈마녀〉의 주인공은 인터넷을 통해 필요한 물건을 주문하기도 하고 몇몇 사람들과 온라인에서 대화도 나눌 수 있는 상황이었기 때문에 비록 육체적으로는 옥탑방에 감금되어 있는 것과 다름없었지만 특정 공동체의 일부로 사회적 삶을 살아갈 수 있었다.

이 두 작품은 모두 극적 구성을 위해 현실을 어느 정도 과장·왜곡한 경향이 있지만, 〈마녀〉의 주인공의 경우 그 정도가 그리 심하다고 할 수 없다. 2014년 우리나라의 조사(임재명 외, 2014)에 의하면, 3세 이상 국민의 약 40%는 하루 평균 두 시간 이상 인터넷을 사용하는 것으로 나타났다. 이는 개인의 편차에 따라 하루 중 훨씬 더 많은 시간을 인터넷 공간에서 활동하는 사람들이 적지 않다는 것을 말한다. 또한 '인터넷 폐인'이나 'PC방 폐인' 같은 용어가 등장할 정도로 인터넷 공간의 거주 시간이 현실 공간에서의 활동을 능가하는 경우도 쉽게 찾을 수 있다.

이렇게 많은 사람들이 오랜 시간 같은 공간에 모여 상호작용을 하다 보면 그곳만의 독특한 행위 방식이나 교류에서 당연시되는 원칙이 자연스럽게 발생하게 된다. 사회과학에서는 현실과 차별적인 인터넷 공간만의 특성이나, 사람들 사이의 독특한 교류 방식 등을 의미하는 '사이버 문화'에 관한 연구가 일찍부터 발달해왔다. 지금까지 여러 학자들이 지적하는 인터넷 공간과 사이버 문화의 특성 가운데 이 장에서 논의를 발전시키기 위해 다음 세 가지를 검토할 필요가 있다. 첫째, 인터넷 공동체(community)는 사회 전체에서 부여하는 의무나 타인의 강요에 의한 활동으로 유지되는 것이 아니

라 참여자의 순수한 자발성에서 근거하는 경우가 대부분이다. 즉, 여러 사
람들의 자발적인 참여와 상호작용이 공동체를 유지하는 바탕이 된다. 둘
째, 많은 인터넷 공간은 누구에게나 접근이 개방되어 있으며, 공동체에 대
한 가입이나 탈퇴 역시 비교적 자유로운 편이다. 셋째, 인터넷 공간에서의
상호작용은 그 대상이 정확히 누구인지 몰라도 성립될 수 있다. 직접적인
면대면(face-to-face) 접촉을 통해 이루어지는 것이 아니기 때문에 현실 공
간에서의 상호작용에 비해 비교적 평등한 관계를 유지하는 데 도움이 되기
도 한다(박창호, 2012).

사회과학자들은 자발성·개방성·익명성을 바탕으로 형성되는 인터넷
공간의 상호작용이 현실 사회에서의 대면 접촉과는 매우 다르며, 이러한 차
이로 인해 현실 사회의 많은 문제가 인터넷 공간을 통해 근본적으로 해결
될 수 있을 것이라 기대하기도 했다(Castells, 2001; DiMaggio et al., 2001). 인
터넷 공간의 개방성과 익명성을 바탕으로 많은 양의 정보가 조건 없이 공
유된다면 문화가 다양해지고 사회자본이 증가하여 궁극적으로는 더욱 평
등한 상태에서 '숙의민주주의(deliberative democracy)'를 이룩할 수 있을 것
이라는 긍정적 기대를 걸기도 했다. 이러한 내용들은 1960년대 아직 다가
오지 않은 미래의 정보사회에 대해 많은 긍정적 효과를 기대했던 학자들의
주장과 유사성을 가지고 있다.

사회화

태어난 지 불과 몇 분 안에 스스로 일어나 무리의 일부가 되지 못하면 생존을 할 수 없는 몇몇 초식동물과 달리, 인간은 성숙한 사회 구성원이 되기까지 오랜 시간을 필요로 한다. 특정 사회의 구성원으로 올바르게 성장하기 위해서는 가정이나 학교, 또래 집단 등과 같은 집단을 통해 그 사회에서 필요로 하는 규범, 가치, 태도, 예절 등을 반드시 습득해야만 하는데, 이러한 과정을 사회학에서는 사회화(socialization) 과정이라고 부른다. 문화인류학에서는 동일한 과정이 궁극적으로는 특정 사회의 문화를 내면화하는 행위임을 강조하여 문화화(culturalization)라는 용어를 사용하기도 한다.

하지만 인터넷이 일반인에게 광범위하게 보급된 지 20여 년이 되어가는 오늘날, 학자들은 인터넷에 대해 마냥 긍정적인 평가를 내리지 않는다. 인터넷이 인류에게 제공해왔던 편리만큼 수많은 문제를 야기해왔기 때문이며, 그러한 문제들은 대부분 인터넷이라는 새로운 공간에서 활동하는 사람들이 근본적으로 현실 사회와 단절될 수 없기에 인터넷 공간 역시 현실 공간으로부터 완전히 유리될 수 없다는 사실에서 기인한다. 아무리 현실 공간에 비해 인터넷 공간을 선호하는 사람이라 할지라도 처음부터 인터넷 공간에서 태어나는 사람은 없다. 인터넷 폐인조차도 생로병사와 의식주의 문제는 현실에서 해결해야 한다. 또한 인터넷 공간의 행위자들은 그 공간에 처음 들어서기 전, 이미 현실 공간에서 어느 정도 '사회화(socialization)'의 과정을 마친 사람들이다. 따라서 인터넷이 아무리 새로운 속성을 가진 공간이라 할지라도 모든 개인은 현실 공간에서 획득했던 특성을 그대로 간직한 채 그곳에서 활동하게 된다. 이러한 이유로 인터넷 공간은 앞서 낙관론자들이 기대했던 것처럼 현실 사회의 문제를 완화하거나 해결하는 장(場)이 되는 것이 아니라, 오히려 현실의 문제를 형태만 바꾼 채 그대로 옮겨놓거나, 심지어는 악화시킬 수 있는 가능성을 지닌 곳이기도 하다(DiMaggio et al., 2001).

인터넷의 효용과 인터넷이 만든 공간에서의 문화에 대해 항상 긍정적인 기대를 걸 수 없는 이유는 다음 세 가지에서 찾을 수 있다. 첫째, 앞서 언급되었던 인터넷 문화를 규정하는 세 가지 속성인 자발성·개방성·익명성은 모든 인터넷 커뮤니티 활동에서 예외 없이 적용되는 내용이 아니다. 최근 선거에서 불거진 정치 댓글의 문제에서 보이듯 온라인에서 활동하는 상당수는 자발적이라기보다는 오프라인에서의 직접적인 이윤을 위해 특정 대상을 위한 행위를 수행한다. 또한 새로운 상품의 사용 후기나 영화의 감상평처럼 마케팅을 목적으로 돈을 받고 수행된 행위가 자율적 행위인 것으로 포장되기도 한다. 이는 인터넷상에서의 상호작용이 자발적 행위의 결과일 것이라고 기대하는 영역에서조차 인간의 행위가 충분히 타의에 의해 좌우될 수 있음을 의미한다. 개방성 역시 정보격차의 문제를 생각해보면 이에 온전히 동의하기 어렵다. 인터넷을 활용해 원하는 정보를 얻으려면 기본적으로 접속할 수 있는 망과 단말기가 준비되고 웹 브라우저(web browser)의 사용 방법을 알면 가능하다. 하지만 양질의 고급 정보를 풍부하게 얻으려면 특정 정보 획득에 대한 노하우나 지식, 허용된 접근권, 멤버십(member-ship) 등을 필요로 하는 경우도 있다. 마지막으로 익명성의 경우에도 최근 큰 사회적 문제가 된 '개인 정보 유출'의 문제나 '인터넷 신상 털기' 등을 보면 온전하게 보장된 특성으로 보기는 어렵다. 온라인에서의 활동은 언제든 그 활동을 했던 행위자의 개별적인 동의 없이도 일반 대중에게 손쉽게 공개될 수 있는 가능성을 가지고 있다. 더 나아가 행정적 편의를 위해 제공한 개인 정보마저도 공권력의 감시 수단으로 사용될 수 있는 '빅 브라더(Big Brother)의 문제'까지 고려한다면 인터넷 공간의 익명성은 조건적이거나 한

빅 브라더의 문제

'빅 브라더(Big Brother)' 또는 한자어 표현인 '대형(大兄)'은 영국 작가 조지 오웰 (George Orwell)의 소설 『1984』에 나오는 가공인물로서 텔레스크린을 통해 사회 전체를 감시하는 독재자로 묘사되고 있다. 정보사회에서 빅 브라더의 문제란 국가나 특정 권력을 가진 주체가 개인들이 공공의 목적으로 제공한 막대한 양의 정보에 기초하여 오히려 그들의 활동을 감시하거나 통제할 수 있음을 말한다.

시적일 수밖에 없다.

둘째, 인터넷이 가진 익명성, 비접촉성 등은 인터넷을 사용하려는 목적에 따라 때로는 사회적 해악으로 발전할 가능성이 많다. 익명의 인터넷 사용자들이 활동하는 사이버 공간에서는 대부분의 경우 상호작용하는 상대방의 현실 모습에 특별히 주목하지 않는다. 외모뿐만 아니라 한 개인이 가진 인구사회학적 속성, 예를 들면 나이나 성별, 집안의 부유함 등이 상호작용의 조건을 결정짓지 않기 때문이다. 또한 원하기만 한다면 특정 아바타(avatar)를 내세워 자신의 모습을 대신하기도 한다. 따라서 현실보다는 온라인 공간에 대한 친화성이 훨씬 큰 경우, '중독'의 경향으로 발전할 수 있는 가능성이 높으며, 현실을 거부하는 성향을 보이기도 한다. 하지만 익명성과 비접촉성의 더 심각한 문제는 이들이 온라인 공간에서 최적화되어 있는 강한 수준의 일탈이나 범죄에 동원되었을 경우이다. 피싱(phishing)과 같은 금융 범죄나 사기, 도박, 사이버 불링(cyber bullying) 등은 사이버 공간에서 심각성이 더해지는 경우가 빈번하다.

셋째, 사실 인터넷에 대한 평가를 긍정적인 내용으로 일관할 수 없게 만드는 가장 큰 요인은 '정보격차'에 있다. 앞서 제시한 두 가지 종류의 문제가 현시적(顯示的)이라기보다는 잠재적 성격이 강한 문제이며, 또한 전체

인구에서 적용되는 대상의 비율이 크지 않은 종류의 문제라면, 정보격차의 경우에는 시간과 공간의 제한 없이, 심지어는 인터넷을 사용하지 않는 사람들에게도 포괄적으로 적용되는 문제이기 때문이다. 즉, 그 발원지는 온라인 공간이지만 그 파급 효과는 온라인 공간을 넘어 현실을 살아가는 누구에게나 영향을 미칠 수 있기 때문이다. 더구나 앞서 제시된 두 가지 종류의 인터넷 문제 역시 일정 부분 정보의 획득과 사용 능력의 문제와 관련되어 있다고 가정한다면 정보격차의 문제와 전혀 별개라고 생각할 수는 없다. 따라서 정보격차의 문제를 연구하는 것은 인터넷이 가진 가장 본질적인 문제를 다룬다고 할 수 있다.

정보격차 논의

사실 인터넷이 보급되기 훨씬 이전이었던 1960년대나 1970년대에도 정보격차의 개념은 존재했다. 당시의 정보격차(information gap)는 미국 언론학계에서 TV나 라디오, 신문 등을 통해 사회적·경제적으로 높은 계층의 사람들이 낮은 계층의 사람들에 비해 더 많은 정보를 획득하고 그 결과로 계층 간의 지식 격차(knowledge gap)가 심화될 수 있다는 가능성을 지적한 것이었다. 관심의 대상이 되는 매체가 전통 미디어였다는 점과 논의의 깊이가 오늘날에 비해 그리 깊지 못했다는 점을 제외하면, 현재 활발하게 연구되고 있는 정보격차(digital divide) 개념의 원형(prototype)에 해당한다고 볼 수 있다.

오늘날 정보격차의 의미인 'digital divide'라는 표현이 처음 통용되기 시작한 것은 1990년대 중반부터였다(남수정, 2011). 그때까지만 하더라도 아직 온라인 서비스가 충분히 상용화되기 이전이었기 때문에 초기 개념은 사실상 인터넷으로 인한 정보격차의 문제와는 거리가 있었다. 그 대신 컴퓨터 및 디지털 기술의 빠른 성장으로 인해 학교교육에서 수혜를 받는 학생들과 그렇지 못한 학생들의 간극을 언론에서 지적할 때 사용되는 용어였다. 그러던 중 1996년 당시 미국 대통령이었던 빌 클린턴(B. Clinton)이 자신의 복지 및 불평등 해소 정책에서 초급·중급(K-12) 과정 학생들 사이의 정보와 기술 격차 해결을 비중 있게 다루면서부터 널리 사용되기 시작했다. 이후 1990년대 후반과 2000년대 초반에 걸쳐 광범위한 인터넷 상용화가 이루어졌고 기존 정보격차(digital divide) 논의의 중심에 인터넷과 컴퓨터 단말기의 보급이 핵심 사안으로 자리 잡게 되었다. 2001년 OECD는 정보격차를 '정보통신 기술에 대한 접근 가능성 및 인터넷 사용과 관련하여 서로 다른 사회적·경제적 수준에 있기 때문에 나타나는 개인 간, 가정 간, 기업 간, 지역 간의 격차'로 정의했으며(정인억 외, 2001: 2), 현재까지도 정보격차에 대한 논의의 출발은 바로 이러한 개념을 기준으로 하고 있다.

정보격차를 국가적 차원에서 대응해야 하는 문제로 규정한 이후 1990년대 말부터 미국에서는 연방정부 차원의 해결 방안을 마련하여 추진해왔다. 클린턴 행정부는 정보격차를 해소하기 위해 저소득 및 농촌 지역을 중심으로 1억 달러의 예산을 투입하여 약 1000여 개의 커뮤니티 센터(Community Technology Center)를 건립했다. 하지만 그러한 노력과 상관없이 정보격차는 점점 더 심각한 사회적 이슈로 발전했으며, 2008년 대통령 선거에서 오바마(B. Obama) 후보는 부시(G. W. Bush) 대통령의 정보격차 정책을 비난하며 경기 부양 계획의 일환으로 전 국민에게 '광대역 접근 확대'를 핵심 공약으로 제시하기도 했다(정형철 외, 2010).

우리나라 역시 2001년 당시 인터넷 사용자가 2200만 명을 돌파했지만

표 2-1 | 2001년 정보격차 현황

	연령	직업	지역	소득	성
상위 계층 이용률(%)	13~19세	관리·사무직	서울	300만 원 이상	남성
	94.6	81.9	60.0	76.6	59.7
하위 계층 이용률(%)	50대 이상	농업·임업·어업	경북	100만 원 미만	여성
	8.5	3.9	37.9	13.2	44.5
격차(%)	86.1	78.0	22.1	63.4	15.2

자료: 박영우·이종화·황성원(2001).

계층, 지역, 연령, 교육수준 등에 따라 인터넷에 대한 접근 가능성은 큰 편차를 보였다(〈표 2-1〉 참조). 이러한 현실을 문제적 상황으로 인식한 우리 정부 역시 2001년부터 정보격차 해소에 관한 법률을 제정하고 이에 따라 '제1차 정보격차해소 종합계획'을 시행했다. 정보통신부 등 14개 정부 부처가 참여한 이 사업은 2003년까지 전국 모든 읍, 면, 동 지역에 최소한 1대 이상의 무료 인터넷 이용 시설을 설치하는 것을 목적으로 했다. 또한 희망하는 모든 국민에게 무료 인터넷 교육을 실시하고, 특히 정보 소외 계층인 노인, 장애인, 농어촌 거주민들에 대한 인터넷 보급을 중점 사업으로 추진하기도 했다(정형철 외, 2010).

이와 같은 각국 정부의 노력을 통해 산업화된 사회에서의 정보격차는 감소하는 경향을 보였다. 하지만 오늘날의 정보격차 문제는 단순히 정보에 대한 접근성의 문제에 국한된 것이 아니라, 습득된 정보를 어떻게 수용하고 활용하는가의 문제로 발전했다. 즉, 정보 빈곤층 사이에서 인터넷에 접속할 수 있는 단말기의 수를 증가시키면 접근성과 관련된 정보격차의 문제는 자연스럽게 해결(또는 완화)할 수 있겠지만, 원하는 자료를 적절하게 획득할 수 있는지, 또 획득된 정보와 자료를 유용하게 사용할 수 있는지의 여부는 개인이 보유하고 있는 기본 조건들, 즉 경제, 사회, 문화와 관련된 자본의 양에 따라 달라질 수 있기 때문이다. 따라서 정보격차의 개념은 확장되고 점점 복잡화·다양화되기 시작했다.

모스버거와 그 동료들(Mossberger, Tolbert and Stansbury, 2003)은 정보격차의 개념을 네 가지 영역에서 구분했는데, 우선 전통적인 정보격차 논의에서 집중적으로 다루어왔던 컴퓨터와 인터넷에 대한 접근의 격차는 정보격차의 가장 기본적인 영역에 국한된다고 보았다. 더 중요한 것은 인터넷에 접근했을 때 원하는 정보를 얻어낼 수 있는 기술과 정보 해독 능력이며, 이를 '기술적 격차'로 분류했다. 더 나아가 획득된 정보를 정치와 경제적 활동에 적용할 때 경험이나 태도의 격차까지 정보격차의 일부로 이해했다.

우리나라에서는 김문조와 김종길의 연구(2002)가 해외 정보격차 연구의 동향 분석 및 국내 문제 적용에서 선도적인 역할을 했는데, 이 연구에서도 접근의 격차는 정보격차의 1차적이고 가시적인 유형에 불과하다고 지적한다. 이보다 더 중요한 것은 획득한 정보의 다각적이고 효율적인 활용의 차이인데, 이를 2차적 격차로 분류한다. 즉, 1차적 정보격차가 정보의 '양'에 관련된 것이었다면, 2차적 정보격차는 정보에 대한 활용 '폭'을 나타낸다고 할 수 있다. 하지만 활용의 격차는 단지 여기서 머무르는 것이 아니라 정보 전반에 대한 수용 태도로까지 발전한다. 즉, 정보에 대한 자유로운 접근과 활용을 경험한 사람들은 인터넷 공간의 문화에 거부감이 없고, 그곳 활동에서 좀 더 주체적일 가능성이 높다. 따라서 가장 높은 수준인 3차적 유형의 정보격차 문제는 측정하기 어려울 만큼 방대한 양의 자료 속에서 옥석을 가려내고 이를 "어떻게 삶의 이기로서 지혜롭게 수용할 수 있는가"(김문조·김종길, 2002: 137)의 문제이다.

이러한 정보격차에 대한 논의의 변화는 다음과 같이 정리할 수 있다. 인터넷의 등장으로 다시금 촉발된 정보격차의 논쟁은 시작 당시 인터넷과 관련된 설비나 서비스 이용의 높은 가격으로 인해 신기술 자체에 대한 접근성의 불평등(access inequality) 차원에서 다루어지기 시작했으나, 온라인에 대한 접근 비용 자체가 하락하면서 접근성 자체는 더 이상 큰 문제가 되지 않았다. 그 대신 앞에서 언급했듯이 정보를 정보답게 만드는 요소들, 즉 특정 정보를 필요로 하는 사람들에게 그들이 원하는 조건이 충족된 상태로 전달되어 정보 수요자의 의도대로 활용될 수 있는가가 정보격차의 핵심 사안으로 등장하게 된 것으로 볼 수 있다. 이와 같은 내용을 과거의 정보격차 논의와 비교해보면 대상이 되는 매체가 TV나 신문 등 전통 미디어에서 인터넷으로(그리고 가장 최근에는 모바일 기술로) 전환되었을 뿐, 기본적으로 정보격차에 대한 문제의식이 크게 변화했다고는 볼 수 없다. 다만 오늘날의 정보사회에서 유통되는 자료의 양이 과거에 비해 훨씬 더 방대하며, 과거에는 불가능했던 일까지 가능케 함으로써 정보 자체가 일종의 '상품화'되는 경향이 강해졌다고 평가할 수 있다. 즉, 누가 어떤 종류의 정보 상품을 효율적으로 구매할 수 있으며, 구매된 정보 상품을 어떻게 다른 재화를 얻기 위해 효과적으로 사용할 뿐만 아니라, 그러한 일련의 과정을 얼마만큼 자연스럽게 수용할 수 있는가의 문제가 되었다고 볼 수 있다.

정보격차와 청소년

정보격차에 대해 측정하고 비교하는 단위는 최소한 세 가지를 생각해볼 수 있다. 첫째는 국가 간의 비교이다. 1999년 피렌체에서 열린 서방 중도좌파 정치 지도자 회의에서 클린턴 미국 대통령은 "개발도상국이 당면한 가장 큰 문제는 정보격차"라고 언급했다. 즉, 국제사회에서 정치적인 힘과 부의 격차가 발생하듯이 국가 간의 정보격차가 상당히 심각하며, 따라서 국가를 단위로 하는 지역 간의 비교가 중요하다. 둘째는 같은 지역(또는 국가) 내에서 다른 계층이나 집단을 비교하는 것이다. 앞의 〈표 2-1〉에서처럼 같은 지역에 거주하는 사람들 중에서 다른 연령대, 성별, 직업군 등을 비교하여 정보격차의 주요 요인을 분석하고 정보 소외 계층을 찾아낼 때 주로 사용된다. 마지막 단계는 같은 계층이나 집단의 내부에서 발생하는 정보격차를 비교하는 것이다. 예를 들면 같은 정보 소외 계층이라고 이해되는 노인층이나 장애인들의 내부에서 정보격차를 비교하는 것으로(김봉섭·김정미, 2009; 남수정, 2011), 가장 세분화된 비교이며 실질적인 정보격차의 문제를 찾아내어 해결하고자 할 때 자주 사용된다.

정보격차의 구분 중 가장 기본 단계에 해당하는 접근 가능성의 격차만을 고려한다면, 우리나라 청소년들은 다른 나라의 청소년들에 비해 정보격차의 피해를 거의 보지 않는 것으로 나타났다. 비록 최근 몇 년 동안 순위가 하락하기는 했지만 2014년 OECD 국가들을 기준으로 한다면 우리나라는 여전히 무선과 유선 인터넷 보급률에서 각각 6위와 5위에 해당하는 인터넷 선진국에 해당한다. 또한 2013년에 조사된 통계(임재명 외, 2013)에 의하면 우리나라 10대 청소년들은 일주일 동안 평균 14.1시간 인터넷을 사용하며, 인터넷을 이용하는 빈도가 하루 1번 이상인 경우는 95.8%로 다른 어느 나라의 청소년들과 비교해서도 우수한 인터넷 접근성을 가지고 있다. 하지만 제공된 인터넷 망과 컴퓨터 단말기를 어떻게 사용하는가를 측정하는 활용도에서는 전혀 다른 결과를 찾을 수 있다. OECD가 2003년 29개 회원국과 11개 비회원국의 15세 학생 28만 명을 대상으로 '정보통신기술 학업성취도 국제비교조사(PISA)'를 실시한 결과, 한국 청소년들은 채팅, 다운로드, 게임 등 오락 목적의 활용에서는 3위에 해당하는 최상위 수준인 데 비해, 프로그램 제작 활용(8%)은 39위, 학습 활용(19%)은 37위로 생산적 활용 분야에서는 최하위권이었음이 밝혀졌다.

관찰 지역을 국내에만 국한시켜서 다른 계층과 비교했을 경우, 우리나라 청소년 계층은 다른 계층에 비해 어떠한 종류의 정보격차도 경험하고 있지 않은 것으로 나타났다. 원래 정부에서 지정한 정보 빈곤층은 흔히 노년층, 경제적 빈곤층, 장애인 등 사회적 약자인 경우가 많다. 하지만 아동이나 청소년 계층은 독자적으로 경제활동을 하고 있지는 않지만 부모의 보호 아래 오히려 새로운 기기나 정보 기술의 습득이 빠른 편으로 분류된다. 2000년 정보문화센터의 조사에서는 정보격차를 ① 정보화의 중요성에 대해 인식하는 수준을 말하는 '정보인식지수', ② 컴퓨터 단말기와 인터넷 접근성을 측정하는 '정보접근지수', ③ 컴퓨터와 인터넷 사용 기술 습득 여부를 따지는 '정보역량지수', ④ 실제로 컴퓨터와 인터넷을 사용하는 정도를 측정하는 '정보이용지수' 등 네 가지로 분류했다(황진구, 2000). 이러한 지수를 연령대별로 비교했을 때 10대 청소년들의 경우 모든 분야에서 다른 어떤 연령대보다도 높은 정보지수를 얻은 것으로 나타났다. 또한 지니계수를 통해 측정된 각 연령대의 내적인 정보 불평등의 정도에서도 10대의 경우 정보이용지수를 제외한 나머지 항목에서 다른 연령대에 비해 불평등의 정도가 매우 낮은 것으로 나타났다. 정보이용지수의 경우도 0.21의 수치를 보였는데, 보통 지니계수의 경우 0.3을 넘을 경우 불평등하다고 취급하는 것을 고려한다면 그리 높은 내적 불평등 수치로 보기는 어렵다. 즉, 우리나라 청소년층은 대외적으로 비교해볼 때 상당히 우수한 정보이용지수를 가지고 있으며 내부적으로 비교적 그 편차가 적은 이상적 상태를 유지했다고 할 수 있다.

그럼에도 앞서 지적했던 것처럼 오늘날의 정보격차를 의미하는 'digital

divide'가 학교교육에서 학생들의 정보 획득과 관련된 지식 및 기술의 편차에서 기인했다는 점과 우리나라를 포함하는 각국의 정부들이 정책적으로 이를 해결하기 위해 많은 노력을 기울였다는 사실에 주목할 필요가 있다. 이는 우리나라 청소년들에게도 여러 가지 형태로 정보격차의 문제가 존재하며, 때로는 성인들의 정보격차 문제보다 훨씬 더 심각한 결과를 초래할 수도 있음을 의미한다. 예를 들면 청소년 집단 내부의 인구사회학적 요소에 따른 정보격차를 비교해보면 비록 그 격차가 심각한 수준이라고 할 수는 없으나 여학생이 모든 측정 분야에서 남학생에 비해 낮은 평균 점수를 받았음이 나타났다(황진구, 2000). 또한 거주 지역과 가구의 소득수준에 따른 격차는 상당히 큰 것으로 나타났는데, 특히 접근지수와 역량지수의 경우에는 하층에 속하는 청소년들의 점수가 상층 청소년에 비해 각각 52.8%와 69.1%에 불과한 것으로 나타났다. 즉, 가구의 경제적 요인이 청소년의 정보격차에 미치는 영향이 크다는 것을 의미한다.

비슷한 시기에 서울 지역 초·중·고교 학생들을 대상으로 조사된 또 다른 연구(이세용, 2002)를 보면 컴퓨터나 인터넷 사용 기술 습득에 관한 정보 활용 능력은 청소년의 성별, 학년 등의 변수뿐만 아니라 어머니의 교육수준 및 취업 여부, 그리고 정서적 지원의 정도에 따라 불균등하게 분포하는 것으로 나타났다. 2004년도 생활시간 조사에서 만 10~17세의 청소년을 대상으로 분석된 결과(정재기, 2007) 역시 유사한 결과를 제시한다. 우리나라 청소년들은 컴퓨터와 인터넷 사용에 소비하는 시간에서 게임이 절대적인 비중을 차지하고 있지만, 어머니의 교육수준이나 가구 소득의 규모에 따라 게임이 차지하는 비율이 차별적이다. 즉, 부모의 사회적·경제적 지위가 높을수록 자녀가 검색이나 정보 획득을 위해 인터넷을 사용할 확률이 많아지며, 반대로 부모가 게임에 투자하는 시간이 많을수록 자녀 역시 게임에 더 많은 시간을 할애한다는 것이다. 이런 패턴은 2000년대 후반이 되어도 큰 변화가 없었는데, 2009년 생활시간 조사를 이용한 연구(정재기, 2011)에서도 동일한 결과가 관찰된다. 결론적으로 부모의 사회적·경제적 지위에 따라 청소년들의 인터넷 이용 행태에 차이가 발생하며, 이를 통해 또 다른 불평등이 생산될 수 있는 우려가 있다.

청소년 정보격차의 특징

이상에서 제시된 우리나라 청소년 정보격차의 내용들을 정리해보면 다음과 같은 몇 가지 특징을 발견할 수 있다. 첫째, 인터넷에 대한 접근성의 문제가 어느 정도 해결되고, 개인이 가진 인구사회학적 속성과 상관없이 청소년 대부분이 인터넷 공간에서 상당한 시간을 보내고 있다는 사실만 생각한다면 우리나라 청소년들의 정보격차 문제는 심각하지 않은 듯 보인다. 사실 인터넷 공간 자체는 청소년의 보편적인 하위문화의 특성을 고려했을 때 청소년들과 매우 친화적인 장소이다. 즉, 청소년들이 기성세대와 분리된 자신들만의 공간을 추구한다거나, 사회적 규범보다는 개인의 관심이나 선호에 의해 행동하려는 개인주의적 성향이 강한 시기라는 점은 인터넷이 제공하는 자율성, 익명성, 비접촉성 등과 잘 어울린다고 볼 수 있다. 더 나아가 어떠한 식으로든 자기표현을 열망하는 청소년층에게 인터넷에 존재하는 다양한 커뮤니티는 적은 비용으로 그들의 욕구를 충족시키는 훌륭한 도구로 사용될 수 있다(권이종·김천기·이상오, 2010). 따라서 이러한 다양한 동인으로 인해 거의 모든 청소년들이 인터넷 활동에 참여하고 있으며, 최소한 표면적으로 청소년층의 정보격차는 심각성이 결여된 듯 보인다.

둘째, 그럼에도 청소년 계층 내에 정보격차는 존재하며, 개별 격차는 결국 부모의 정보격차를 그대로 답습하는 경향이 있다. 앞에 제시된 실증적 연구들이 증명하는 바와 같이 우리나라 청소년들이 컴퓨터와 인터넷을 사용하는 정도는 그들 부모가 사용하는 정도에 비례하며, 얼마나 다양한 활동을 수행하는가의 문제 역시 부모, 특히 어머니의 교육수준이나 인터넷 활용도에 의해 잘 설명된다는 것이다. 이러한 사실이 함의하는 내용은 단순히 부모가 인터넷 활용 교육에서 중요한 역할을 한다는 것을 훨씬 뛰어넘는다. 우선 부모가 가진 속성이 자녀의 정보격차의 깊이와 폭에 직접적으로 관여한다는 것은 정보격차의 문제가 한 계급이 가진 부와 권력을 다음 세대로 전달하는 데 도움을 주는 계급 재생산의 도구로 사용될 수 있음을 의미한다. 동시에 한 개인이 태어나기 훨씬 이전부터 정보격차의 수혜자가 될지, 피해자가 될지 정해져 있다는 사실은 정보격차의 문제가 개개인의 의지만으로는 극복하기 어려운 사회구조적 문제라는 점을 시사한다. 즉, 아무리 정부에서 '접근의 격차'를 해소한다 하더라도 정보의 활용 폭이나 정보 수용 문화의 격차로 인해 이윤 추구에서 지속적인 불평등이 생산된다면 '빈익빈 부익부' 현상을 가속화하는 중요한 사회구조적 불평등 기제로 작동할 수도 있을 것이다.

끝으로, 우리나라 청소년 계층에서 나타나는 정보격차의 가장 중요한 특징은 결국 정보격차가 '교육 문제'로 환원된다는 것이다. 이러한 특성은 청소년들이 중·고등학교에서 상급 학교 진학을 준비해야 하는 시기적 특성에서 기인하는 것으로 단순히 누가 인터넷 강의를 잘 활용하고, 활용하지 못하는 수준의 문제에 국한되지 않는다. 김문조·김종길(2002)의 논의에서는 정보격차의 가장 높은 단계는 정보 향유에 관한 것으로, 방대한 인터넷의 가용 자료 중에서 무엇이 자신의 미래에 도움이 되는지를 가려낼 수 있는 능력과 관련된다고 했다. 앞서 설명했던 두 번째 특징과 이러한 문제를 연관 지어보면 부모가 잘 교육받고 부유한 계층의 자녀들은 자신들에게 필요한 정보를 가려낼 수 있는 능력을 훈련받고 습관화하여 자신의 진로에 도움이 되는 정보를 얻을 수 있는 가능성이 커진다. 하지만 그러한 조건을 갖추지 못한 청소년의 경우 단순히 학업에 도움이 되는 유용한 정보를 얻지 못하는 것에서 그치는 것이 아니라, 불필요한 정보를 얻는 데 시간을 낭비하거나, 획득한 정보 자체가 청소년의 전반적인 삶 속에서 도움이 되기보다는 오히려 해악을 끼치는 경우로 발전할 가능성을 지니고 있다. 그 대표적인 예가 게임 중독, 음란 사이트 이용, 사이버 불링, 인터넷 범죄와 같은 일탈 행위로 볼 수 있다.

지금까지 열거된 우리나라 청소년 정보격차의 특성을 종합해보면 다음과 같은 결론을 내릴 수 있다. 누구나 손쉽게 접근할 수 있는 인터넷 공간에서 청소년들은 무슨 활동이든 본인이 원하는 활동을 쉽게 영위할 수 있기 때문에 온라인으로 모여들고 그곳에서 많은 시간을 보낸다. 한국직업능력개발원의 2014년 조사에 의하면 우리나라 10대 초·중·고교 학생의 1/3은 장래에 대한 희망이 없는 것으로 나타났다. 즉, 학생들 중에는 그들의 행위에 지향점이나 목표를 정해놓지 않고 단순히 부모나 학교가 지시하는 방향으로 별 생각 없이 끌려다니는 경우가 적지 않다는 것을 의미한다. 피동적으로 활동해야 하는 학교나 가정에서의 생활이 무미건조하고 단조롭게 느껴지기 쉬운 것에 비해, 특별한 이유나 목표 없이 인터넷에 접속하더라도 인터넷에서는 뭔가 새롭고 관심을 끌 만한 대상을 쉽게 구할 수 있다. 이는 실제 거리를 헤매는 것에 비해 훨씬 간편하며 안전하기 때문에 청소년뿐만 아니라 부모에게도 선호되는 놀이의 공간이라 할 수 있다. 하지만 그러한 공간에서의 활동을 통해 얻게 되는 정보의 내용은 천차만별이다. 누군가는 학업이나 진학과 관련된 고급 정보를 얻지만, 다른 누군가는 정보 획득 자체에 관심이 없거나 사회적으로 유해한 정보를 획득하는 일에 에너지를 낭비하기도 한다. 특히 이러한 편차가 청소년 자신의 개인적 의지의 차원보다는 그들 부모가 가진 속성에 의해 어느 정도 결정될 수 있다는 점에서 청소년층의 정보격차는 정부나 특정 기관이 개입하여 정책적으로 해결하기 어려운 차원으로 발전했다고 할 수 있다.

자발적인 교육 혜택에 대한 재분배의 노력

사회과학 연구에서 사회 전체의 '구조'와 개인 구성원들의 '행위' 중에서 어느 것을 중심에 두어야 하는가는 오랜 논쟁의 대상이었다. 사회학에서는 인간의 행위를 규정하고 통제하는 사회 전체의 구조적 속성에 중심을 두는 시각과, 특정 사회의 구조를 창출하는 개개인의 행위에 초점을 맞추는 시각이 팽팽하게 맞서는 가운데 각자의 오랜 전통을 유지해왔다. 문화연구에도 이와 유사한 형태의 대립적 관점이 존재하는데, 문화에 대한 '위로부터의 접근(top-down approach)'과 '아래로부터의 접근(bottom-up approach)'이 그 한 가지 예라고 할 수 있다. 전자가 문화를 사회구조와 같이 전체 구성원에게 포괄적으로 적용되는 규범, 질서, 제도의 측면에서 이해한다면, 후자의 경우에는 그러한 문화를 만들어가는 개인 행위자의 문화 창조 활동에 주목한다. 1940년대 프랑크푸르트학파(Frankfurt School)나 1950년대 미국의 대중문화 분석가들은 TV와 같은 대중매체의 급속한 보급과 이로부터 파급된 현상을 사회구조의 측면에서 분석했다. 거대한 파도와 같이 일상의 모든 영역에 침투한 대중문화가 개인의 활동뿐만 아니라 그들의 사고방식까지 완전히 지배하여 사람들을 영혼이 없는 대중문화의 피동적 수용자로 바꾸어놓을 위험성에 대해 경고하기도 했다. 반면 1960~1970년대 버밍엄 학파(Birmingham School)의 경우에는 아래로부터의 접근 방식을 취했는데, 이들은 대중문화의 소비자가 주체적으로 사고하고 판단하며 대중문화의 내용을 선별적으로 수용할 수 있는 능력을 가지고 있다고 보았다. 따라서 문화의 발전 방향 결정에 더 중요한 것은 개개인의 행위자가 특정한 문화적 활동에 부여한 의미라고 생각했다.

지금까지 인터넷의 등장과 관련된 정보격차의 논의는 앞에서 설명했던 두 가지 접근 방식 중에서 구조 중심 또는 위로부터의 접근법에 가깝다고 할 수 있다. 즉, 인터넷이라는 새로운 매체가 등장함으로써 사람들에게 다양한 정보의 해택을 준 긍정적인 측면이나, 동시에 정보격차의 문제를 낳는 부정적인 측면 모두, 인터넷의 개별 소비자들이 직접 개입하여 상황을 바꿀 수 있는 여지가 많지 않다는 것이다. 사실 인터넷은 정부 주도의 정책적 프로그램의 결과이며, 인터넷에 개인이 접속하는 것도 거대 자본을 가진 기업체의 서비스에 의존하는 경우가 대부분이다. 따라서 개별 행위자들이 온라인 공간에서도 그들의 성, 계층, 교육수준, 소득수준 등의 특정 변수에 의해 오프라인에서와 유사한 형태로 정보격차의 문제를 겪는 것은 개인의 행동보다는 사회구조의 차원에서 더 쉽게 이해될 수 있는 가능성이 높다.

이렇게 관점을 구조의 차원에서 고정시켜놓고 보면 정보격차, 특히 청소년들의 정보격차를 해결할 수 있는 여지는 별로 많지 않아 보인다. 현재 우리나라 정보격차 문제의 핵심은 인터넷에 대한 접근 격차의 문제가 아니라, 획득된 정보를 어떻게 잘 활용하고 향유할 수 있느냐에 관한 것이라고 했다. 즉, 아무리 정책적 차원에서 접근의 격차를 줄여놓는다 하더라도 청소년과 그들 부모가 가진 속성에 의해 이미 정보를 잘 얻거나 더 잘 사용할 수 있는 차이가 정해져 있다면 정보격차의 문제는 피할 수 없다는 결론에 다다르게 된다.

하지만 아무리 위로부터의 구조적 힘이 강력하다 하더라도 그 구조 안에서 활동하는 사람들의 주체적 행위의 의미를 과소평가할 수는 없다. 인터넷과 관련된 정보격차의 문제 역시 여러 사람들에게 '문제'로서 인식되기 시작하면서부터는 이를 해결하거나 완화하려는 개별 인터넷 행위자들의 적극적인 활동이 벌어지고 있다. 다음에 소개되는 국내외 몇몇 사례는 앞으로 더 심각한 문제로 발전할 수 있는 청소년의 정보격차 문제를 완화시킬 수 있는 일말의 기대를 가능케 하는 내용들이다.

오픈코스웨어(OCW: Open Course Ware)

오픈코스웨어(OCW)란 흔히 많은 수의 학생들이 온라인을 통해 세계 유명 대학의 전공 과정을 무료로 수강할 수 있는 일종의 지식 나눔 시스템을 말하며, 시스템으로서의 기본적인 아이디어는 20세기 초반 미국에서 시작된 라디오를 통한 원격교육(distance learning)에 그 뿌리를 두고 있다. 현대적 OCW의 기원에 대해서는 논쟁적인 요소가 남아 있기는 하지만 1990년대 독일 튀빙겐 대학의 개방 강좌 프로그램과, 2002년 10월 미국 MIT에서 시작한 오픈코스웨어 프로그램으로 볼 수 있다.

사실 OCW의 개념에 대해 간략하게 언급했지만 이를 더욱 명확하게 정의하기는 쉽지 않다. 또한 MOOC(Massive Open Online Course, 대규모 오픈 온라인 강좌) 등의 용어와 어떻게 차별적인지에 대해서는 아직도 동의된 설명을 찾기 어렵다. 하지만 우리가 흔히 OCW라는 명칭을 사용할 때 일반적으로 다음의 두 가지 특성을 포함한다고 전제한다. 첫째, OCW의 가장 기본적인 특성은 이미 그 이름이 함의하는 바와 같이 무한대의 많은 학생들이 특별한 제한이나 조건 없이 수강할 수 있어야 한다는 것이다. 우리나라의 방송통신대학이나 미국의 피닉스 대학(University of Phoenix), 영국의 개방대학(Open University)과 같이 수만 또는 수십만의 학생들에게 동시에 원격교육 방식을 통해 강의를 제공하는 기관들은 이미 1970년대부터 존재해 왔다. 하지만 이러한 기관들의 경우 수강을 허락받기 위해서는 고등학교 졸업장을 요구하는 등의 조건이 붙는 경우가 많았으며, 무엇보다 수강료를 요구했기 때문에 오늘날의 기준으로 보면 OCW에 해당하기는 어렵다.

둘째, 과거 TV나 라디오를 중심으로 진행되었던 원격교육의 일방향성이 인터넷과 관련된 신기술에 의해 극복되었다는 점을 특징으로 들 수 있다. 과거 TV나 라디오를 매체로 수행되었던 원격교육의 경우에는 대개 미리 약속된 교재를 놓고 강의자가 일방적으로 수업을 전달하는 형식을 따를 수밖에 없었다. 물론 생방송으로 진행되는 강의의 경우에는 전화를 이용하여 수업과 관련된 질문을 받기도 했지만, 이와 같은 형태의 수업에서는 강의자와 학생의 상호작용이 원활하게 진행되기는 어려웠다. 오늘날 OCW의 경우에는 단순히 녹화된 강의와 자료, 수업에 필요한 노트나 읽어야 할 내용의 목록만 제공되는 것이 아니라 교수, 학생, 조교까지 모두 참여할 수 있는 수업 커뮤니티가 제공되기도 하며, 이를 이용하여 대학 캠퍼스를 직접 방문하는 일 없이도 상호작용이 가능하게 되었다.

이러한 내용을 고려한다면 OCW는 앞서 언급되었던 인터넷 자체의 특성과 장점을 적극적으로 활용했다고 할 수 있으며, 그 결과 전 세계에서 많은 인기를 얻고 있다. MIT의 OCW는 2015년 4월 현재 2150개의 강좌에 관한 정보를 제공하고 있으며 1억 2500만 명 이상의 방문자 수를 자랑하는 세계적인 인기 강좌가 되었다. OCW가 시작된 지 10여 년이 지난 현재 예일, 미시간, 버클리 등 미국 유수의 대학이 동참했고, 2012년부터는 하버드 대

그림 2-2 | MIT OCW(www.ocw.mit.edu)와 KOCW(www.kocw.net)

학이 'edX'라는 이름의 OCW를 제공하고 있다. MOOC의 경우에는 그 기원을 2011년 미국 스탠퍼드 대학의 세바스찬 스런(Sebastian Thrun) 등이 만든 유다시티(Udacity)에서 찾을 수 있는데, 원래는 컴퓨터와 관련된 수업을 제공하는 무료 사이트였으나 최근 들어 학위 프로그램의 경우 유료로 전환되었다. 하지만 여전히 20개 이상의 무료 강좌를 제공하고 있고, 그 사용자가 2014년을 기준으로 160만 명 이상에 달한다. 또한 2012년 같은 대학의 앤드루 응(Andrew Ng)과 대프니 콜러(Daphne Koller) 등이 만든 코세라(Coursera) 역시 2014년 7월 기준으로 세계 22개국 236개 대학이 참여해 650만 명의 이용자를 가지고 있다(김지은, 2014).

우리나라의 경우 한국교육학술정보원(KERIS)에서 2007년부터 제공하는 KOCW(Korea Open Course Ware)가 대표적인 OCW 웹사이트라고 할 수 있다. KOCW는 국내 36개 대학으로부터 5000여 개의 온라인 강의 자료를, 150여 개 대학으로부터는 일반 강의 자료를 제공받아 이용자에게 공급하고 있다. 또 국내 대학 및 기타 기관에서 개발한 고등교육 수준의 e-learning 콘텐츠와 해외 고등교육 기관들이 제공한 342개 공개 강의 자료를 받아볼 수 있다.

'칸 아카데미'와 '촉 아카데미'

'칸 아카데미(Khan Academy)'는 2004년 서아시아계 미국 이민 2세인 살만 칸(Salman Khan)이 자신의 친척과 친구들에게 야후(Yahoo)의 인스턴트 메신저 서비스였던 Doodle Notepad를 통해 수학과 과학 과목을 가르쳤던 것에서 시작되었다. 이후 해당 동영상을 유튜브(YouTube)에 올려 미국 전역에서 큰 인기를 얻게 되자 칸은 2006년부터 정식으로 '칸 아카데미'라는 이름의 중·고교 수준의 교습(tutoring) 전문 웹사이트를 개설했고, 2009년에는 다니던 헤지펀드 회사를 그만두고 본격적으로 이 사업에 투신하게 된다. 이후 구글(Google)이나 빌 게이츠 재단(Bill & Melinda Gates Foundation)으로부터 기술적·재정적 지원을 받기 시작하면서 교육 재분배를 위한 비영리 재단으로 명성을 쌓았다. 칸 아카데미는 2013년 이래로 이미 4000개 이상의 수학, 과학, 의학, 경제학, 음악, 역사 등과 관련된 무료 수업을 제공해왔다. 특히 OCW나 MOOC가 대학 과정 이상의 고등교육에만 집중한 반면, 칸 아카데미는 초등학교 수준에서부터 대학 과정에 이르기까지 폭넓은 단계의 수업을 제공하고 있다. 2014년 현재 칸 아카데미는 23개의 다른 언어로 이루어진 홈페이지와 65개의 다양한 언어로 번역된 수업을 제공하고 있다.

칸 아카데미의 가장 중요한 특징은 이러한 사업 활동이 수익을 내기 위한 영리적 행위가 아닌 인터넷을 통한 순수 교육 봉사라는 점이다. 칸 아카데미는 처음부터 기부금을 통해서만 운영되었으며, 그 규모가 설립 초기와 비교할 수 없을 만큼 확장된 오늘날에도 변함없이 자원봉사자와 기부금을 통해 운영되고 있다. 칸 아카데미는 조직의 구호로 "누구나, 어디에서나 무료로 제공받을 수 있는 세계적 수준의 교육(A free, world-class education for anyone, anywhere)"을 표방하고 있는데, 이는 설립자인 살만 칸이 내세운

그림 2-3 | 칸 아카데미(www.khanacademy.org)와 촉 아카데미(www.playchalk.com)

교육철학이기도 하다. 즉, 교육을 받고 싶어 하는 사람이라면 누구나 자신이 가진 현실의 조건, 특히 경제적 요인 때문에 교육으로부터 배제되어서는 안 된다는 생각이 반영되어 있다. 그는 자신의 이러한 주장이 전혀 비현실적이지 않은 이유로 '기술적 발달'을 강조한다. 2013년 미국 솔트레이크 시티에서 열린 어도비(Adobe) 사의 디지털 마케팅 회의의 연설을 통해 그는 교육이 '사치재'가 되어서는 안 되며, 기술의 발달로 전 세계 누구든지 무료로 교육의 혜택을 누리는 것이 가능해졌음을 주장하기도 했다(≪조선일보≫, 2013.3.8). 우리는 여기서 언급된 '기술'이 특히 인터넷을 중심으로 하는 정보통신 기술이라는 것을 쉽게 이해할 수 있다.

우리나라에서도 칸 아카데미를 모델로 하는 재능 기부 목적의 무료 개방형 플랫폼이 등장하기 시작했는데, 그중 가장 대표적인 것이 '촉 아카데미(Chalk Academy)'이다. 사실 우리나라에서 '인강'이라 불리는 인터넷을 매체로 하는 온라인 강의는 여러 개가 존재해왔다. 2004년부터 시작된 EBSi가 대표적이라고 할 수 있으며, 사교육 업체로는 '메가스터디', '이투스' 등이 강세를 보여왔다. 2010년 4월 기준으로 EBSi와 메가스터디는 포털 사용자 수가 각각 139만 명과 46만 명으로 가장 인기 있는 인터넷 강의 공급자로 나타났다. 하지만 EBSi의 경우 수강생들의 선호도가 메가스터디보다 많이 떨어지는 것으로 나타났는데, 이는 메가스터디와 같이 수준별 맞춤

서비스나 재미를 더한 강의들이 부재하기 때문인 것으로 나타났다(최현종, 2011). 즉, EBSi의 인터넷 강의는 정부 차원에서 저소득층 자녀들에게 교육 기회를 확대하려는 의도에서 공급되었다고는 하지만, 시험이나 대학 입시에서 큰 비중을 차지했기 때문에 일종의 '준거'로서 학교 수업과 같이 누구나 의무적으로 들어야 하는 대상으로 인식되는 경향이 있다. 반면 수업에 대한 재미, 학습 내용의 전달력뿐만 아니라 학생들의 수준에 대한 맞춤형 강의라는 측면에서 상업적인 전문 인터넷 강의들이 더 우수하다는 평가를 받고 있기 때문에 학생이나 학부모의 입장에서는 추가적인 지출을 감수하고서라도 상업적인 인터넷 강의를 이중으로 수강해야만 하는 상황이 되어 버렸다. 이러한 현실에서 KAIST 학생들에 의해 운영되는 '축 아카데미'는, 이곳에서 강의하는 강사들 역시 불과 몇 해 전까지만 하더라도 다양한 종류의 인터넷 강의 수강자였다는 특성을 살려, 중·고등학교 학생들의 입장에서 요긴하게 사용될 수 있는 양질의 교육을 무료로 제공한다는 점에서 큰 의의를 찾을 수 있다.

'빅 북' 운동

2010년부터 부산 지역에서 시작된 '빅 북(Big Book)' 운동 역시 인터넷이라는 매체를 통해 지식을 공유하려는 사회 환원 프로그램의 일종으로 볼 수 있다. 대학 교재나 여타의 학습용 도서의 가격이 형편이 어려운 학생들에게는 상당한 부담이 된다는 점에서 비롯된 이 운동의 취지는 대학 교재의 저자인 교수들이 저작권을 기증함으로써 지식을 함께 공유하자는 것이었다. 사실 1970년대 미국에서 시작된 '구텐베르크 프로젝트'나 EU의 전자도서관 프로그램인 '유로피아나' 등(KBS NEWS, 2015.3.14)과 비교하면 아직역사나 규모의 측면에서 시작 단계에 불과하지만, 앞으로 참여자가 늘어나고 공유할 수 있는 도서 및 저작물의 숫자가 증가함에 따라 상당한 지식 공유의 실효를 거둘 수 있는 프로젝트라 평가된다.

청소년 정보격차의 함의

이 장의 결론을 내리기 전에 우리는 정보격차의 의미를 이해하려 할 때 본문에서 강조된 두 가지 측면을 다시 상기해볼 필요가 있다. 첫째, 정보가 정보로서 작용하기 위해서는 그 내용을 필요로 하는 사람에게 적절한 시기에 적당한 방식으로 전달되어야 한다. 이를 반대로 생각해보면 별다른 용도 없이 전달된 내용은 결국엔 그 자료를 다루는 데 필요한 시간과 에너지를 낭비한다는 차원에서 오히려 자료 습득자에게 해악으로 작용할 가능성까지 존재한다고 할 수 있다. 이러한 내용을 청소년층에 적용해보면 다음과 같은 해석이 가능하다.

청소년기는 새로운 것에 대한 호기심과 배움에 대한 의지가 가장 높은 시기라고 할 수 있다. 평생교육이라는 말이 보편화된 오늘날에 흔히 배움에는 끝이 없다고 강조하기도 하지만 사람의 심리적·생물학적 조건이나 사회적 여건을 고려했을 때 청소년기만큼 학습에 적당한 시기는 없다. 바로 그런 이유로 청소년기의 대부분은 제도적으로 학교교육에 의해 통제되기도 한다.

이는 앞서 강조된 바와 같이 우리나라 청소년들의 정보격차 문제는 상당 부분 '교육의 문제'로 환원될 수 있다는 사실과 밀접하게 관련되어 있다. 사실 인터넷에는 청소년기에 반드시 습득해야만 하는, 즉 시기를 놓치면 그 효용이 반감되거나 아예 상실되는 종류의 교육이나 학습과 관련된 정보도 많이 있지만 청소년들에게 어울리지 않는 다양한 종류의 자료들도 넘쳐 난다. 따라서 접근의 격차가 상당 부분 해결된 오늘날, 청소년 정보격차의 핵심은 인터넷이 유용하게 사용할 수 있는 학습 관련 고급 정보를 얻는 공간이 될지, 아니면 청소년기와 어울리지 않는 불필요한(또는 유해한) 정보로 시간을 매몰시키는 장소가 될지를 정하는 데 있다고 볼 수 있다.

두 번째로 강조되어야 할 정보격차의 특성은 문화적인 면과 관련되어 있다. 김문조와 김종길(2002)의 주장처럼 오늘날 정보격차에서 가장 중요한 점은 정보에 대한 접근이나 활용보다는 어떻게 하면 정보를 친근하게 대할 수 있으며 다양한 종류의 정보들 중에서 본인에게 도움이 되는 정보를 선별하여 자연스럽게 소비하는 과정을 체득할 수 있는가의 문제이다. 사실 이 정도까지 정보격차의 수준이 발전할 경우에는 한 개인의 적극적인 노력이나 국가의 행정적인 개입이 정보격차의 문제를 완화하는 데 별 도움을 주지 못할 수도 있다. 부르디외(P. Bourdieu)가 문화자본 논의에서 한 개인의 문화자본이 한 세대 안에서 갑작스럽게 생성되기 어렵다는 점을 지적한 것처럼, 무수한 정보 속에서 필요한 정보를 가려내어 향유할 수 있는 기술은 단기간에 생성되기 어렵기 때문이다.

앞서 우리나라 청소년 정보격차의 중요한 특성 중 하나는 부모가 가진 교육수준이나 정보격차의 수준을 자녀들이 답습하는 경향이 있다는 점이었다. 한 세대를 넘어 다음 세대로까지 정보격차가 세습된다는 것은 정보격차의 문제, 특히나 청소년과 관련된 정보격차의 문제가 상당히 극복하기 힘든 사회구조적 문제라는 점을 시사한다. 인터넷이라는 정보 전달 매체가 사회의 최상층에 속하는 사람들에 의해 설계·운용되고 있는 것처럼, 인터넷에서 정보 획득을 통한 이윤은 결국에는 인터넷이 등장하기 이전부터 다양한 종류의 자본을 많이 축적하고 있던 상류층에게만 유리하게 작동할 수 있으며, 기성세대, 청소년층 할 것 없이 정보격차는 빈부의 격차와 같이 확대될 수밖에 없는 구조라는 결론에 도달한다.

하지만 본문의 마지막 부분에 소개된 바와 같이 교육이나 학습 측면에서의 정보격차를 완화해보려는 인터넷 커뮤니티의 자발적인 노력이 있는 것도 사실이다. 현실적으로 그와 같은 지식 재분배의 노력이 얼마나 실효를 거둘지에 대해서는 아무도 장담할 수 없는 상황이다. 특히 일각에서는 그러한 지식 재분배의 노력까지도 사회적으로 상층에 속하거나 안정적인 계층에게 더 큰 혜택을 주고 있다고 비판한다. 하지만 최소한 단기간에 예상외로 많은 호응을 얻었다는 점과 교육 인프라가 제대로 갖춰지지 않은 제3세계 국가에서도 많은 이용자가 생겼다는 점에서 정보격차 완화에 긍정적인 역할을 기대할 수 있는 측면이 있음을 확인할 수 있다.

| 참고문헌 |

권이종·김천기·이상오. 2010. 『청소년 문화론』. 고양: 공동체.

김문조·김종길. 2002. 「정보격차(Digital Divide)의 이론적·정책적 재고」. ≪한국사회
학≫, 36(4), 123~155쪽.

김봉섭·김정미. 2009. 「노년층의 정보격차 결정요인 연구」. ≪사회과학연구≫, 35(2),
193~222쪽.

김지은. 2014. 「온라인 대학 교육 'MOOC 혁명'」. ≪주간동아≫, 967호(12월 15일 자).
66~67쪽.

남수정. 2011. 「장애인에게 정보격차는 존재하는가?: 연령과 학력의 조절효과의 검증」.
≪소비자학 연구≫, 22(2), 303~321쪽.

박영우·이종화·황성원. 2001. 『2001년 정보화 역기능 실태 조사 보고서』. 한국정보보
호진흥원.

박창호. 2012. 「사이버 공간의 일상과 문화 세계」. 한국문화사회학회 지음. 『문화사회학』.
살림.

이세용. 2002. 「청소년의 인터넷 사용과 정보불평등」. ≪정보화정책≫, 9(4), 29~48쪽.

임재명·유지열·장세정·이정환·유재민. 2013. 『2013년 인터넷이용실태조사』. 한국인
터넷진흥원.

임재명·장세정·김민영·이정환. 2014. 『2014년 인터넷이용실태조사』. 한국인터넷진흥원.

전석호. 1993. 『정보사회론: 커뮤니케이션 혁명과 뉴미디어』. 나남.

정인억·박성훈·김태은·백지원·나항렬. 2001. 『세계 정보격차(Digital Divide) 현황 및
해소를 위한 정책방안 연구』. 정보통신정책연구원.

정재기. 2007. 「부모의 사회경제적 지위와 청소년의 컴퓨터 이용 실태: 생활시간 자료를
바탕으로」. ≪사이버커뮤니케이션 학보≫, 24, 51~78쪽.

_____. 2011. 「부모의 사회경제적 지위와 청소년의 인터넷 이용행태: 생활시간조사의 활
용」. ≪한국사회학≫, 45(5), 197~225쪽.

정형철·조영임·정충식·한근식·송경재. 2010. 『정보화 패러다임 전환에 따른 새로운
정보격차 해소방안 연구』. 한국정보화진흥원.

최동수. 2007. 『정보사회의 이해: 정보·정보인·정보사회』, 제4판. 법문사.

최현종. 2011. 「경기 지역 고등학생의 인터넷 강의 만족도에 관한 연구」. ≪과학과 문화≫,
8(1), 1~7쪽.

헤이우드, 앤드류(A. Heywood). 2014. 『정치학: 현대정치의 이론과 실천』. 조현수 옮김.
성균관대학교 출판부.
황진구. 2000. 『청소년계층 내부의 정보격차 실태 연구』. 한국청소년정책연구원.

≪조선일보≫. 2013.3.8. "칸 아카데미 '기술 발달이 교육 평등화 이룰 것'." http://biz.
chosun.com/site/data/html_dir/2013/03/08/2013030800725.html.
KBS NEWS. 2015.3.14. "대학 교재는 '등골 브레이커' … '빅북(Big Book)' 운동 어때요?"
http://media.daum.net/v/20150314070307960.

Castells, M. 2001. *The Internet galaxy: Reflections on the Internet, business, and
society*. Oxford: Oxford University Press, Inc.
Compaine, B. M. 2001. *The Digital Divide: Facing a Crisis or Creating a Myth?*
Cambridge, MA: MIT Press.
DiMaggio, P., E. Hargittai, W. R. Neuman and J. P. Robinson. 2001. "Social implications
of the Internet." *Annual Review of Sociology*, pp.307~336.
Mossberger, K., C. J. Tolbert and M. Stansbury. 2003. *Virtual inequality: Beyond the
digital divide*. Washington DC: Georgetown University Press.

2부

사이버 공간에서의
문화적 발전과 경험

- 정치 플레이밍 문화
- 소비하는 자아에서 공동생산하는 신부족까지
- 내가 멋지게 변신하는 공간, 소셜 미디어
- 선호에 기초한 네트워크와 불평등
- 소셜 미디어를 통한 음악 팬덤의 형성과 사이버 한류

정치 플레이밍 문화

/

플레이밍은 어떻게 사이버 공간의 정치문화가 되었는가

조화순·함지현

사이버 공론장?

1990년대 인터넷이 보편적으로 보급되면서 온라인을 이용한 다양한 활동은 우리의 정치, 경제, 문화를 변화시켜왔다. 스마트폰을 비롯한 이동식 기기의 등장은 우리의 삶을 24시간 '온라인(on-line)'화시켰고 카카오톡, 페이스북, 트위터와 같은 네트워크의 발달은 타인과의 소통과 교류 방식에 획기적인 변화를 가져왔다. 사이버 공간의 발달은 일상적인 네트워크에 대한 접근과 수많은 정보의 분배 및 생산이 가능해진다는 것을 의미한다. 사이버 공간은 정치, 경제뿐만 아니라 문화가 연결되어 있는 공간이다. 사이버 공간 내에서의 활동이 점차 현실 영역까지 침투하면서 한국 사회를 지배하던 정치문화를 변화시키고 있다.

사회의 구석구석을 변화시킨 인터넷과 소셜 네트워크는 우리의 정치에도 많은 영향을 미쳤다. 네트워크와 인터넷이 아니었다면 볼 수 없을 많은 새로운 양상들이 우리 정치에서 나타나고 있는 것이다. 온라인 세대가 사이버 공간에서 정치적 변화를 만들어냈고, 동시에 사이버 문화 속에서 성장한 새로운 세대의 결집을 목도한 정치권은 적극적으로 그들의 문화를 수용했다. 2000년대 초반에는 당시 크게 유행했던 '싸이월드' 등의 개인 홈페이지나 블로그 형식을 통해 자신의 일상생활을 보여주는 정치인들이 등장하기 시작했다. 대중의 지지도를 확보하고 자신의 정치적 활동상을 알리려는 홍보의 목적으로 사이버 공간이 적극적으로 활용된 것이다. 박근혜 대통령도 인터넷 도입 초기부터 다양한 채널을 통해 더 많은 유권자들과 소통을 꾀한 대표적인 정치인이었다. 그는 2000년대 초반 개인 미니홈페이지인 '싸이월드'를 개설하며 화제를 모았다. 박 대통령의 미니홈피에는 정치에 관련된 소회(所懷)뿐 아니라 일상에서 느끼는 소소한 일들을 적은 글과 사진이 있어 많은 유권자들의 인기를 끌었으며, 수천 명의 사람들이 그와 '일촌'을 맺기 위해 대기하기도 했고, 미니홈피 개설 5주년을 기념해 박 대통령이 밀린 일촌 신청을 한 번에 수락해 대기자들과 일촌을 맺는 '이벤트'를 여는 등 재미있는 일들이 일어나기도 했다. 2000년대 후반에 들어서는 새롭게 등장한 '소셜 네트워크' 공간에서도 정치인들이 활동하기 시작했다. 2009년 3월에 정치인으로서는 최초로 정의당의 심상정 의원이 트위터를 개설한 이후로, 많은 정치인들이 트위터를 비롯한 다양한 SNS 매체를 이용하고 있다(조희정, 2010). 정치인들의 SNS 사용은 이후로도 계속 증가하여, 현재 임기 중에 있는 19대 국회의원들의 95.3%가 트위터나 페이스북 둘 중 하나의 소셜 네트워크를 이용하고 있다(김유향, 2014).

정치인들이 개인적인 사이버 공간을 활용해 정치적 활동을 했던 한편, 대중들은 사이버 공간에서의 커뮤니티를 통해 네트워크를 형성하며 온라인 정치 공동체들을 형성했다. 인터넷 도입 초기의 '커뮤니티 형식' 온라인 공동체가 정치적으로 활용된 대표적 사례는 '노사모'이다. 노사모는 '노무현을 사랑하는 사람들의 모임'의 줄임말로 2000년에 창단된 노무현 전 대통령의 팬클럽이다. 2000년 4월에 있었던 제16대 국회의원 선거 당시 출마했던 노무현 전 대통령이 선거에서 떨어지자 그를 지지하던 네티즌들이 한국의 지역주의적 정치 지형이 사라지기를 기원하며 만든 사이버 공동체가 바로 노사모이다. 초기 팬클럽의 형태로 등장했던 노사모는 대통령 선거에서 정치인 노무현의 대통령 당선, 그리고 임기 초기의 탄핵 위기 극복에서 사이버 공간을 통한 지지층 결집에 결정적 역할을 하며 큰 주목을 받았다.

일상적 대화와 선거에서 특정 지지자를 중심으로 결집한 시민들이 인터넷을 활발히 이용하면서 사이버 공간에서 형성되는 유권자들의 정치문화가 변화하고 있다. 시민들은 새로운 커뮤니케이션 매체를 통해 자신의 의견을 개진하고 정치 현실을 비판하며 여론을 형성한다. 사이버 공간에서는 전통 미디어의 방식이 가진 문지기 역할이 작동하지 않고, 따라서 개개인이 자발적으로 특정 이슈에 대해 의견이나 문제를 제기할 수 있다. 이러한 과정은 디지털 기기를 활발히 이용하는 디지털 세대의 성장과 더불어 더욱 가속화되는 양상을 보인다. 디지털 세대는 기성세대와는 다른 사고와 행동방식을 보이는 진화한 세대이자 새로운 세대이다. 이른바 디지털 신인류는 단순히 첨단 기기를 사용하고 그것으로 무장하기만 한 세대가 아니라, 이러한 디지털 기기를 통해 기성세대와 다른 사고와 행동양식을 형성한 세대이다. 새로 유입된 많은 유권자들이 주요 활동 무대로 사이버 공간을 이용하면서 정치적 의견 표출의 방식 역시 변화하고 있다. 정부와 정치권의 중요한 공적 어젠다들이 대중에게 알려지는 일방적 소통의 방식을 탈피하게 되자 국민 개인이 제기한 일상적 사건들이 사이버 공간을 통해 의제화되기 시작했다. 개인이 사이버 공간에서 지적한 국민연금의 문제점들이 정치적 여론이 되거나, 미국산 쇠고기 수입과 같은 이슈가 광우병 반대 촛불시위로 이어지는 현상이 바로 그 예이다. 디지털 세대의 성장은 한국 사회에서 오랫동안 지배적이었던 정치문화의 변화를 불가피하게 하고 있는 것이다.

그런데 사이버 공간에서 시민들의 커뮤니케이션 증가를 통한 정치문화의 변화와 새로운 양상들이 초기에 기대했던 대로 공론장의 역할을 수행하며 정치발전에 기여하고 있는지는 의문이다. 사이버 공간에서 우리는 손쉽게 다양한 정치적·사회적 이슈에 대한 자신의 생각을 표출한다. 누구나 특정한 주제와 관련한 콘텐츠를 만들어낼 수 있고, 또 그것을 다른 사람들에게 전달할 수 있다. 이러한 특성은 긍정적으로 발현될 수 있으나, 최근 들어 오히려 이러한 특성 때문에 정제되지 않은 메시지들이 널리 퍼지며 문제가 되고 있다. 이는 건전한 토론과 비판적인 문제의식을 통해 진정한 '여론'을 형성하는, '공론장'의 역할을 수행하지 못하게 한다. 건전한 문제의식 기반의 토론은 없고, 부정적이고 적대적인 의사소통이 빈번하게 이루어지고 있는 사이버 공간에서 진정한 여론은 형성되고 있는 것인가? 또한 사이버 공간에서 여론을 형성하고 건강한 시민들을 키워낼 수 있는 신뢰성 있는 정보들이 공유되고 있는가? 사이버 공간이 여론을 형성하는 공간이 아니라 오히려 여론이 왜곡되는 공간이 아니냐는 우려가 제기되고 있는 것이 현재 한국의 상황이다.

이 장에서는 사이버 공간을 통해 형성되는 온라인 플레이밍 현상을 중심으로 한국 정치문화의 한 단면을 논의해보려 한다.* '플레이밍(flaming)'

---

* 이 장의 플레이밍 현상 관련 분석은 조화순·김정연(2013)의 「소셜 네트워크 상에서의 플레밍(Flaming) 현상과 공론장의 가능성: 2011년 서울시장 선거 이슈 분석」을 토대로 작성되었다. 이 글은 선거 과정에서 사이버 공간의 플레이밍 현상을 보여주기 위해 플레이밍 메시지의 정도를 이슈별로 분석하고 후보별로 비교하며 영향력자(influencer)와 일반 트윗의 플레이밍 차이를 분석했다.

플레이밍

플레이밍(flaming)은 사이버 공간에서 특정한 대상에게 적대적이고 공격적으로 행동(특히 언행)하는 것을 말한다. 인터넷 도입 초기부터 우리나라에서도 많이 거론되었던 사이버 폭력이나 사이버 스토킹(cyber stalking), 사이버 불링(cyber bullying), 트롤링(trolling), 헤이팅(hating) 등의 많은 단어가 비슷한 의미로 사용되고 있는데, 플레이밍은 가장 보편적이고 포괄적으로 사이버 공간에서의 적대성 문제를 다루는 담론이다(Jane, 2015; McCosker, 2013).

현상은 토론방, 게시판, 소셜 네트워크 등 다양한 사이버 공간에서 빈번하게 나타나는 현상으로, 누군가에 대해 빈정대거나 비방하고 모욕하는 행위를 통틀어서 일컫는다. 이 과정에서 특히 잘못된 정보를 의도적으로 생성해내어 인터넷을 함께 이용하는 사람들의 잠재된 공격성을 이용하는 행태도 종종 보이곤 한다. 플레이밍은 가벼운 희화화나 회의감에서부터 타인에 대한 모독, 혐오, 조롱, 비난, 협박, 심지어는 욕설과 인신공격까지 그 형태와 수위가 매우 다양하게 나타난다. 그 수단으로도 단순한 텍스트를 넘어 다양한 멀티미디어 요소가 사용되기도 한다. 이렇듯 사이버 공간에서 사회적 이슈에 대한 대안을 논의하기보다는 플레이밍으로 대두되는 비난, 일방적 주장 등을 표출하는 식의 대화만이 이루어지게 된다면 인터넷을 통한 새로운 형태의 민주주의 실현은 요원할 것이다. 따라서 '온라인 플레이밍 현상'이라는 단편을 통해 한국 정치문화의 현실을 이해하고 한국의 정치문화가 해결해야 할 과제와 나아가야 할 방향을 논의하는 것이 필요하다.

사이버 공간에서 이루어지는 플레이밍 현상을 살펴보기에 앞서, 기존에 한국에 존재하던 정치문화를 살펴볼 것이다. 이를 통해 플레이밍 현상이 기존의 정치문화와 갖는 관련성을 검토해본다.

정치문화: 낯익은, 혹은 새로운

무엇이 한국의 정치문화인가

한국의 정치문화를 가장 잘 표현하는 말로 많은 사람들이 '권위'라는 단어를 떠올릴 것이다. 한국의 정치문화는 흔히 권위주의로 특징지을 수 있다. '권위적이다'라는 말은 많은 영역에서 한국 사회의 문화적 키워드였다. 작게는 가정에서 가부장적이라거나 권위적이라는 가정 문화를 경험해왔고, 이러한 체계와 서열을 중시하는 전통적인 유교 문화는 한국 정치에도 많은 영향을 끼쳐왔다. 유교가 수용된 이후 조선조에 이르러서는 이를 본격적인 통치 이념으로 받아들이게 되었고, 이후 유교는 사회 곳곳에 스며들어 정치 환경의 바탕을 이루어왔다. 질서를 중시하고 위계적 권위를 종용했던 권위주의 문화는 다양한 사회적 상황과 맞물려 강화되는 모습을 보여왔다. 일제강점기의 억압적인 정치와 냉전, 그리고 분단 현실에서의 강력하고 권력 중심적인 정책 기조는 권위주의적 정치문화를 고착화시켰다. 억압적 권력은 경제발전과 같은 사회적 화두를 내세워 국민들을 수동적인 존재로 만들었다. 경제개발을 이유로, 북한과의 대치 상태에서 사회적 안전을 보장해야 한다는 이유로, 민주적 정치로 나아가기 위한 과도기를 거친다는 이유로 위계적인 정치, 경제, 사회 질서가 수립되었다.

권위주의 정치문화의 한편에는 '파벌주의' 문화도 존재했다. 파벌주의는 매우 오랜 시간 그 형태를 달리하며 한국 사회와 정치에 큰 영향력을 행사해왔다. 파벌주의는 개인의 정체성을 규명함에 있어 그가 속한 집단을 중요하게 여기는 공동체적 문화에서 기원한다. 한국 사회와 정치에서 파벌주의는 혈연, 지연, 학연 등의 관계에 치우치며 배타적이고 적대적인 모습을 드러내왔다. 역사 속에서 한국의 파벌적 정치문화는 조선의 '붕당정치'에서 찾을 수 있다. 조선 시대에 등장한 '붕당'은 학문이나 정치적으로 뜻이 맞는 양반들이 구성한 일종의 커뮤니티로 유교적인 양반 문화를 대변하는 학문 공동체이다. 그러나 학문적 입장의 차이는 국가 통치의 원리에 대한 정치적 견해의 차이로 연결되었고, 여기에 출신 가문이나 지역 등의 집단 중심적 이익 구조가 더해지면서 붕당정치로 변질되었다.

조선 붕당정치의 부정적 영향들은 한국의 근대 정당정치에서도 그대로 나타난다. 이념이나 정당 내에서도 다양한 계파, 즉 '무리'가 존재했고 그들은 사안에 따라 이합집산을 거듭하면서 권력구조를 재편해왔다. 한국 정치의 역사 자체가 계파 또는 파벌이라는 키워드로 정의 내릴 수 있을 정도로 계파주의가 그 중심에 있었던 것이다. 소위 '3김(金)'이라고 불렸던 김대중, 김영삼, 김종필을 필두로 한 정치인들의 협력과 갈등 관계, 그리고 '상도동계'와 '동교동계'로 분화된 이 시기의 계파정치는 지금까지 큰 영향을 주고 있고, 이러한 계파정치의 분화 끝점에는 현재 존재하는 정당들이 있다.

다음의 〈그림 3-1〉은 1987년의 민주화 이후 한국의 정당이 분화되어온 과정을 나타낸다. 초기 정당인 민주정의당, 신민주공화당, 통일민주당을 모태로 하여 계파적 분리와 혼합의 과정을 거쳐서 나온 결과물인 한국의 정당체계에서 계파 중심적 정당의 구조와 이합집산의 체계는 한국의 정치 그 자체였다. 각 정당 내에 존재해온 계파는 정치권이 형성해온 갈등 구조의 한가운데 존재하면서 정치적 소통과 갈등에서 핵심적 위치를 차지했다.

계파주의적 정치는 종종 국민 또는 국가 전체를 대변하지 못하고 지나치게 특수한 이익만을 추구하는 '끼리끼리 정치 공동체'를 탄생시킨다. 물론 특정한 집단의 이익을 반영하기 위한 정치 공동체는 자연스럽게 생겨날 수 있지만 그것이 정치의 전부가 된다면 문제이다. 정치권이 지나치게 자

그림 3-1 ㅣ 1987년 민주화 이후의 여야 주요 정당과 계파

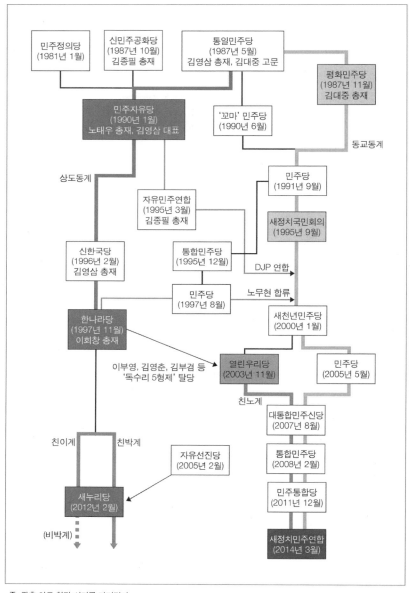

주: 괄호 안은 창당 시기를 가리킨다.
자료: "편가르고 … 찍어내고 … 무너져도 좋을 불통의 벽", ≪동아일보≫, 2015년 2월 14일 자, 17면.

신의 계파적 이익에 혈안이 되어 있으면, 정작 정치의 주인이 되어야 할 국민들은 정치로부터 소외된다. 1980년대와 1990년대를 거치며 현재까지 고착화된 한국 근현대 정치의 계파 구조로 인해 오늘날에도 한 정치인에 대해 논할 때, 그가 어떤 비전을 가지고 있고 그러한 가치들을 어떤 정책을 통해 구체화할 것인가에 대한 논의보다 그가 어떤 정치인의 '라인'에 선 어느 계파의 사람인가 더 중요하게 여겨진다. 계파정치에서는 정치를 통해 만들어가야 할 세상과 결과가 아닌 '정치권만의 정치'가 논의된다.

마지막으로 한국 정치에 존재하는 또 다른 문화는 '투쟁'으로 특징지을 수 있다. 이 또한 권위주의적인 한국의 정치문화 속에서 생겨난 특징으로, 권위주의 정권 시기 민주화 운동을 주도하는 과정에서 비폭력적으로 견해를 표출하는 방법이 아니라 투쟁의 문화가 발달했다. 한국 국회에서 여당과 야당이 첨예하게 대립하는 특정 사안이 있을 경우 대화를 통해 해법을 모색하는 모습은 찾기 어렵다. 여당과 야당은 표결을 저지하기 위해 원천봉쇄, 의장석 점거, 몸싸움 등의 수단들을 동원하고, 이를 통해 각 정당에 대한 국회의원 충성도를 평가해왔다. 국회의 투쟁 문화는 1980년대의 민주화 운동을 통해 기존의 체제나 현존하는 억압에 저항하고 투쟁해온 한국 사회의 역사를 반영하는 것이다. 특히 1980년대 민주화 운동 시기에 학생으로서 민주화 운동을 주도했던 이른바 '386 세대'가 정치권에 적극적으로 편입되면서 불의에 저항하고 투쟁하는 그들의 정신은 정치에 상당한 흔적을 남겼다. 민주화 이후 민주정부가 구성되었지만 국가 통치의 방향에 대해 의견을 달리하는 386 정치인들에게 투쟁의 경험과 민주 투사로서의 정체성은 매우 중요한 것이었다. 목적을 달성하기 위해 물리적인 수단을 사용했던 경험은 386 정치인들의 기억에 여전히 남아 있는 것 같다.

사실 정치인들이 1년 365일을 갈등하고 반목하며 사는 것이 아님에도,

'투쟁하는 정치인'에 대한 이미지는 유난히 국민들에게 강하게 인식된다. 정치적 타협과 조정을 통해 만들어지는 법안이나 처리되는 사안도 많지만, 유난히 심한 갈등을 통해 처리되는 쟁점 현안들은 더욱 또렷하게 기억에 남는다. 대표적인 사례가 2008년의 한미 FTA 비준이다. 당시 여당이었던 한나라당은 야당의 극심한 반대를 무릅쓰고 비준 동의안을 상정하려 했고, 야당은 어떻게 해서라도 이를 막으려 했다. 이 과정에서 쇠망치로 문을 두드려 부수고, 소화기에 물대포까지 동원했던 모습은 국민들에게 깊은 상처로 남아 있다. 이 외에도 국가보안법, 사립학교법 등의 쟁점 현안들과 관련된 극심한 갈등과 여야의 대립, 그리고 물리적 충돌의 모습들이 우리 정치의 한 단상으로 기억되고 있다. 망치에서 최루탄까지 다양한 무기를 사용했던 정치인들은 민주화 과정에서 보여주었던 투쟁 방식을 그대로 보여주고 있다. 민주화를 부르짖던 투사들도 정치인이 되면 비민주적인 방식으로 일을 해결하려 하고, 독재적이고 억압적인 행태에 대항해 야당은 수단과 방법을 가리지 않고 이를 저지하려 한다. 다양한 방식으로 투쟁하고 폭력을 행사하는 모습은 분명 한국의 근현대 정치사에서 존재해왔던 하나의 정치문화였다.

그렇다면 권위주의, 파벌(계파)주의, 그리고 투쟁하던 한국의 정치문화는 어떻게 변화했는가? 선거와 같은 절차적 민주주의 도입으로 한국의 정치문화는 변화를 모색해왔으며, 시간과 공간을 초월해 커뮤니케이션이 가능한 인터넷과 네트워크망이 침투하면서 새로운 양상들이 나타나고 있다. 한국의 권위주의적 정치문화에 균열이 생기면서 권력은 진정한 권위를 얻기 위해 자신들의 권위의 근원이 되는 국민에게 다가가려 하고 있다.

온라인 네트워크를 활용하는 전략은 정치권에 적극적으로 활용되고 있다. 정치인과 정당은 개인 홈페이지와 정당 홈페이지를 운영할 뿐 아니라 다양한 뉴미디어 채널을 이용해 유권자에게 접근한다. 한국의 정당은 공식 사이트와 트위터, 페이스북을 통해 정당의 활동을 이야기하거나 정치 캠페인을 진행하고 있다. 정치인 개개인도 인터넷과 인터넷을 기반으로 한 다양한 매체들을 적극적으로 사용하고 있다. 웹 문화의 변천에 따라 개인 홈페이지, 블로그, SNS 채널을 사용한다. 특히 정치인들은 트위터, 페이스북 등의 네트워크 서비스를 활용한 선거운동에 정성을 기울이고 있다. 140자의 짧은 단문, 리트윗 기능 등의 기능적인 잠재력을 가지고 있는 트위터는 정치인들의 새로운 홍보와 동원 수단이다. 2011년 서울시장 선거의 경우를 예로 들면 나경원, 박원순 두 후보 모두 트위터를 활용하는 선거 전략을 활발히 모색했다. 사실 시민운동가 출신의 박원순은 시민사회에서 자신의 입지를 다져왔지만, 그의 당선에 결정적인 영향을 미친 것은 SNS의 활발한 활용이었다. 소셜 네트워크를 통해 자신의 일상을 공개하는 그에게 많은 시민들은 열광했다. 정치인으로서 경력을 쌓아온 나경원 역시 온라인 네트워크를 통해 자신을 홍보하고 소통하는 데 적극적인 모습을 보이며 SNS를 통해 선거운동을 펼치는 박원순과 경쟁했다.

선거에서 소셜 네트워크를 활발히 이용하는 것은 정치인뿐만이 아니다. 트위터를 이용해 공적 여론 형성에 막강한 영향력을 행사하는 영향력자가 등장하고 있는 것이다. 사이버 공간에서 강력한 네트워크 권력을 지닌 다양한 부류의 영향력자들 중 2000년대 후반부터 정치 무대에서 주목을 받은 집단으로 '폴리테이너(politainer)'들이 있다. 'politics'에 연예인을 뜻하는 'entertainer'를 합성한 '폴리테이너'처럼 과거에도 사회적·정치적 영역에 적극적으로 참여하는 연예인들이 있었다. 영화배우 출신의 전 미국 대통령 로널드 레이건(R. Reagan)처럼 대중적인 인지도를 기반으로 정계에 진출한 정치인들이 존재했다. 그런데 소셜 네트워크를 통해 대중을 향한 여론 창구가 항상 열리게 되면서 이들의 발언은 더욱 중요한 위치를 차지하게 되었다. 폴리테이너들은 자신이 가졌던 대중적 인지도를 중요한 자산으로 삼고 소셜 네트워크라는 도구를 활용해 여론을 형성시키며 대중을 특정 어젠다 중심으로 결집시킨다. 네트워크를 통해 이들의 일상이 화제가 되고, 이들의 정치적·사회적 발언과 행동은 대중에게 큰 영향을 미친다. 특히 최근에는 자신의 신념과 의지에 따라 다양한 사회문제 해결을 촉구하는 영향력자들이 크게 늘어났다. 예를 들어 방송인 김제동, 배우 김여진은 반값 등록금 운동과 관련한 사회운동에서 핵심적인 역할을 담당하기도 했으며, 작가 이외수는 다양한 사회문제들에 대한 소신 있는 발언으로 젊은 세대의 폭넓은 지지를 받는 모습을 보였다. 이들은 트위터에서 다양한 발언을 하며 대중들의 지지를 호소하기도 하고, 직접 거리에서 참여하는 모습을 보이기도 한다. 대중에게 이미 친숙한 폴리테이너들 외에도 소셜 네트워크의 사이버 공간에는 이른바 '일반인(비연예인)' 영향력자들도 다수 존재한다. 이렇게 사이버 공간에서 새로운 영향력을 행사하는 사람들은 네트워크를 통해 막강한 권력을 얻은 새로운 집단으로, 자신의 의견을 전파함으로써

그림 3-2 | 계파 구조의 변화

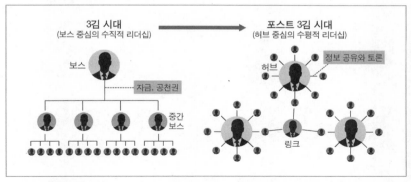

자료: "17대 의원 네트워크 대해부: 〈下〉 '허브 의원'들 반응", ≪조선일보≫, 2004년 8월 30일 자, 6면.

다른 이용자들과의 관계를 넓히는 데 관심을 가지고 있다. 이들은 새로운 정보를 습득하기보다 자신의 정보를 퍼뜨리려는 동기를 더 강하게 드러낸다. 이른바 '영향력자'는 트위터 공간에서 팔로어 수와 리트윗 수 등을 보았을 때 많은 관계를 맺고 영향력이 있는 사람들을 일컫는다. 이들은 네트워크의 발달과 더불어 마치 오프라인상의 소식통과 같은 역할을 수행하면서 한국의 정치문화에 지대한 영향력을 미치는 집단으로 부상하고 있다.

기존에 단절되어 있었던 개인과 집단이 네트워크를 통해 연결되면서 정치적 구조와 문화가 달라지고 있다. 특히 한국의 위계적이고 수직적인 피라미드형 조직이 변화하는 모습을 보이고 있다. 〈그림 3-2〉와 같이 보스를 중심으로 상하 구조가 뚜렷하게 나타나는 과거의 정치문화는 '허브'를 중심으로 네트워크형으로 변화하고 있다. 네트워크형 정치문화에서 네트워크를 이루는 각 구성원들은 위계적으로 존재하는 것이 아니라 좀 더 수평적으로, 그리고 분산되어 존재한다. 이러한 네트워크는 보스가 독점하는 권력을 통해 유지되는 허브 중심적 관계가 아니라 각 허브들과 링크들 간의 상호 교류로 이어지는 관계를 중심으로 한다. 네트워크화된 계파주의는

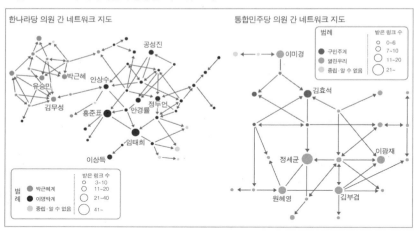

그림 3-3 | 18대 국회의원의 정당별 네트워크 지도

자료: "[18대 의원 네트워크 조사] 최고 '마당발'은 임태희·홍준표 의원"(좌), "[18대 의원 네트워크 조사] 네트워크 중심에 정세균 대표 '우뚝' 열린우리계가 민주계보다 '허브' 많아"(우), ≪조선일보≫, 2008년 8월 28일 자, 8면.

집단별로 단절된 채 동떨어져서 존재하지 않으며, 집단 간 관계가 매우 복잡한 양상을 보인다. 네트워크 내에서 정치인 개개인은 자기 자신을 네트워크의 다른 구성원들과 연결할 뿐만 아니라, 계파 밖에 있는 다른 구성원들과 네트워크를 형성한다. 2000년대 중·후반에 등장한 SNS의 사용은 정치문화에서 계파의 네트워크화를 더욱 촉진했다.

〈그림 3-3〉에 나타나는 네트워크 지도는 18대 국회의 정당별 네트워크를 나타낸 것이다. 당시 양당 체제를 구축하고 있던 한나라당(현 새누리당)과 통합민주당(현 새정치민주연합) 내에 존재하는 계파들이 독립적이고 위계적인 집단이 아니라 하나의 네트워크로 존재하는 것을 볼 수 있다. 한나라당의 박근혜계, 이명박계의 네트워크와 통합민주당의 구민주계, 열린우리당의 네트워크는 허브와 링크를 통해 거미줄처럼 연결되어 있다. 이처럼 전통적으로 한국의 정치문화를 구성하는 한 요소였던 계파주의는 온라인과 만나면서 일정 정도 균열이 나타나고 있다.

118 2부 사이버 공간에서의 문화적 발전과 경험

투쟁적이던 한국의 정치문화는 좀 더 유희적이고 재미를 추구하는 정치문화로 바뀌고 있다. 인터넷과 함께 태어나 이를 적극적으로 활용하는 디지털 세대가 성장하면서 이들의 유희적 문화가 정치문화에도 그대로 나타난다. 네트워크 기반의 사이버 공간은 유희적 콘텐츠가 유통되고 확산되기에 매우 좋은 공간이다. 특히 사이버 공간은 같은 생각을 가진 사람들이 모여 대화를 나누는 동시에 재미를 추구하는 유희적 참여 문화를 손쉽게 만들어낸다. 유희적 참여 문화는 시민사회와 한국의 정치에 새로운 모습들을 가져오고 있다. 예를 들어 ≪오마이뉴스≫는 대통령 선거가 있었던 2002년 당시 민주당의 대통령 후보 경선을 중계하며 큰 화제를 모았다. 물론 정당의 홈페이지나 주요 방송사를 통해 경선이 중계되는 것은 새로운 것이 아니었다. 하지만 ≪오마이뉴스≫는 이러한 경선을 하나의 오락으로 탈바꿈시켰다. 인터넷을 통해 생중계를 보는 시청자들은 단순히 그 현장을 구경하는 것이 아니라 해설가나 평론가의 재미있는 '썰'을 들으며 경선을 즐길 수 있었다. 정치는 재미없다는 생각을 가진 유권자들에게 정치를 희화화한 온라인 문화를 만들어준 것이다. 2011년 〈나는 꼼수다〉(이하 나꼼수)와 같이 정치계와 사회 전반에 큰 영향을 준 팟캐스트도 이러한 미디어의 일환이었다. 〈나꼼수〉는 당시 정부에 대한 다양한 의혹들을 제기하는 것을 시작으로 분야를 가리지 않고 여러 정치적·사회적 이슈들을 다루었다. 정치적 주제를 다루는 〈나꼼수〉에 많은 사람들이 관심을 가졌던 이유는 내용의 시사성보다는 재미와 풍자였다. 〈나꼼수〉는 일정 기간 네티즌의 관심을 끌었으나 곧 외면을 받았다.

온라인에서 생겨난 놀이 위주의 정치문화는 시위의 모습도 변화시켰다. 공연과 같은 '문화제'의 형식이 집회와 시위의 새로운 문화가 되었다. 투쟁적이고 물리적인 수단을 동원하는 시위보다는 재미가 더해질 때 대중 동원이 더 용이해지면서 기획의 양상이 바뀌고 있는 것이다. 새로운 시위는 '문화제'라는 이름으로 다양한 문화 공연들과 초청 인사들의 격려가 곁들여진 하나의 이벤트로 구성되고 기획된다. 사회적인 축제로 시위를 기획하려는 의도는 선거에도 나타난다. SNS가 활성화된 이후인 2010년대에는 유명인들의 투표율 공약, 투표 인증 등이 기획되며, 선거에 유희적 요소를 담으려는 시도가 활발하다. 2012년의 4·11 총선에서 특히 이러한 움직임은 두드러졌다. 정치인뿐만 아니라 방송인, 언론인, 예술인 등의 인사들이 '일정한 투표율을 넘긴다면 무엇을 하겠다'라는 이른바 '투표율 공약'을 제시했다. 공약의 내용은 유희적이다. 재미있는 복장을 하고 다니겠다는 것도 있고, 춤을 추며 노래를 부르겠다는 것도 있다. 더 나아가 투표 이전에 한 투표율 공약은 투표 이후에는 인증 캠페인으로 이어졌다. 투표에 참여한 유명인들과 유권자들은 투표소 앞에서 사진을 찍으며 자신이 이 축제에 동참했음을 인증하고 다른 이들을 독려했다. 자신이 좋아하는 유명인의 색다른 모습을 기대하는 사람들에게 특정 공약이나 인증 샷은 정치를 엔터테인먼트의 대상이자 수단화하는 새로운 문화를 형성시키고 있는 것이다.

한국의 정치문화 생성과 변화 과정에서 인터넷과 네트워크의 발달은 이처럼 중요한 역할을 담당했으며, 이 과정에서 네트워크가 가진 커뮤니케이션 기능이 핵심적인 역할을 수행했다. 그런데 한국에서 네트워크를 통한 커뮤니케이션의 증가가 곧 정치의 발전으로 이어지고 있는 것은 아니다. 정치적·사회적 이슈에 대해 여론을 손쉽게 생성하고 파급할 수 있다는 특성은 오히려 정제되지 않은 메시지의 파급을 조장하고 있다. 사이버 공간에서 정치적·사회적 논의가 활발하게 일어나면서 어느 정도의 폭력성은 용인될 수 있다는 인식이 파급되었다(Hmielowski, Hutchens and Cicchirillo, 2014). 사이버 공간에서 다른 개인에 대한 폭력적 공격과 부정적 언어가 불특정 다수에게 신속한 파급력을 가지게 되면서 욕설과 매도, 악의적인 비방과 같은 공격적이고 부정적인 커뮤니케이션, 이른바 플레이밍 현상이 촉진되고 있는 것이다.

한국의 정치문화와 플레이밍의 성장

그렇다면 플레이밍 현상은 왜 특히 정치에 심각하게 나타나고 있는 것인가? 플레이밍이 생산되고 소비되는 과정에서 한국의 정치문화적 요소들은 어떤 역할을 담당하고 있는가? 플레이밍의 발생 원인에 대해서는 다양한 의견이 존재하나, 사이버 공간의 공간적 특성 자체로부터 기인하는 익명성이 그 원인으로 많이 지목된다. 사이버 공간에서는 개인의 정체성이 나타나지 않기 때문에 면대면 공간에서 하지 않던 행동을 시도하는 사례가 늘어나고, 이는 인터넷 공간 전체의 분위기가 되었다. 사이버 공간에서는 면대면 커뮤니케이션과 달리 개인의 신분이나 지위가 나타나지 않으며 현실의 사회적 규범이 적용되기 어렵다. 사이버 공간에서는 사회적 가식이나 아부, 아첨 형태의 메시지가 구성되기 어렵고 동시에 예절과 타인에 대한 배려가 부족할 수 있다. 이러한 특성은 인터넷이라는 매체 자체의 성격에서 기인하는 것이다.

그러나 인터넷 매체의 특성만으로 한국에서의 플레이밍 현상이 모두 설명되기는 어렵다. 그 사회가 가지는 문화의 성격, 특히 한국의 경우 권위주의, 계파주의, 투쟁적 정치문화는 정치 플레이밍의 생성과 발전에 영향을 주었다. 첫째, 인터넷의 발달과 더불어 권위주의적 공동체는 급속하게 쇠퇴하는 모습을 보이고 있는데, 이 과정에서 원자화된 개인들은 기존 질서와 권위를 조롱하고 질시하는 태도들을 보인다. '선비질'이라는 인터넷 신조어는 '선비처럼 군다'는 뜻으로 주로 인터넷 커뮤니티에서 타인에 대해 가르치려 하는 사람들의 태도를 일컫는 말이다. 누군가가 어떤 문제에 대해 갑자기 진지하게 말하거나, 좋은 분위기를 해친다는 생각이 들면 네티즌들은 '선비질 하지 마라'며 냉소적인 반응을 보인다. 이러한 예는 자신이 인정하지 않는 권위와 권위주의에 대한 반감을 나타내는 가장 특징적인 현상이다.

인터넷이 등장한 이후 정보는 새로운 자원과 권력의 원천으로 급부상했다. 정보혁명은 우리 모두가 손쉽게 다양한 정보들에 접근하는 것을 가능하게 했다는 점에서 적어도 표면적으로는 수평적인 사회구조를 만들어내는 데 기여했다. 이 과정에서 전통적인 권위는 대체되거나 해체되고 있는데, 사이버 공간에서 나타나는 권위주의에 대한 저항은 권위를 조롱하고 무시하는 것으로 나타나고 있다. 네티즌들은 특정인이나 특정 행동을 비난하고 매장하는 행태를 보인다. 권위를 인정하지 않는 이러한 태도는 플레이밍 문화의 형성에 기초적인 역할을 했다. 이는 비단 정치인과 유권자의 관계뿐만 아니라 일반 대중 사이에서도 존재한다.

둘째, 계파주의 문화와 그 변화는 플레이밍의 확산에 영향을 미친다. 계파에게 가장 중요한 것은 '영향력자'들로, 이들은 네트워크적 계파의 구성에서 '허브'로 존재하며 계파의 정보를 전달하고 구성원을 연결하는 역할을 하고 있다. 상하 관계의 수직적이고 폐쇄적인 계파와는 다르게, 개방적이고 네트워크화된 관계에서 허브의 역할은 매우 중요하다. 파워 트위터리안, 파워 폴리테리안은 네트워크 공간에서 큰 파급력을 가지며 여론을 선도한다. 이들이 생산하는 담론은 그 파급력이 상당히 폭발적이다. 허브를 중심으로 존재하는 개인들의 '링크'도 이러한 담론의 전달에 큰 영향을 미친다. 과거에는 많은 정보가 소수에 의해 독점되고 상하적인 전달 체계를 거쳐 개인들에게 전파되었다. 그러나 네트워크의 발달로 개인이 정보의 소비와 유통, 그리고 생성을 모두 할 수 있게 되면서 특정 담론이 집단 내에, 또는 집단을 넘어 전달되는 것이 가능해졌다. 링크를 통해 정보가 전달되는 과정에서 악의적이고 적대적인 개개인의 감정들이 첨가되며, 여과되지 않은 정보들이 집단적 소문으로 형성된다. 그리고 소문이 허브와 링크를 통해 걷잡을 수 없이 퍼져 정치 플레이밍 문화가 심화되는 모습을 보여온 것이다.

마지막으로 투쟁 문화가 유희 문화로 변하면서 생겨난 변화에 주목할 필요가 있다. 정치의 유희적 탈바꿈인 건전한 토론의 문화가 아니라 풍자와 희화가 본질적인 내용으로 남는다. 공동체적 문제에 대한 유희적 정치 문화는 건전한 비판의 수준을 넘어 인격 모독과 폭력적 내용들을 생산하고 유통한다. 권위주의의 균열의 틈을 타고 생성되는 유희적 문화는 플레이밍과 그 콘텐츠들을 생산하고, 네트워크화된 공간은 플레이밍의 파급력을 증가시킨다.

온라인 정치 플레이밍

온라인 정치 플레이밍 문화와 서울시장 선거

인터넷이 도입되어 사회에 정착하는 과정에서 수년간 우리 사회의 큰 문제이자 화두 중 하나가 이른바 '악플'의 문제였다. 댓글을 통해서, 게시판의 글이나 SNS의 발언을 통해서 비판이 아닌 폭력성을 띤 비난과 매도가 이루어지는 것을 종종 볼 수 있다. 비난과 매도는 비극적인 귀결을 낳기도 했는데, 유명인들이 사이버 폭력을 비관해 자살하는 경우도 발생했다.

온라인 플레이밍 현상이 정치에서 드러났던 대표적인 사례로 2011년의 서울시장 보궐선거를 들 수 있다. 2011년 10월 26일에 있었던 서울시장 보궐선거는 전체 투표율 45.9%를 기록하며 서울 시민뿐 아니라 모든 국민들의 주목을 받았다. 선거 과정 중에 여러 흥미로운 쟁점들이 있었고, 특히 후보자들을 둘러싼 다양한 논란이 화제였다. 당시 한나라당의 나경원 후보와 야권 단일 후보인 박원순 후보는 박빙의 선거전을 통해 경합했다. 특히 소셜 네트워크 서비스가 활발한 매개체가 되어 선거와 관련한 다양한 콘텐츠가 만들어지고 공유되었으며, 결과적으로 선거 결과에 영향을 미쳤다. 2011년 서울시장 보궐선거에서 드러난 플레이밍의 양상을 알아보기 위해 각 후보들과 관련해 부상한 굵직한 이슈들을 재구성해보고, 각각에서 어떤 플레이밍이 어느 정도로 나타났는지를 살펴보도록 하겠다.

2011년 서울시장 보궐선거에서 나경원 후보와 관련해서 중요하게 떠오른 이슈는 강남 VVIP 피부과, 신지호 100분 토론, 전 보좌관 양심고백 등이었다. 나경원 후보의 경우는 '1억 피부 관리' 논란을 불러일으켰던 강남 VVIP 피부 클리닉이 가장 많이, 그리고 2008년 한나라당 대변인 시절의 노무현 사저 비판 발언이 가장 오랜 기간 이야기되었다. 강남 VVIP 피부 클리닉 이슈는 관련 의혹이 불거진 10월 20일 하루 동안 1만 2000건 이상의 트윗이 생성되었는데, 이는 강남 지역에서 초호화급으로 분류되는 피부 클리닉에 후보자가 상시 출입해온 사실이 보도되면서 확산된 논란이었다. 신지호 한나라당 의원이 10월 6일 음주 상태로 〈MBC 100분 토론〉에 참석해 논란이 되었던 MBC 100분 토론 관련 트윗 역시 하루 4000건 이상이었다. 전 보좌관 양심고백 이슈는 나경원 후보자의 전 보좌관이 10월 18일부터 세 차례에 걸쳐 후보자 당선을 반대하는 글을 블로그에 기고했던 것이 링크되면서 확산되었다.

박원순 후보와 관련해서는 학적 논란, 부정 전과 의혹, 부친(父親) 마타도어와 관련한 논의들이 트위터를 중심으로 회자되었다. 박원순 후보는 서울대 법대 학력과 하버드 로스쿨 객원연구원 경력이 허위라는 학적 및 경력 관련 사안들이 큰 이슈였는데, 하버드대 학적과 관련된 이슈가 박원순 후보 관련 이슈 중에서는 가장 빈번하게, 하루 최고 3700건가량 언급되었다. 부친의 친일 경력 논란은 일제강점기 당시 일본군 위안부 모집책으로 활동했다는 의혹이고, 자녀의 부정 전과 이슈는 서울대학교 미술대학에서 법과대학으로 전과할 때 조국 교수가 개입했다는 한나라당 조전혁 의원의 발언으로 촉발된 논란이다. 후보자 아들의 병역 기피 의혹 관련 버즈 역시 오랫동안 생성되었다. 이처럼 서울시장 보궐선거에서는 두 후보와 관련해 비난의 내용을 담고 있거나 부정적인 내용의 이슈들이 주로 논의되었고, 이를 비난하거나 지지하는 여론이 불규칙적으로 폭발하고 소멸되는 과정을 보였다. 사이버 공간의 플레이밍 메시지는 이슈별, 후보별, 그리고 영향력자와 일반 트윗으로 나누어 그 차이를 살펴볼 수 있다.

플레이밍의 구체적인 행동들은 사람을 매도하여 특징짓는 것, 인신공격

그림 3-4 ㅣ 영향력자의 이슈별 플레이밍 정도 (나경원)

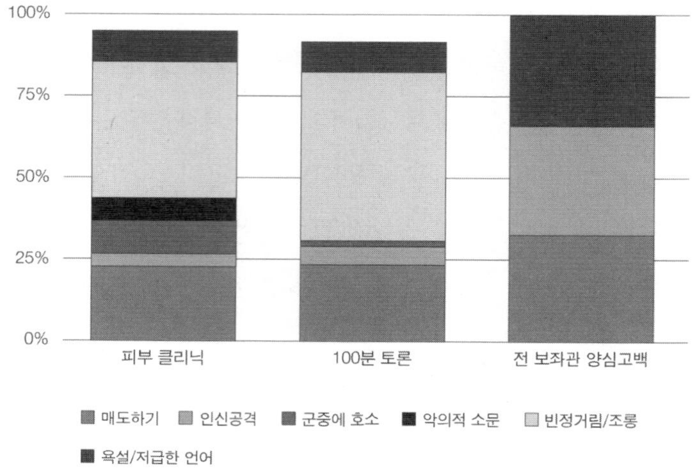

자료: 조화순·김정연(2013)에서 수정.

이나 감정적 호소 또는 논점을 벗어나 상대방의 성격을 공격하는 것, 군중에 호소하거나 힘 있는 사람들이 믿는 것을 진실이라고 판단하는 것, 악의적 소문을 퍼뜨리는 행위, 빈정거리거나 조롱하는 행위, 욕설이나 저급한언어를 사용하는 경우로 분류할 수 있다. 이러한 여섯 가지 프레임을 기준으로 영향력자의 트위터 게시글을 분석한 결과는 다음과 같다.

〈그림 3-4〉에서 보이는 것처럼 트위터상에서 이슈별 영향력자가 리트윗한 게시글 중 나경원 후보와 관련한 이슈는 분석 대상 모두에서 대부분 높은 수준의 플레이밍 현상이 관찰되었다. 트위터상의 영향력자들은 후보자에 대해 빈정거리거나 조롱하는 행위, 의견을 특정 언어로 표현 짓거나 낙인을 찍어 비난하는 형태의 글쓰기를 했으며, 극단적으로는 욕설을 섞어서후보자를 설명하는 경우가 많았다. 리트윗된 원문의 글에서 사건에 관련한사실 관계나 근거에 기반을 둔 정보, 평가보다는 감정적 표현 위주의 공격,

그림 3-5 | 영향력자의 이슈별 플레이밍 정도 (박원순)

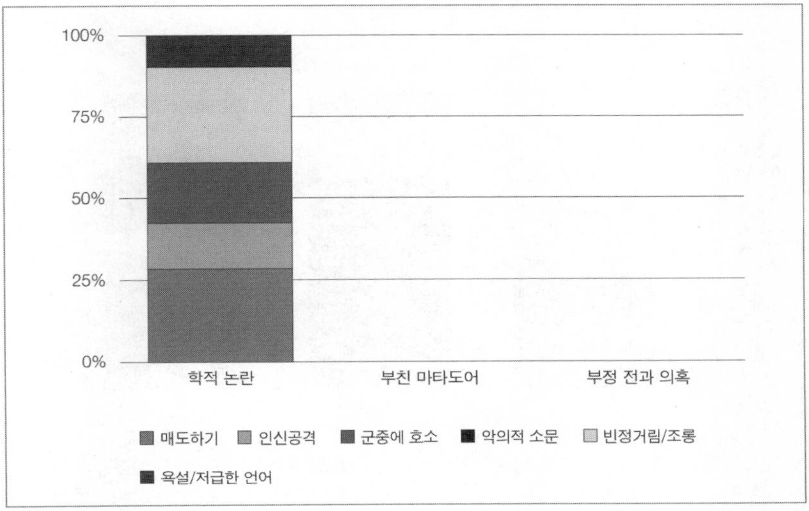

자료: 조화순·김정연(2013)에서 수정.

폭언의 전개가 이루어졌다.

　나경원 후보 관련 이슈 중 강남 VVIP 피부 클리닉 이슈에 대해서는 후보자를 비웃거나 의도적으로 희화화시키는 반감의 표현이 41.8%로 가장 많이 게시되었다. 〈MBC 100분 토론〉에서 신지호 대변인의 음주 방송 역시 행위를 빈정거리거나 특징짓는 글이 절반 이상(51.8%) 게시되어 트위터상에서 이용자의 높은 질타의 정도를 알 수 있다. 트위터가 후보자 관련 이슈에 대한 사실 관계를 제공하거나 대화가 이루어지는 공간의 역할을 하기보다는 후보자 개인에 대한 불신의 감정을 표출하고 후보자를 격하시키는 창구가 되었음을 알 수 있다.

　박원순 후보와 관련하여 가장 큰 주목을 받은 이슈는 학적 논란이었다. 이에 관한 글들은 박원순 후보의 학력 위조에 대해 실망감을 표출하는 내용이 대부분이었다. 후보자의 도덕성을 지적하거나 후보자 검증에서 실패

그림 3-6 ㅣ 일반 트위터 이슈별 플레이밍 정도

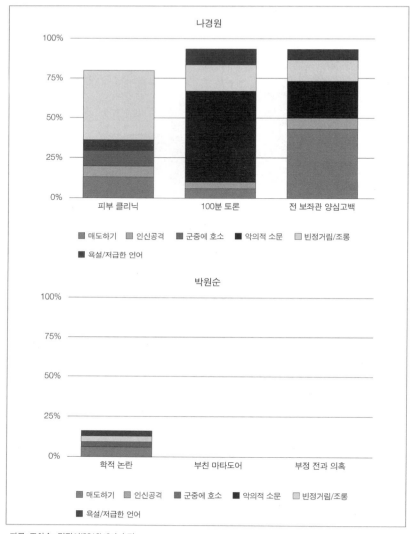

자료: 조화순·김정연(2013)에서 수정.

한 것이라는 질책이다. 영향력자가 리트윗한 글 모두에서 플레이밍의 틀을
발견할 수 있다. 그런데 주목할 점은 박원순 후보 관련 이슈 중 선거 과정

에서 부각된 박원순 부친의 친일 행적 논란이나 자녀의 학부 전과 건은 플레이밍이 나타나지 않고 후보자를 지원하는 게시글이 대다수였다는 것이다. 영향력자들은 박원순 부친 관련 소문을 흑색선전으로 규정하면서 트위터에서 자정 활동을 했으며, 자녀의 학부 전과 건은 서울대학교 조국 교수가 직접 해명한 글이 리트윗되기도 했다. 영향력자가 리트윗한 글의 원문 17개 전부가 조국 교수의 트윗이었다.

트위터 내의 영향력자가 생성한 이슈에서 나경원 후보 관련 이슈는 논리적 근거보다는 정서적 표현이나 나쁜 기분을 드러내는 표현, 자극적 메시지, 정치적 경향성을 표현하는 입장 제시, 인신공격성 발언 등이 빈번했으며, 박원순 후보 관련 이슈는 후보자 본인의 학적 논란에 관해서만 플레이밍 현상이 관찰되었고 논란이 된 다른 사안에 대해서는 후보자를 해명하거나 정보를 정정하는 글이 유통되었다.

〈그림 3-6〉은 같은 이슈에 대해 영향력자가 아닌 일반인의 데이터 중 리트윗된 글을 분석한 결과이다. 그 결과, 나경원 후보와 관련한 이슈에서는 각 이슈들 모두 80% 이상에서 플레이밍이 발견되었으나 박원순 후보 관련 이슈 중에서는 학적 논란과 관련해서만 16.67%의 비중으로 플레이밍이 나타났다. 부친의 친일 행적에 관해서도 다섯 가지 종류의 글이 유통되었는데, 모두 전형적인 마타도어로 규정하면서 소문을 퍼뜨리는 행위가 처벌받을 수 있음을 경고하는 내용이다. 자녀의 부정 전과 의혹에 대해서도 모든 원문이 사안을 반박하고 있다.

영향력자와 일반 트위터의 게시글을 비교해보면 흥미로운 사실이 발견된다. 영향력자들은 쟁점 이슈에 대해 좀 더 과격한 언어를 사용하면서 이슈와 이슈에 연관된 개인들을 공격하고 있다. 트위터에서 단문의 게시글들은 기사, 이미지, 동영상 등의 하이퍼링크를 덧붙여 무수하게 연결되면서 단순 폭로나 비방의 기능을 효율적으로 수행할 수 있다. 팔로어들은 강제가 아닌 자발적으로 이들의 글을 타임라인에서 볼 수 있으며, 영향력자들은 부정적 담화를 생산하는 창으로서 감흥을 선동·촉진시킨다. 영향력자의 게시글은 일반 게시글보다 사안에 대한 확신을 가지고 편협성을 띤 성향으로 표현되고 있다. 편협한 성향들이 광범위하게 리트윗되면서 사람들로 하여금 풍부한 의견과 견해에 대한 노출을 경험할 수 있는 경우를 차단시킨다. 따라서 실제로 트위터상에서 다양한 정보가 교환되고 숙의하는 것이 어렵게 된다.

선거 후보자 관련 이슈별 비교에서 박원순 후보자의 경우 후보자 부친의 과거 친일 경력과 자녀의 전공 전과 관련 이슈에서 플레이밍 현상이 전혀 나타나지 않았다는 점은 주목할 만하다. 후보자에 대한 이슈가 촉발된 후 트위터에서는 박원순 후보를 오히려 지지하거나 비방 정보를 정정하는 움직임이 있었다. 정보가 유통된 이후 즉각적인 대응과 수정이 이뤄지는 모습이다. 박원순 후보자를 방어하면서 비판에 대해 해명해줄 수 있는 원군의 역할을 하는 메시지들이 온라인에서 다수 생산되는 양상이다. 즉, 박원순 후보에 대해서는 플레이밍보다는 후보자 옹호와 정보의 정정, 지지 행위가 나타났다.

이러한 분석의 결과는 사이버 공간에서 정치적 사건을 평가할 때 공격적인 비판의 성향이 만연하며 후보자의 흠결을 지적하는 것이 과열되어 있음을 보여준다. 특히 사이버 공간에서 선거 이슈와 관련해 합의 지향적인 제안이나 이성적으로 후보를 평가하기보다 감성적 내용, 또는 개인에 대한 비방과 폭언이 난무하는 현상이 관찰된다. 또한 선거 과정에서 정확한 정보를 취득하여 논쟁적인 사안에 대해 다양한 의견을 개진하기보다는 부정적인 이슈를 지탄하고 공격하는 방식의 언급이 대다수였다. 특히 의견을 선도하고 수많은 팔로어들을 보유한 영향력자의 경우 일반 이용자보다 플레이밍 빈도 수준이 더 높았다. 트위터의 여론을 좌우하는 영향력자들은 박원순 후보보다 나경원 후보 관련 이슈에 대해 강도 높게 비판했으며, 이러한 행태는 일반인의 경우에도 비슷하게 드러났다. 특히 나경원 후보와 관련한 게시글에서 구성되는 단어들은 부정적이고 호전적인 비난에 가까운데, 여론이 이슈화될 때 정의되는 어휘들은 연관된 후보자들에 대한 관점을 반영할 수 있기 때문에 선거 과정에서 중요한 역할을 한다. 이 게시글들은 특정 성향의 선동적 역할을 할 수 있고 메시지는 논리적 오류를 내포하고 있다.

관심을 끄는 것은 온라인 커뮤니케이션의 흐름에서 영향력자가 중요한 위치를 차지하고 있다는 것이다. 이들 오피니언 리더(opinion leader)는 정치 메시지를 적극적으로 피력하면서 설득적 역할을 강조한다. 학계의 연구들에서 지적된 바에 따르면, 특정한 정치적 편견을 지향하는 오피니언 리더의 온라인 게시글은 논리 전개의 비약이 심하고 편향적인 시선을 전하게 된다. 그동안 SNS는 특정한 이념적 성향을 가진 집단들에 의해 주도되는 모습을 보여왔는데, 특정한 집단들이 특정한 매체를 장악하면 온라인 매체의 여론은 특정 극단적 집단의 이념으로 수렴하게 된다. 최근 수년간 온라인 공동체에서는 이념적 양극화를 넘어서 극단적인 현상마저 나타났다. 보수적인 여론이 지배했던 한 인터넷 커뮤니티 사이트에서 변질되어 파생한 '일베'의 예가 대표적이다. 일베의 경우 특정한 오피니언 리더, 즉 영향력자들이 상존하며 이들의 주도로 일베의 여론이 극단으로 수렴되는 모습을 보여왔다. 영향력자는 타인에게 대인적 영향(personal influence)을 주는 사람으로서 의견 형성의 우위에 있는데, 일베와 같은 초기적 형태의 커뮤니티에서부터 SNS까지 사이버 공간의 영향력자들은 의견의 흐름을 형성하고 이들의 메시지 방향에 따라 수용자들이 쉽게 정보를 인식하고 반응한다는 점에서 매우 중요하다. 노엘레 노이만(E. Noelle-Neumann)이 언급한 것처럼 영향력자가 형성한 여론이 의견 기후(climate of opinion)의 창이 되는 것이다. 특정 이슈에 대해 일반 사람들은 다른 사람들이 어떻게 판단하는지, 또 어떻게 말하는지 여론을 살피면서 끊임없이 자신의 의견과 다른 사람들이 만들어낸 의견을 비교하며 공론을 설정해나간다. 영향력자와 대중들이 소셜 네트워크를 통해 객관성과 논리가 담보된 의견을 공유하는 경우 긍정적인 결과를 가져올 수 있다. 그러나 서울시장 선거 기간에 나타난 것처럼 후보자 개인에 대한 비판과 조롱, 비아냥거림은 부정적 정치 결과를 양산할 것이다.

사이버 공간에서 나타난 플레이밍 현상은 궁극적으로 공론장의 형성을 어렵게 하고 있다. 공론장의 형성은 무엇보다 나와 다른 의견들도 다른 하나의 의견으로 인정하는 태도가 전제되어야 가능하며, 내가 동의하지 않는 의견이라 할지라도 그것을 인정하고, 가능한 수준에서 타협하려는 노력이 필요하다. 또한 모든 과정에서 논리적이고 합리적인 판단과 사고가 요구된다. 지금과 같이 사이버 공간에서 공격적이고 편향된 정보가 유통되고 소비된다면 한국 정치에서 정치 발전은 요원할 것이다.

플레이밍의 생산과 소비는 어떻게 이루어지는가

서울시장 선거 사례를 통해 플레이밍이 나타나는 양상을 살펴보았다. 나경원과 박원순, 두 후보를 향한 각종 의혹과 논란으로 당시 서울시장 선거는 학계와 정계를 비롯한 우리 사회 전체의 이목을 집중시켰다. 이뿐만 아니라 한국의 정치 현장에서 플레이밍은 빈번하게 나타나고 있다. 서울시

그림 3-7 ㅣ 플레이밍의 생산과 소비 과정

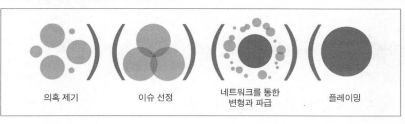

장 선거를 비롯한 다양한 현상들을 통해 살펴보면 이슈들이 플레이밍되어
가는 과정은 시장에서 상품이 생산되고 유통되는 양상과도 비슷하다. 특정
한 이슈가 생산되고, 그것이 소비자들의 취향에 따라 변화하여 유통·소비
되는 과정을 거친다. 그 과정을 그림으로 단순화하면 〈그림 3-7〉과 같다.

플레이밍의 생산과 소비 과정은 크게 네 단계로 구분해볼 수 있다. 첫
번째는 '의혹 제기'의 단계이다. 플레이밍은 의혹 제기로부터 시작된다. 의
혹을 제기하는 주체는 사이버 공간에서의 개인일 수도 있고, 특정한 집단
일 수도 있으며, 언론 같은 매체일 수도 있다. 예를 들어 서울시장 선거의
경우 나경원 후보의 피부과 관련 플레이밍은 한 매체에서 단독으로 보도한
내용과 의혹에서 시작되었고, 이는 다른 경우의 플레이밍 사례에도 적용된
다. 의혹은 사실에 기반을 둔 것일 수도 있으나, 사실이 아니더라도 유통이
되면 상당한 정치적 파장과 영향력을 행사한다.

의혹 제기 단계에서 하나의 이슈가 이후 무조건 하나의 플레이밍 이슈
가 되는 것은 아니다. 의혹 중 특정한 사안은 영향력자와 대중에 의해 이슈
로 선택되는 과정을 거치며 플레이밍의 윤곽이 드러난다. 의혹 제기 단계
에서 영향력자는 이슈 선정에 지대한 영향을 미친다.

이렇게 정치적 이슈로 전환된 의혹들은 네트워크를 통해 변형되고 파급
된다. 본격적으로 플레이밍이 형성되는 것이다. 이 단계에서 전파되는 이

슈는 그 전체적인 맥락이나 인과관계보다는 특정 단어, 소위 '키워드'를 중심으로 전달된다. 맥락을 고려하지 않고 키워드 중심으로 전파되는 과정에서 허위 사실이 유포되기도 하고, 사회적 비난의 수위가 높아지기도 한다. 플레이밍을 생산하고 소비하는 대중이 참여하면서 비난의 형태와 내용이 다양하게 변화한다. 특정 개인이나 사안을 희화화한 사진에서부터 분노의 내용을 담은 인터넷 대자보, 짧지만 핵심 키워드들을 함축하여 구호화한 트윗까지 콘텐츠의 내용은 매우 다양하다. 키워드를 중심으로 변형되면서 특정인을 비판하는 문화 코드가 함축된다. 예컨대 나경원 후보자의 피부과 관련 의혹들은 초기와 달리 키워드 중심으로 변형되고 파급되는 과정에서 '귀족', '1억', 'VVIP', '호화' 등으로 희화화되는 단어로 변질되는 양상을 보였다. 정치인들과 연관된 의혹이나 작은 이야깃거리들이 만들어져 그물처럼 이어진 연결망을 통해 널리 퍼져나가는 플레이밍은 한국의 부정적인 정치문화를 대변한다.

한국의 정치문화와 민주주의의 미래

한국의 권위주의적 정치문화는 인터넷의 도입과 함께 변화되어왔다. 특히 정치 플레이밍은 정치적 사안들을 희화화하며 권위주의적 정치문화를 대체하는 새로운 정치문화를 창출하고 있다. 인터넷의 발달 초기에 많은 사람들이 인터넷이 변화시킬 유토피아적 미래 사회에 열광했던 것과는 달리, 정치 플레이밍 현상은 한국 사회가 극복해야 할 과제이다. 사이버 공간의 공론장은 현실의 많은 제약 때문에 불가능했던 다양한 일들을 가능하게 만들 수 있다. 시민들은 자유로운 토론을 통해 공동체를 위한 문제들을 논의하고 이를 실행하며, 정치인들은 시민들과 소통하고 그들을 정치 과정에 적극적으로 참여시킬 수 있다. 다양한 매체를 통해 형성되는 공론장이 정치적·사회적 의견 교환의 장이 되기 위해 중요한 것은 담론의 질이다. 공론장의 이성적 토론과 대화는 숙의민주주의 실현에 중요한 조건인 것이다.

그런데 플레이밍 현상은 사이버 공간에서 나타나는 숙의의 부재를 보여준다. 정치적 사안에 대해 격양된 감정을 표현하는 플레이밍은 합리적인 의사 교환을 위축시킨다. 서울시장 선거에서는 특정 지지자를 중심으로 결집한 시민들이 공적 이슈나 쟁점에 대한 정치적 토론을 진행하기보다는 상대방 후보를 인신공격하거나 욕설·비방하는 일탈 행동을 보였다. 그 결과, 지지 집단의 의견 격차는 더욱 심화되었을 뿐만 아니라 정치적 갈등을 증폭시키고 선거 결과에 지대한 영향을 주기도 했다. 특정한 의혹을 받고 있거나 실제 그 의혹이 사실로 드러난 정치인들에게 대중은 사이버 공간을 이용해 비판이 아닌 비난과 매도를 쏟아내고 있는 것이다. 플레이밍은 정치인들뿐만 아니라 자신과 다른 의견을 가진 개인들에게도 나타난다. 사이버 공간에서 서로가 서로를 반목하고 서로에게 공격성을 갖는 것은 개개인이 갖는 권리에 상처를 낼 뿐 아니라 우리의 공적 공간, 그리고 더 나아가 민주주의에도 위협이 된다(Papacharissi, 2004).

비방, 욕설 등의 언어적 공격성은 합의 지향적인 숙의의 과정으로 이해할 수 없으며, 참여자들의 적대적 갈등은 토론을 통해 이성적 결론을 도출하는 것을 어렵게 만든다. 대화의 숙의 수준은 소통적 태도로서 공론장이 갖춰야 할 요소이기 때문이다. 정확하고 타당한 정보와 그를 바탕으로 한 논의 내용이 참여자들 사이에서 상호 검토되는지가 숙의민주주의를 결정하며, 정보의 사실성과 실질적인 균형은 논리적인 근거와 가치 면에서 기초가 된다.

사이버 공간에서 이루어지는 토론에서 플레이밍은 양면적 가능성을 가지고 있다. 커뮤니티 내에서 다른 사람을 비판하는 행위는 커뮤니티의 결속을 강화할 수 있다. 반면 사이버 공간의 토론에서 플레이밍이 지속되고 심화될 경우 낙담한 참여자들은 그룹에서 탈퇴할 수 있다. 즉, 사이버 공간에서 플레이밍 현상은 개인들 사이의 투쟁심이나 적의감을 불러일으키고 비우호적인 비평, 개인적인 모욕이 이루어지며 인터넷 커뮤니티에서 활동을 억제하게 된다.

반사회적(anti-social) 성격의 공격 저널리즘과 플레이밍 현상은 다양한 차원에서 숙의민주주의 과정에 부정적인 영향을 미칠 수 있다. 시민들 간의 풍부한 대화와 토론을 통한 심사숙고의 과정은 민주주의에 필요한 전제 조건이다. 서로 일치하지 않는 견해를 가지고 있어도 다양한 관점들에 노출되는 과정에서 숙의적인 토론을 하게 되고 합리적 결정을 이루어나갈 수 있다. 인터넷은 대중들이 주요한 이슈들을 가지고 토론에 참가하면서 개인들의 신념을 표시하고 타인의 의견을 듣는 공적 영역으로 기능할 수 있는 가능성을 가지고 있다. 공공 의제에 대해 공중이 자유롭게 의견을 개진할 때 중요한 것은 상호 존중과 관용의 태도이다. 이를 기반으로 할 때 비로소 상호 이해와 신뢰를 기초로 하는 숙의민주주의가 형성될 수 있을 것이다.

| 참고문헌 |

김유향. 2014. 「19대 국회의원의 인터넷 이용현황과 특징」. ≪국회보≫, 2014년 7월 호 (572호), 78~81쪽.

조화순·김정연. 2013. 「소셜 네트워크 상에서의 플레밍(Flaming) 현상과 공론장의 가능성: 2011년 서울시장 선거 이슈 분석」. ≪정보화정책≫, 20(2), 73~90쪽.

조희정. 2010. 『네트워크 사회의 정치와 민주주의』. 서강대학교 출판부.

Hmielowski, J. D., M. J. Hutchens and V. J. Cicchirillo. 2014. "Living in an age of online incivility: Examining the conditional indirect effects of online discussion on political flaming." *Information, Communication & Society*, 17(10), pp.1196~1211.

Jane, E. A. 2015. "Flaming? What flaming? The pitfalls and potentials of researching online hostility." *Ethics and Information Technology*, 17, pp.65~87.

McCosker, A. 2013. "Trolling as provocation: YouTube's agonistic publics." *Convergence: The International Journal of Research into New Media Technologies*, 20(2), pp.201~217.

Papacharissi, Z. 2004. "Democracy online: politeness, and the democratic potential of online political discussion groups." *New Media & Society*, 6(2), pp.259~283.

소비하는 자아에서 공동생산하는 신부족까지

/

인터넷과 소비문화의 변화

서우석

소비자와 소비문화는 변화하였는가?

인터넷 사용으로 시작된 소비문화의 변화가 소셜 미디어와 스마트폰의 이용이 확산되면서 과거보다 더욱 다양한 양상으로 진행 중이다. 이러한 변화에 대해 누구보다 적극적으로 대처하는 것은 기업들이다. 소셜 미디어 마케팅은 이미 필수 사업이 되었고 포털부터 SNS까지 각종 다양한 미디어 의 장단점을 살린 통합적 마케팅이 보편화되고 정교해졌다.

하지만 소비문화의 변화가 가지는 사회적 의미는 이와 같은 기업의 마 케팅 전략 수준을 넘어서 훨씬 더 깊이 이해할 필요가 있다. 특히 두드러진 것은 소비자의 역할이 근본적으로 달라지고 있다는 점이다. 생산 과정에 참 여하는 것을 넘어서 직접 생산 활동의 주체가 되는 프로슈머(prosumer)로 서의 역할이 확대되고 있다. 프로슈머적 활동의 범위도 웹 2.0과 같은 온 라인 세상에서의 활동을 넘어서 제조업 영역에까지 확산 중이다. 게다가

이 소비자들은 과거와 같은 익명의 고립된 개인이 아니다. 물론 과거에도 소비자들이 집단으로 구분되기는 했다. 하지만 마케팅 전략의 시장 세분화가 통계 분석에 의존하여 개별화된 소비자들을 정태적으로 구분한 것이었다면, 이제 네트워크로 연결된 소비자들은 집단적으로 움직이면서 시장을 변화시키는 근본 동력이 되었다는 점에서 큰 차이가 있다.

소비자가 전체 생산 과정에서 차지하는 역할의 변화는 거시적으로는 자본주의 시장 질서의 정당성에 대한 의문을 제기한다. 인터넷을 통한 소비자의 생산 과정 참여가 기업의 가치 증식에 크게 기여한다면 소비자도 그에 상응하는 보상을 받아야 되지 않느냐는 주장이 가능해진다. 더 나아가 소비자가 착취되는 것 아니냐는 해석까지 제기된다. 소비자 참여를 강조하는 기업 마케터의 모습을 보면 시장경제의 축이 소비자 쪽으로 기울어진 것 같지만, 소비자의 참여가 페이스북이나 구글과 같은 기업의 막대한 가치로 연결되면서도 소비자에게는 아무런 경제적 혜택이 돌아오지 않는 것을 볼 때 이러한 경제 질서의 정당성에 의문이 제기되는 것이다.

소비자의 역할 변화에 못지않게 중요한 소비문화의 변화가 '자아'와 같은 삶의 깊은 영역에 미치는 영향에서도 나타난다. 일상생활의 점점 더 많은 부분이 SNS와 셀프 카메라에 의해 미디어화(mediatization)의 대상이 되면서 다른 사람에게 자신의 삶을 드러내는 것이 일상화되었다. 스마트폰에서 울리는 페이스북과 카톡의 알림을 통해 우리는 지인이 방금 어느 맛집에 갔는지, 휴가 가서 잡은 펜션에서 내려다본 바다는 어떤 모습인지 알게 된다. 더 중요한 것은 의도했든 의도하지 않았든, 그 가족들이 무슨 옷을 입었는지, 어떤 선글라스를 썼는지가 드러나고 파악된다. 이러한 모든 과정들은 우리 삶과 자아에 소비문화가 미치는 영향을 증대시킨다. 반드시 그러할 이유가 없고 또 우리가 주체적인 삶의 모습을 추구한다는 점에서 바람직하지 않음에도 SNS를 통해 전달된 다른 사람들의 모습이 우리 삶에 대해 많은 물음을 던진다. 특히 이와 같은 SNS 이용이 미치는 영향이 최근 자기 탐닉적인 나르시시즘의 성향과의 관련성 속에서 논의되고 있다. 인터넷의 이용 증가와 함께 나타난 소비문화의 변화가 우리 삶에 대한 정의 자체와 심리학적 속성에까지 영향을 미칠 가능성이 커지고 있는 것이다.

하지만 미디어 사용과의 관련성 속에서 소비문화의 변화를 파악하고 설명하는 것은 현상적인 몇몇 사례를 제시하는 것보다 훨씬 어렵고 복잡한 일이다. 특히 인터넷이 가져온 변화를 설명할 때 등장하는 의문이 '과연 이러한 변화가 얼마나 새로운 것인가?'라는 물음이다. 인터넷과 함께 나타난 변화들이 정말 질적으로 새로운 현상인가? 아니면 과거에도 존재했던 현상이 강화된 것인가? 이와 같은 문제들에 대한 답을 구하는 것은 간단한 일이 아니지만, 현재 진행 중인 변화의 성격을 이해하는 데 매우 중요한 의미를 가짐에 틀림없다. 왜냐하면 테크놀로지가 불러온 변화의 새로운 측면에 도취되어 그 변화의 실제 의미를 과장하기 쉽기 때문이다. 더 나아가 인과관계가 사실상 반대 방향일 수도 있다. 즉, SNS 때문에 우리가 서로 비교하며 소비하게 되는 것이 아니라 늘 비교하고 과시하는 소비문화 때문에 타인과의 비교를 쉽게 하는 SNS가 이렇게 많은 사람들에게 퍼진 것일 수도 있기 때문이다. 따라서 인터넷이 소비문화의 변화에 가져온 영향을 정확히 파악하기 위해서는 근대적인 소비문화의 특징이 무엇인지를 우선 인식하는 것이 필요하다.

이와 같이 근대적인 소비문화 형성의 역사적 이해를 바탕으로 인터넷과 소비문화 변화의 상호작용 관계를 이해하는 것이 필요하기 때문에 이 글에서는 우선 근대화 과정에서 나타난 소비문화의 변화 과정을 살펴본 후 인터넷 자체가 소비수단으로 활용되는 다양한 방식에 대한 논의를 제시하고

자 한다.

　인터넷이 가져온 소비문화의 변화에 대한 논의로 우선 인터넷이 가져온 소비의 다양한 변화를 소비의 디지털화로 보고 그 특성과 관련된 논의를 살펴보고자 한다. 다음으로는 소비자의 달라진 역할에 대한 논의를 위해 프로슈머와 신부족의 등장에 관한 논의를 제시하여 인터넷이 소비자를 어떻게 네트워크로 연결시켰고 과거와 다른 참여의 기회를 제공했는지 살펴보고자 한다. 끝으로 소비문화가 자아와 어떠한 관련성을 가지는지에 대해서 살펴보고자 한다. 근대적인 소비문화의 중요한 특징은 경쟁적인 과시적 소비를 유행이라는 기제를 통해 구조화시켰다는 점에서 찾을 수 있다. 이와 같은 소비문화의 성격이 인터넷의 사용에 따라 어떻게 달라지는지 알아보는 것은 소비문화의 변화를 이해하는 데 핵심적인 문제가 될 것이다.

근대화와 소비문화

　먼저 이 글에서 논의하는 소비문화의 개념에 대해 이해하는 것이 필요하다. 슬레이터(D. Slater)는 소비문화를 '소비에 대한 문화(a culture of consumption)'로 규정한다(슬레이터, 2000). 이는 소비 관행이 일반적으로 조직되고 의미가 부여되는 방식에 대해 포괄적으로 이해하려는 시도이다. 이 글에서도 이와 같이 다양한 소비 행위 전반이 자본주의적 시장 관계 속에서 조직화되고 의미가 부여되는 일반적인 방식을 살피고자 한다.

　소비문화 논의는 상대적으로 뒤늦게 부상한 사회과학의 연구 주제라 할 수 있다. 이른바 '생산주의적 편향(productivist bias)'을 극복하려는 노력 속에서 소비문화에 대한 사회과학적 논의가 진행되어왔다(Ritzer, 2010). 생산주의적 편향은 기존의 사회과학적 논의가 생산 부문의 변화에만 관심을 기울이고 소비 분야에 대해서는 관심을 갖지 않은 것을 말한다. 소비가 사회과학적으로 중요한 주제가 되지 못했던 배경에는 소비의 변화를 산업혁명의 부수적인 결과, 혹은 제2차 세계대전 이후 자본주의가 가져다준 풍요의 산물 정도로 단순하게 바라보는 인식이 자리 잡고 있었다.

이와 같은 생산주의적 편향을 극복하는 데 중요한 계기가 된 것이 근대 산업혁명 이전의 일상과 소비생활에 대해 브로델(Braudel, 1973)이나 맥켄드릭과 그 동료들(McKendrick, Brewer and Plumb, 1982)이 수행한 역사학적 연구 성과였다(McCracken, 1990). 이 연구들을 통해 현대 소비문화의 특징이 산업혁명 이후 공급의 변화에 따라 나타난 부수적 현상으로만 이해할 수 없다는 주장에 힘이 실리게 되었다. 유행이나 경쟁적 소비와 같이 현대 소비문화의 특징으로 생각되어왔던 현상들이 이미 산업혁명 이전에 나타났다는 사실이 밝혀졌기 때문이다.

산업혁명 이전에 소비문화의 주요 변화들이 나타났다는 사실은 소비가 생산 영역의 단순한 부수적 현상이 아니라 독자적인 변화의 논리를 갖고 있으며, 생산에 물론 영향을 받지만 생산의 변화를 추동할 수 있는 가능성도 갖고 있음을 보여준다. 이와 같은 의미는 특히 베버(Weber, 1904)가 지적한 '경제적 전통주의' 극복의 문제에서 분명해진다. 경제적 전통주의란 과거부터 내려오던 자급자족적 경제 관행에 안주하는 것이다. 하루에 몇 시간만 일해도 과거로부터 전해져오는 생활수준을 유지할 수 있다면 더 많은 수입이 약속되더라도 익숙한 노동 패턴을 바꾸려 하지 않는 것이 경제적 전통주의의 영향이다. 이와 마찬가지로 전통적으로 유지되어온 소비 수준을 넘어서는 재화를 구매하도록 만드는 것은 결코 쉽게 발생하는 일이 아니었다. 하지만 기능적 필요나 생리적 욕구 충족에 한정된 소비만으로 근대 산업사회의 성장은 가능하지 않다. 산업혁명에서 본격화된 생산의 폭발적인 증가에 대량소비가 상응하지 않았다면 오늘날까지 이어온 자본주의 경제의 확대·재생산은 어려웠을 것이다.

그렇다면 기능적으로 필수 불가결한 물품만을 한정적으로 구매하는 것을 넘어서는 대량소비와 같은 현상은 어떻게 나타난 것인가? 이러한 방식의 소비 현상은 단순한 경제적 논리로 설명될 수 있는 것이 아니며 소비에 대한 의미 부여에 따라 나타난 결과라는 점에서 문화적 현상이라 할 수 있다. 이와 같은 점에서 소비문화는 생산의 논리로 환원되지 않으면서 현대 사회를 설명하는 중요한 구성 요소가 된다. 그동안의 연구를 통해서 현대적인 소비문화의 특징으로 밝혀졌고 인터넷 이용과의 관계 속에서 나타난 소비문화의 변화를 이해하는 데 중요한 전거가 되는 내용을 요약하면 다음과 같다.

첫째, 유행과 과시적 소비(conspicuous consumption)가 소비 증대의 중요한 동인으로 작용한다. 이러한 현대 소비의 행태에 대한 이론적 이해에 기여한 것이 베블렌(T. Veblen, 1912)과 짐멜(G. Simmel, 1904)이었다. 남북전쟁 이후 급성장한 미국 경제에서 출현한 졸부들의 소비 행태를 관찰한 베블렌은 자신의 부를 과시하기 위한 방법으로 자신이나 가족이 대리하여 비생산적 활동을 하고 사회적으로 과시하기 위한 목적의 소비가 나타남을 지적했다. 소비에는 합리적인 동기의 소비만 있는 것이 아니라 사회적으로 자신의 부를 드러내기 위한 목적의 소비가 존재한다. 짐멜은 상류층에서 시작된 소비가 다른 계층으로 확산된다는 트리클 다운(trickle-down) 이론을 제시했다. 짐멜에 따르면 상류층이 새로운 유행을 만들어 차별화를 꾀하고 하층이 이를 모방하면 상류층은 기존의 스타일을 버리고 새로운 스타일을 찾아 나서게 됨으로써 유행이 지속적으로 발생한다.

맥켄드릭과 그 동료들(McKendrick, Brewer and Plumb, 1982)은 짐멜과 베블렌의 논의를 바탕으로 산업혁명 이전의 18세기 영국에서 과시적 소비와 트리클 다운의 동력을 바탕으로 소비자 혁명(consumer revolution)이 산업혁명에 앞서서 일어났다고 주장했다. 이미 산업혁명 이전에 광고와 적극적 마케팅을 동원하여 유행의 원리를 사업 확장에 적용했으며 지역 도자기 업체를 유럽의 여러 왕실들과 상류사회를 대상으로 영업하는 국제적 기업으로 성장시킨 조사이어 웨지우드(Josiah Wedgwood, 1730~1795)가 대표적인 소비자 혁명의 사례로 제시되었다.

맥크라켄(G. D. McCracken, 1990)은 맥켄드릭의 주장보다 더 과거로 거슬러 올라가 17세기 엘리자베스 1세 당시의 소비 경쟁이 가져온 변화를 제시했다. 엘리자베스 1세 여왕은 지방의 귀족 권력을 견제하기 위한 장치로 궁중 연회를 이용했다. 여왕의 하사금과 작위를 받기 위해 귀족들은 연회의 비용을 부담하는 것은 물론 다른 귀족들과 외모를 경쟁하면서 소비 지출을 늘리고 새로운 의복의 유행을 좇았다. 과거에는 고색이 귀족 가문의 상징이었으며, 새로운 물건은 귀족 가문의 전통을 의심케 하는 것이었다. 하지만 이제 고색이 아니라 유행을 앞서가는 능력이 지위를 증명하게 되었다. 이와 같은 연구 결과들은 유행, 과시적 소비, 소비자 사이의 경쟁이 현대 마케팅의 결과로만 볼 수 있는 것이 아니라는 사실을 드러냄과 동시에 이미 오랫동안 근대 소비문화 속에 뿌리내려 왔음을 보여준다.

둘째, 소비가 자신을 표현하고 자신의 정체성을 확인하는 도구가 되면서 소비 주체로서의 자아가 모더니티의 핵심적 특징으로 등장하게 되었다. 맥크라켄이 밝힌 엘리자베스 1세 시대의 귀족들 사이에서 벌어진 소비 경쟁도 이러한 전환을 보여준다. 여왕에게 잘 보이려는 귀족들 사이의 경쟁적인 소비가 심화되면서 소비 주체가 가문에서 개인으로 이전되는 결과를

조사이어 웨지우드의 성공과 원인

조사이어 웨지우드는 18세기 영국의 소비혁명을 상징하는 사례이다. 웨지우드가 팔던 도자기는 처음 영국의 스태퍼드셔(Staffordshire)와 인근 지역에서만 판매되던 것에서 출발하여 그가 죽을 때에는 '여왕의 도자기'라는 명예를 갖고 유럽의 왕실에서 널리 거래되며 중국, 인도, 미국에까지 팔리게 되었다. 평범한 도자기 업자의 13번째 아들로 태어나서 20파운드를 유산으로 물려받은 것에서 출발한 웨지우드는 죽을 때 자산이 50만 파운드에 이르는 국제적 상인이 되었다.

맥켄드릭(McKendrick, 1960)은 웨지우드의 성공에 대한 기존 논의들을 비판적으로 분석하면서 근대적인 소비문화의 원리에 대한 이해를 바탕으로 한 마케팅 전략이 웨지우드의 성공을 가져왔다고 주장했다. 예컨대 도자기 품질의 우수성과 같은 요소로는 지속적인 경쟁력 확보가 설명이 될 수 없다고 보았는데 다른 경쟁자들에 의해 쉽게 모방되는 것을 피할 수 없었기 때문이다. 노동 분업의 도입이나 생산관리의 합리성으로 가격 경쟁에서 이길 수 있었던 것도 이유가 될 수 없었는데, 웨지우드의 제품이 다른 경쟁자보다 더 비싼 가격으로 팔렸기 때문이다. 웨지우드에게는 가격을 싸게 해서 경쟁력을 확보하려는 의도가 없었으며, 오히려 왕실에 납품하기 위해서는 가격이 저렴해서는 안 된다고 생각했다는 것이다.

웨지우드가 주목한 것은 왕실 납품만으로는 소수 상류층을 위한 시장밖에 확보할 수 없지만 왕실 납품이 가지는 광고 효과가 크다는 점이었다. 왕족들의 과도한 특별 주문이 경제성 면에서는 전혀 의미가 없어도 이를 모두 기꺼이 수용하면서 납품했고, 점차 왕실을 넘어서 패션을 주도하던 계층인 귀족과 예술계 인사들을 주요 목표로 삼기 시작했다. 웨지우드는 패션 주도층이 웨지우드의 제품을 사용하면 세상이 모두 사용하기를 원하게 된다는 것을 이해했다. 웨지우드는 패션에 대한 요구에 부응하는 것뿐만 아니라 사소한 요구에도 귀를 기울였고 실제 필요도 없는 충고까지 요청해가면서 패션 주도층의 시장을 독점할 수 있었다. 특별한 전시실을 설치하고 귀족층에게 개방하여 신제품들을 소개하면서 새로운 유행을 선도하게 만들었고, 이를 바탕으로 적극적인 마케팅을 수행했다. 그 결과, 유럽 왕실과 귀족의 네트워크를 기반으로 전 유럽으로 시장을 확대할 수 있었고, 이들이 선도한 유행에 따라 대중들이 웨지우드의 신상품들을 구매했다.

낳았다. 고색이 중요한 가치일 때 귀족의 물품 구매는 가문 전체의 소비를 염두에 둔 것이었지만, 유행이 이러한 가문 단위 소비의 전통을 끊음으로써, 소비가 개인의 문제로 전환되고 자아와 소비의 연결이 뚜렷해지는 가능성이 나타난 것이다.

한 걸음 더 나아가 캠벨(C. Campbell, 1983)은 더 나은 자기를 꿈꾸게 만드는 낭만주의가 경제적 전통주의를 끊는 중요한 계기가 되었다고 주장했다. 캠벨에 따르면 근대사회에서 소비는 자아의 문제가 되었다. 끊임없는 소비를 통해 새로운 자아를 만드는 것은 마치 금욕적인 노동을 통해 구원의 확신을 얻으려 했던 청교도처럼 현대 소비자의 태도가 되었다. 프로테스탄트 윤리가 금욕적 노동 윤리 형성에 영향을 미친 것처럼 낭만주의가 지속적인 소비 활동을 추구하도록 만드는 결과를 낳았다. 캠벨은 특히 문맹률의 감소와 소설의 보급을 통해 낭만주의가 확산되면서 자아 발견에 대한 관심이 커진 점이 소비에 대한 윤리적 태도에 영향을 미쳤다고 지적했다. 젊은 여성들이 소설을 통해 자신의 삶에 언제나 다른 가능성이 있음을 깨닫고 더 나은 자아를 찾으려는 노력을 하게 될 때 소비로 이어진다는 것이다.

캠벨의 설명이 잘 드러나는 사례로 플로베르(G. Flaubert)의 소설 『마담 보바리(Madame Bovary)』에 나오는 보바리의 처녀 시절 기숙사 생활에 대한 묘사를 볼 수 있다. 수녀원에서 운영하는 기숙사 학교에 다녔던 소녀 보바리는 몰래 들어온 소설을 빌려 읽으면서 낭만적인 사랑에 대한 꿈을 키운다. 소설이 키워준 낭만에 대한 환상은 촌스럽고 답답한 의사와의 결혼 생활에 만족하지 못하도록 만들고 낭만을 갈구하면서 한편으로는 불륜으로, 다른 한편으로는 끝없는 소비와 사채 이용으로 이어져 결국 파멸에 이르게 된다.

셋째, 소비를 통한 차별화가 사회 불평등의 구조화와 연결된다. 신분에 따라 소비가 규정되었던 귀족 사회의 규범이 근대화 과정에서 사라지면서 역설적으로 소비를 통한 사회계급의 차별화가 더 중요해졌다. 계급적 차별화가 과시적인 소비 행위를 통해 이루어진다는 베블렌의 논의는 부르디외(P. Bourdieu, 1984)의 문화자본이나 아비투스와 같은 개념적 장치들을 통해 이론적으로 정교화되었다. 소비가 개인적 차원에서 중요한 의의를 갖지만 이는 동시에 사회계급적 차별화의 기제와 연결되어 나타난다는 사실이다. 부르디외의 논의가 프랑스의 맥락을 떠나 다른 사회, 다른 시대적 배경에서도 적용 가능한지에 대해서는 많은 논의가 전개되었다. 홀트(Holt, 1997, 1998)는 문화자본을 통한 소비의 불평등 구조화가 미국에서도 적용된다고 주장했다. 피터슨(R. Peterson) 등을 중심으로 제시된 옴니보어(omnivore)의 논의는 불평등 구조화의 지평이 달라졌음을 제시했다. 하지만 옴니보어 논의에서처럼 고급문화 대 하급문화라는 차별 구조가 달라진 경향은 있어도, 이는 상층 계급의 문화 소비 지평이 과거보다 더 넓어진 것이지 문화 소비 활동을 통한 사회계급적 차별화가 사라진 것으로 보기는 어렵다.

넷째, 합리성과 환상의 결합을 바탕으로 대량의 소비를 가능하게 만드는 소비수단(means of consumption)이 출현했다(Ritzer, 2010). 소비수단은 마르크스(K. Marx)가 제시한 생산수단(means of production)에 대응하여 리처(G. Ritzer)가 제안한 개념이다. 생산력의 증진이 생산수단의 발달에 힘입어 가능하듯이 현대사회의 엄청난 규모의 소비는 소비수단의 발명과 개선에 의해 가능해진 것이었다. 리처가 소비수단으로 제시한 사례는 프랜차이즈 패스트푸드 레스토랑, 체인스토어, 쇼핑몰, 전자화된 쇼핑센터, 할인매장, 슈퍼스토어, 카지노 호텔 등이다.

소비의 극대화를 위해 동원된 각종 기제들은 합리적인 효율성과 함께 낭만적인 성격을 동시에 제공함으로써 양면적인 성격이 조합되어 있는 소비문화를 창출했다. 한편으로 소비는 효율성을 추구하게 된다. 베버가 제시한 합리화가 소비에서 구현된 것으로는 맥도널드화(McDonaldization)라고 불리는 소비의 합리화 기제가 확산되었다는 사실에서 볼 수 있다. 다른 한편으로는 소비에 환상적 요소들이 도입되고 강조되었다. 광고의 중요성이 강조되었고, 기의와 기표의 괴리가 강화되면서 허구와 사실의 구분이 모호해지는 소비사회의 특성이 점점 더 두드러지게 되었다. 이러한 두 가지 상반된 경향이 결합되면서 소비의 극대화를 가져온 것으로 해석되었다. 리처는 합리화의 탈주술화(disenchantment)가 소비의 효율성을 추구하는 합리화를 가져온 한편 환상적인 요소를 강조하는 재주술화(re-enchantment)와 결합되면서 소비의 성전(cathedrals of consumption)을 만들게 되었다는 주장을 제시했다(Ritzer, 2010).

다섯째, 소비 대상이 지속적으로 확대되면서 상품화의 범위와 수준이 확장되며 일상생활의 구조가 소비에 종속되는 현상이 나타난다는 점이다. 소비가 일상생활 속으로 파고들면서 일상생활까지 상품화의 대상으로 만들어버리는 소비문화가 확산되고 있다. 페더스톤(M. Featherstone, 2007)은 이를 포스트모더니즘의 영향으로 규정하면서 일상생활의 미학화(aestheticization of everyday life)를 소비문화의 중요한 일면으로 지적했다. 체험경제(experience economy)에 대한 논의는 상품화의 대상이 제품이나 서비스가 아니라 그 체험에까지 이르게 됨을 보여주었다(Pine and Gilmore, 1999). 생활구조의 차원에서도 소비의 확대가 나타나는데, 쇼어(J. Schor, 1991)는 미국인들의 과잉소비(over-consumption)에 의해 과잉노동(over-working)이 나타날 수밖에 없음을 제시했다.

인터넷과 소비문화

소비의 디지털화

오늘날 인터넷이 소비 활동에 미친 다양한 변화를 포괄적으로 표현한다면 '소비의 디지털화(digitalization of culture)'가 진행된 것이라 할 수 있다(Lehdonvirta, 2012). 인터넷 사용으로 본격화된 디지털 경제가 소비의 영역에서 진행된 결과로서 소비의 디지털화가 나타나고 있다. 인터넷에 의해 소비의 디지털화가 진행된 경우를 보면 인터넷이나 디바이스에서 직접 소비가 이루어짐으로써 인터넷이 소비의 대상이 되는 경우도 있고 인터넷이 다른 재화의 소비에 사용되는 경우도 있다.

우선 인터넷에서 소비가 이루어지는 경우가 가지는 특징을 소비의 탈물질화(dematerialization)로 이해할 수 있다. 온라인상에서 소비 행위가 이루어지는 경우와 온라인 밖에서 소비 행위가 일어나는 경우를 비교해보면, 온라인상에서 소비가 이루어질 때 두드러진 현상은 기존의 오프라인에서 이루어진 소비 대상을 인터넷에서 확보할 수 있는 콘텐츠로 대체하게 된다는 점이며, 이때 소비의 탈물질화가 나타난다. 예컨대 과거에는 음악의 소비를 위해 레코드판, 카세트테이프, 또는 CD를 구입했으나, 이제는 음악을 스트리밍 서비스를 통해 듣거나 음원을 구입한다. 이전에는 음원이 담긴 매개체를 보고 만질 수 있었으나 이제 그런 물질성은 사라졌다. 이와 같이 인터넷을 통해 소비되는 디지털화된 재화에서는 물질성을 찾기 어렵다는 점에서 탈물질화의 현상을 볼 수 있다.

온라인에서 이루어지는 소비의 또 다른 경우는 인터넷에서 통용되는 것을 목적으로 만들어진 디지털 가상 화폐의 사용이다. 디지털 기술에 바탕을 둔 가상·재화(virtual goods)가 증가하면서 인터넷에서 가상 재화를 소비하는 시장이 폭발적으로 증가했다. 디지털 가상 화폐의 사례로 싸이월드의 도토리, 린든 달러(Linden dollar), 비트코인(Bitcoin) 등이 있다.

본래 디지털 가상 화폐로 개발된 것이 아니지만 재화로 거래되고 있는 변형된 형태의 디지털 가상 소비의 사례가 온라인 게임에서 사용하는 아이템에 대한 현금 거래이다. 게임 업체들이 약관에서 아이템 현금 거래를 금지하고 있음에도 아이템 현금 거래는 꾸준히 증가했다. 『2013 대한민국 게임백서』에 따르면 아이템 현금 거래 시장은 지난 2003년 2800억 원에서 2012년 1조 5000억 원으로 증가했다.

디지털 가상 화폐가 이제 인터넷에서의 사용을 넘어서 특정한 활동 영역에 국한되지 않고 보편적으로 활용되는 것을 목표로 하는 비트코인이 도입되어 성장하고 있는 것은 또 하나의 새로운 모습이라 할 수 있다. 비트코인은 사토시 나카모토(Satoshi Nakamoto)라는 가명의 프로그래머에 의해 2009년에 처음 도입되었는데, 암호화된 코드 형태로 존재하며 실물로의 가치가 전혀 없는 명목 화폐이면서 어떠한 특정 기관에 발행 및 운영을 의존하지 않는 점에서 기존의 사이버 화폐와는 확연히 구분된다(전주용·여은정, 2014). 비트코인이 설계상 충분히 안정성을 갖추고 장기적으로 지속할 수 있을지에 대한 논란이 있음에도 비트코인의 통화량은 매우 빠른 속도로 증가하고 있다.

그렇다면 인터넷에 기반을 둔 탈물질화된 소비는 오프라인에서 이루어져왔던 소비와 얼마나 다른 것일까? 탈물질화가 산업구조에 미칠 수 있는 변화의 의미를 지적해 큰 반향을 불러일으켰던 것이 ≪와이어드(Wired)≫라는 영향력 있는 잡지의 편집장인 크리스 앤더슨(C. Anderson)이 제시한 '롱테일(long tail)'에 대한 논의이다(Anderson, 2006). 과거 오프라인의 매장은 공간적인 제약과 거래 비용의 문제로 대다수 고객들이 찾는 대중적인 상품에 집중할 수밖에 없었다. 그 결과, 소수 수요의 다양한 상품들은 시장에서 배제되었다. 앤더슨의 주장은 통계학의 분포 곡선에서 양극단의 롱테일에 해당되어 시장에서 배제되었던 니치 상품들이 이제 인터넷을 통해 탈물질화된 상품으로 거래됨으로써 시장 거래에 포함될 수 있게 된다는 것이다. 과거 오프라인 매장에서 팔릴 수 없었던 다양한 상품의 등장과 거래로 인터넷을 통해 니치 상품의 거래가 활성화되면서 궁극적으로 문화적 다양성이 강화될 것이라는 전망이 제시되었다. 과거의 시장이 소수 상품의 공급에 의해 전체 대중이 동질적으로 소비하는 시장이었다면, 이제 오늘날의 시장은 다수의 공급자가 공급하는 상품들이 유통의 제약을 벗어남으로써 니치 상품의 시장이 성장한다는 것이다.

하지만 과연 실제로 인터넷 시장의 롱테일은 문화적 다양성을 가져오는 가? 이에 대해 앤더슨의 주장 이후 다양한 경험적 연구들이 수행되었다. 주로 도서나 음원과 같은 문화 콘텐츠 시장의 동향을 분석한 연구 결과에 따르면 앤더슨의 논지를 지지하는 연구 결과도 나왔으나 그렇지 않은 경우도 있었다. 앤더슨의 주장이 가지는 설득력에도 불구하고 현실에서 이와 같이 문화적 다양성이 뚜렷하게 나타나기만 하지 않는 이유로 생각해볼 수 있는 것은 인터넷으로 인해 스타 시스템이 가지는 영향력이 오히려 가중되면서 롱테일 효과를 상쇄할 수 있는 가능성이 있기 때문이다(Peltier and Moreau, 2012).

또한 탈물질화된 소비에서 물질성은 이제 아무런 의미가 없어진 것인지에 대해서도 의문이 제기되었다. 마가우다(P. Magaudda, 2011)는 가장 디지털화된 재화 소비의 탈물질성이 두드러진 음악 소비에서 물질적인 성격이 가지는 의의가 무엇인지를 파악하기 위해 아이팟, 외장 하드디스크, LP를 이용하는 음악 소비자를 비교했다. 마가우다는 대상(objects), 수행(doing), 의미(meaning)의 삼각 관계를 바탕으로 '실천의 순환 구조(circuit of prac-tice)'가 작동한다는 점을 지적했는데, 그 결과 음악을 재생하는 물질적 대상이 여전히 음악 감상 과정에서 개인이 가지는 체험과 느낌, 문화적 가치 등에 영향을 미친다고 주장했다. 이는 음원이 디지털화되었지만 음원의 매개체인 물질적 대상이 의미를 상실하는 것이 아니라는 점을 보여준다.

한 걸음 더 나아가 탈물질화가 탈물질주의(post-materialism)를 가져오느냐의 문제도 제기되었다. 디지털 재화에 대해서는 탈물질주의적인 이상적 공유 세계에 대한 주장과 비판이 제기되었다. 1996년 발로우(P. Barlow)가 발표한 「사이버 공간의 독립선언문(A Declaration of the Independence of Cyberspace)」에서는 물질적 속성이 없는 온라인 세계에서는 모든 사람들이 기존 제약에서 벗어나 평등하게 교류할 수 있는 세상을 만들 수 있다고 주장했다. 하지만 물질성의 배제가 탈물질주의적 성향을 강화시킬 것이라는 주장에 대한 비판들이 제기되었다. 사이버 공간이 기존의 사회물질적 관계에서 해방된 공간이 아니라 오히려 사회물질적 관계에 배태되어 있고 오프라인 공간에서의 위계와 불평등이 온라인에서도 투영되거나 변형되어 나타난다는 사실이 여러 연구들에서 강조되었기 때문이다(Lehdonvirta, 2010).

다음으로 소비수단 또는 소비 활성화 수단으로서 인터넷의 사용을 말할 수 있다(Ritzer, 2010). 소비수단과 소비를 촉진시키는 수단의 차이는 소비자의 의도가 반영된 결과인지, 혹은 공급자의 의도가 주로 작용하는 것인지에 따른 구분이라 할 수 있다. 소비수단과 소비를 활성화시키는 수단이 항상 명확하게 구분되는 것이 아니고 상대적인 성격도 갖고 있으나 이러한 구분은 여전히 유용하다. 인터넷의 이용에 적용해보면, 인터넷 자체가 소비수단으로 기능하는 경우와 인터넷이 다른 소비를 활성화시키는 수단으로 사용되는 경우로 구분할 수 있다. 온라인 쇼핑몰의 경우 인터넷이 소비 수단으로 사용되는 경우라 할 수 있고, 인터넷 광고나 검색은 인터넷이 소 비를 촉진시키는 수단으로 사용되는 경우라 할 수 있다.

인터넷이 소비수단으로 활용되는 대표적인 사례는 온라인 쇼핑몰로 다 양한 모습으로 진화되고 있다. SNS를 이용하여 제품 홍보 및 판매 행위를 동시에 구현하거나 온라인 쇼핑몰의 공동구매와 SNS가 결합된 전자상거 래인 소셜 커머스에 이르기까지 소비수단으로서 인터넷의 모습은 다양하 게 진화되어왔다. 온라인 쇼핑몰의 특성을 보면 주로 합리성과 효율성의 측면에서 바라볼 수 있다. 온라인 쇼핑몰은 상품의 비교 가능성을 증진시 키며 거래비용을 절감시키는 효율적 수단이다. 이 과정에서 소비가 가져오 는 사회적 접촉의 가능성을 배제하는 결과를 낳기도 했다(Ritzer, 2010). 하 지만 이와 같은 기능적 효율성만이 전부는 아니다. 이베이에 대한 분석을 보면 소비에 대한 환상을 불러일으킴으로써 소비의 낭만적인 성격을 강화 시키는 구조를 가지고 있다(Denegri-Knott and Molesworth, 2010). 박창호 (2011)도 인터넷과 소셜 커머스가 유희성을 포함하는 소비 공간이라는 점 에서 다른 소비수단과 구별된다고 보았다. 이러한 연구 결과들은 인터넷이 소비수단으로 활용될 때 기능적 편리성이 전면에 부각되지만 그 이면에는 기존의 소비수단과 마찬가지로 상품 소비에 대한 낭만을 갖게 하고 소비자 에게 환상의 체험을 갖게 만드는 요인을 포함하고 있음을 보여준다.

소비를 활성화시키는 수단으로서 폭넓게 영향을 미치는 것은 인터넷을 통한 광고의 확대이다. 우리나라에서도 온라인 광고 시장은 방식을 바꾸어 진화하면서 빠른 속도로 성장해왔다(안정민, 2013). 온라인 광고의 발전 흐 름은 분명해 보인다. 이용자의 정보를 최대한 많이 파악하여 이용자가 관 심을 가질 만한 광고를 노출시킴으로써 광고의 효과성을 높이는 것이다.

초기에는 배너 광고에 키워드의 이용자 검색에 대한 검색 목록에 해당 광고를 보여주는 검색 광고가 주로 사용되었다. 하지만 이러한 '페이 퍼 클릭(pay-per-click)' 방식으로 과다한 광고비 지출이 우려되면서 웹사이트에 게재된 내용을 분석하여 이용자의 관심사에 가까운 광고를 제공하는 문맥 광고(contextual advertising)가 확대되었다. 블로그 내의 문맥을 분석해서 포스트 내용과 관련 있는 광고를 노출시킴으로써 포스트를 읽는 사람들의 관심사와 관련성을 높여 광고의 효과를 증대시키는 방법도 사용된다.

이러한 맥락에서 볼 때 광고는 아니지만 의미심장한 사례가 애플에서 사용하는 음성 명령 프로그램 시리(Siri)이다. 시리는 아이폰 또는 아이패드와 사용자 사이의 소통만으로 명령이 실행되는 것이 아니다. 사용자의 음성 명령은 애플 서버로 보내지고 축적된다. 위치 서비스 정보까지 포함하여 음성 명령의 문맥을 이해해서 음성 명령이 실현된다. 특히 시리는 인터랙티브한 감성적 성격을 갖고 있어서 이용자들이 개인적인 정보까지 쉽게 노출하는 경향을 보인다. 시리에 의해 애플 서버에 축적된 방대한 개인 정보가 결국 맞춤형 광고로 사용되리라는 우려가 제기되고 있다. 구글의 사용자도 유사한 경험을 하게 된다. 사용자가 G메일에서 주고받은 내용과 관련된 정보가 맞춤형 광고에 사용된다. 구글은 G메일로 맞춤형 광고를 보내는 것은 맞지만 그 정보를 다른 목적으로는 사용하지 않는다고 주장한다.

초기 디지털 경제에 대한 논의에서 등장했던 '데일리 미(Daily me)'와 같이 인터넷을 통한 맞춤형 정보의 제공이 마케팅으로 연결될 가능성이 점점 현실화되고 있다. 2002년에 개봉한 영화 〈마이너리티 리포트(Minority Report)〉는 2054년 워싱턴의 현실을 예상했는데, 광고판 앞에 사람이 지나가면 얼굴을 인식하여 맞춤형 광고가 광고판에 나타나는 장면이 나온다. 맞춤형 광고의 진화는 이러한 상상이 점점 현실로 다가서고 있음을 보여준다. 중요한 점은 이러한 맞춤형 광고를 위한 기업의 테크놀로지 사용은 이용자에 대한 방대한 정보 수집에 의해 뒷받침되며 눈에 잘 드러나지 않는다는 사실이다. 이는 다음 절에서 논의하게 될 소비자의 적극적인 참여가 인터넷에 따른 소비문화 변화의 일부분에 불과한 것임을 의미한다. 사용자를 관찰하고 성향을 파악하여 광고의 효과성을 높이려는 노력이 반드시 빅브라더로 이어진다고 할 수는 없더라도 적극적인 소비자 참여의 성격을 상쇄할 만큼의 변화가 기업과 같은 공급자 쪽에서 치밀하게 추진되고 있는 것이다.

스스로 생산하는 소비자

인터넷 사용을 통해 나타난 두드러진 변화 중 하나는 소비자 역능 강화(consumer empowerment)라 할 수 있다. 소비자가 이베이와 같은 온라인 마켓에서 보듯이 유통의 역할을 대신하기도 하고, 파워 블로거의 경우에서 볼 수 있듯이 게이트 키퍼의 역할을 수행한다. 또한 인터넷을 통해 제품 개발부터 디자인까지 소비자가 참여하는 경우가 늘어나면서 소비자의 공동 생산(customer coproduction)이 증가했다.

이와 같은 소비자 역능 강화를 추동한 동력은 웹 2.0의 등장과 소셜 미디어 사용의 확장이었다. 웹 2.0과 소셜 미디어가 서로 교환 가능한 의미로 사용되기도 하는데(Constantinides and Fountain, 2008), 웹 2.0은 오픈소스, 인터랙티브, 이용자 조절 방식의 온라인 애플리케이션들을 통칭하는 개념으로서 이용자의 경험, 지식, 시장 권력을 확대시킨다. 웹 2.0이 가지고 있는 이용자 참여 기반의 방식은 프로슈머적 활동과 매우 깊은 친화성을 갖게 된다.

웹 2.0을 이용한 소비문화의 변화를 보여주는 다양한 개념들 중에서 특히 주목할 만한 것으로는 브런스(A. Bruns, 2008)가 생산자(producer)와 이용자(user)의 개념을 합하여 제시한 프로듀시지(produsage)와 프로듀서(pro-duser)라는 개념이다. 산업 생산의 가치사슬이 생산자, 유통자, 소비자를 각각의 실체로 구분해왔다면, 이제 생산자와 최종적 이용자로서의 소비자 사이의 피드백이 더 긴밀해지고 이용자가 생산 활동을 직접 수행하게 된다. 또 이런 활동은 단순히 행위 차원에서 머무는 것이 아니라 하나의 문화적 속성을 형성하게 된다. 브런스에 따르면 프로듀시지의 기본 원칙은 열린 참여, 공동체적 평가, 유동적이고 다원적인 위계 구조(fluid heterarchy), 미완결 과제, 계속 진행되는 과정을 통한 공동생산을 지향하는 것이다.

프로듀시지 논의를 좀 더 폭넓은 사회과학적 논의의 지평으로 확장시킨 것이 프로슈머(prosumer) 논의였다. 프로슈머 논의를 처음 제시한 것은 토플러(A. Toffler, 1980)였는데, 프로슈머에 대한 토플러의 논의는 당시 큰 반향을 불러일으키지는 못했다. 프로슈머 논의가 제3의 물결에 대한 논의에서 차지하는 비중이 크지 않았고 명확한 이론적 근거에 의한 예측은 아니었기 때문이다. 하지만 마케팅 분야의 권위자로 평가받는 코틀러(P. Kotler, 1986)가 〈표 4-1〉에서와 같이 토플러의 주장을 정리한 내용을 보면 오늘날 진행되고 있는 논의와 상당히 일치함을 볼 수 있다.

프로슈머 논의에 대한 관심은 웹 2.0의 영향 속에서 2000년대 들어 부활했다. 리처(Ritzer, 2014)는 생산과 소비 모두 근본적으로 생산과 소비의 결합적인 속성(prosumption)을 갖고 있으며 이는 본래 항상 지속되어왔던 양상이라는 해석을 제시했다. 즉, 모든 생산 활동은 소비의 측면을 갖고 있으며, 또 모든 소비 활동은 특정 요소의 생산이라는 측면을 갖고 있다는 것이다. 따라서 웹 2.0에서 나타난 생산과 소비의 결합 현상을 과연 새로운 혁

표 4-1 | 토플러의 패러다임

	정(Thesis) 제1의 물결	반(Antithesis) 제2의 물결	합(Synthesis) 제3의 물결
지배 제도	농업	산업(공장)	가정
프로슈머와 소비자의 혼합	다수의 프로슈머 (섹터 A가 큼) 소수의 소비자 (섹터 B가 작음)	소수의 프로슈머 (섹터 A가 작음) 다수의 소비자 (섹터 B가 큼)	많아지는 프로슈머 (섹터 A가 커짐) 줄어드는 소비자 (섹터 B가 작아짐)
지배적 과정	자기 생산	산업화 시장화	탈산업화 탈시장화 탈대중화
규범	생존	효율성 근면	개인화
사회적 관계	친족과 우정: 부족	계약과 거래: 일터	가족과 친구: 이웃

자료: Kotler(1986).

표 4-2 | Web 2.0을 이용한 프로슈머 기반의 서비스 유형

유형	프로슈머의 역할
Wikipedia	기사 작성, 지속적 편집으로 업데이트하고 코멘트 추가
소셜 미디어(소셜 네트워킹 사이트) (Facebook, MySpace 등)	프로필을 작성하고 비디오, 사진, 텍스트, 다른 이용자와의 교류, 공동체 형성
Second Life	캐릭터, 커뮤니티, 전반적인 가상 환경을 창출
blog, microblogging (Twitter 등)	글 게시, 코멘트 작성
eBay, craiglist	시장 창출, 거래
YouTube, Flickr	비디오, 사진의 업로드와 다운로드
Current TV	영상 프로그램 제작, 제출, 방송 여부 결정
오픈소스 소프트웨어 (Linux, Mozilla Firefox 등)	소프트웨어 프로그램 제작, 개선
Amazon.com	상품 주문, 리뷰 작성, 상품 주문을 통해 상품 추천을 위한 정보 제공
Yelp!	다양한 장소 및 연관 활동에 대한 랭킹, 리뷰, 토론
GeoWeb	온라인 지도에 콘텐츠 추가 작성

자료: Ritzer and Jurgenson(2010) 재구성.

명적 변화로 인식할 것인지, 아니면 과거의 반복으로 볼 것인지, 혹은 과거로부터의 진화로 볼 것인지에 대한 질문을 제기했다. 리처는 이 세 가지 모두 가능한 해석이라고 판단했다.

아마존(Amazon.com)에서 소비자가 도서의 목록을 보고 책을 선택하여 스스로 주문하는 것은 과거 19세기 시어스(Sears)의 카탈로그를 보고 소비자가 주문하는 것과 근본적으로 달라진 것이 없다는 점에서 프로섬션(prosumption)은 과거로부터의 진화 사례로 볼 수 있다. 새로운 양상은 인터넷에서 나타나고 있으며, 이는 혁명적인 변화라고 할 수 있다. 오히려 생산자와 소비자의 명백한 구분이 산업화 시대의 소산이며 이전 시대에는 누구나 프로섬션을 해왔다는 점에서 볼 때 지금의 변화는 오히려 산업화 이전 시대로의 회귀라는 성격을 가진다.

인터넷은 소비수단의 의미를 넘어서 프로섬션의 수단으로서 더 큰 의미를 갖게 되었다. 오늘날 세계적으로 관광 마케팅 시장에서 큰 영향력을 갖고 있는 트립어드바이저(TripAdvisor)의 사례를 보면 프로슈머적 활동이 어떻게 부가가치를 생산하는 데 기여하는지를 보여준다.* 이 사이트에서는 관광객들이 방문한 도시에서의 체험을 보고하도록 했고, 이러한 정보들은 구글 맵과 연동된다. 트립어드바이저의 콘텐츠를 보면 2억 건 이상의 리뷰와 의견이 있고 13만 9000개 이상의 관광지에 370만 개 이상의 업체를 포괄하고 있다. 이 중 77만 5000개 이상의 호텔, B & B 등의 숙소, 200만 개 이상의 레스토랑을 포괄하고 있다. 1900만 개 이상의 여행 사진이 포스팅되어 있고 1분마다 90건 이상의 게시물이 포스팅되고 있다. 이메일 주소로

---

* 트립어드바이저 홈페이지의 Fact Sheet 참조(http://www.tripadvisor.co.kr/PressCenter-c4-Fact_Sheet.html).

표 4-3 | 메이커 운동 선언문에 나타난 메이커 운동의 지향

지향	설명
만들기	· 만드는 것은 인간됨의 가장 근본적인 활동. 만들고 창조하고 표현함으로써 온전한 자신을 느끼게 됨 · 물질적인 것을 만드는 것에 특별한 것이 있음. 우리가 만든 것은 우리 영혼의 확장과 같은 성격을 가짐
공유하기	· 만든 것과 알고 있는 것을 다른 사람과 공유함으로써 만든 사람의 전인적 감정이 완성됨
주기	· 만든 것을 주는 것은 너의 영혼의 일부를 주는 것과 같은 것
배우기	· 항상 배우는 자세를 유지해야 함 · 새로운 기술, 재료, 공정을 배워야 함
도구 갖추기	· 적합한 도구를 사용해야 함 · 필요한 도구를 확보하기 위해 투자하고 지역에서 도구를 확보할 수 있는 장소들을 확보할 것 · 오늘날 도구는 그 어느 때보다 저렴해지고, 사용하기 쉬워지고, 강력해졌음
놀기	· 만든 것을 가지고 즐겁게 노는 자세를 가질 것 · 만든 것에 대해 스스로 놀라고, 흥분하며, 자랑스럽게 느끼게 됨
참여하기	· 메이커 운동에 참여하고 주변의 메이커들을 찾아서 관계를 가질 것 · 지역에 있는 다른 메이커들과 세미나, 파티, 이벤트, 전시회 등을 함께 개최할 것
지원하기	· 메이커 운동이 더 나은 세상을 만드는 데 기여할 수 있도록 정보적·지적·재정적·정치적·제도적 지원을 할 것
변화하기	· 만드는 작업을 통해 스스로 변화하는 자신을 발견하고 수용하며 더 온전한 인간이 될 것

자료: Hatch(2014) 재구성.

연락되는 회원이 전 세계에 6000만 명 이상이다. 이를 통해 관광 소비자들은 자신과 같은 다른 관광객의 체험을 통해 좀 더 확실한 관광지 선택을 할 수 있게 된다.

현재 나타나는 프로슈머의 활동이 과거로의 회귀적 성격을 갖고 있음을 보여주는 사례로 메이커 운동(Maker Movement)의 등장을 볼 수 있다. 시장에서 공급자와 수요자가 구분됨으로써 수요자가 자신의 특화된 직업 영역을 제외한 다른 영역의 생산에서부터 자유로워진 과정은 산업혁명의 결과라고 할 수 있다. 메이커 운동은 소비자들이 직접 자신이 필요한 물건을 만드는 활동을 통해 많은 물건들을 자급자족했던 산업사회 이전의 시대와 같은 양상을 보인다.

메이커 운동은 제조업에서 사용하는 공구를 일반인들이 사용하면서 자신에게 필요한 물건을 직접 만드는 활동이다. 이러한 활동은 기술적 발전에 힘입은 바 크다. 제조업에 사용하는 공구의 활용이 매우 작동하기 쉬우면서도 강력한 기능을 갖게 되었다. 또한 인터넷과 소셜 미디어는 노하우의 공유와 확산을 가능하게 함으로써 메이커 운동의 확산에 결정적인 기여를 했다. 인터넷과 유튜브 같은 동영상이 없었으면 이러한 기기를 가지고 어떻게 사용하는지 알기 위해 별도의 강좌를 다니거나 학교를 다녀야 했을 것이다. 메이커 운동은 단순히 제조 활동에만 국한되는 것이 아니라 체험적 가치를 강조하면서 사회 공헌적 도덕성과 체험을 강조한다. 메이커 운동은 프로슈머의 활동이 사이버 공간에만 머물지 않고 소비가 생산으로 이어지는 사례이며 사회 공헌적인 소비문화의 가능성을 보여준다.

신부족

네그로폰테(N. Negroponte)가 1995년에 당시 초고속 인터넷의 보급과 함께 본격적으로 부상하기 시작한 디지털 경제의 특성을 묘사한 『디지털이다(Being Digital)』에서 언급한 '데일리 미(Daily Me)'에서는 개인의 특성과 취향을 파악하여 개인 수준에서 맞춤형 정보를 담은 신문이 매일 배달되는 것을 디지털 경제의 중요한 상징으로 제시했다. 이러한 데이터베이스

마케팅과 일대일 마케팅은 축적된 정보를 바탕으로 상품에 대한 소비자들의 취향을 파악하여 이들에게 적절한 정보를 제공함으로써 판매를 유도할 수 있다는 전제를 갖고 있다. 앞서 보았듯이 이러한 마케팅은 상당한 잠재력을 가진 것이지만 초기의 마케팅 논의는 소비자들을 수동적으로 인식한다는 한계를 가졌다. 특히 상품에 대한 커뮤니케이션이 기업 대 개인의 일면적인 관계에서만 이루어지는 것으로 이해한 문제가 있었다. 이러한 방식이 간과하고 있는 것은 기업과 상품에 대한 소비자의 수용은 개인적 차원에서만 이루어지는 것이 아니라 소비자들 상호 간의 의사소통을 통해 공동체적으로 이루어진다는 것이다.

코지네츠(R. V. Kozinets, 1999)는 이처럼 집단화된 팬들의 적극성을 인식하지 못하는 한계를 보여준 사건으로 폭스(Fox) 방송 사건을 제시했다. 이 사건은 폭스 방송이 〈더 심슨스(The Simpsons)〉 팬들의 자생적인 온라인 공동체가 심슨스의 로고를 사용하지 못하도록 법적인 제재를 가한 것에서 비롯되었다. 하지만 온라인 공동체로 조직화된 소비자들이 저항 운동을 벌이고 광고 제품에 대한 보이콧 운동을 전개함으로써 결국 폭스 방송이 굴복하여 법적 제재를 취소했다. 폭스 방송은 아무런 실익도 거두지 못하고 소비자들과의 관계만 악화되는 결과를 갖게 되었다. 이 사건은 팬들을 매우 수동적인 존재로만 인식함에 따라 나타난 결과로 해석되었다.

집단화된 소비자들은 사회학적으로 중요한 의미를 가진다. 바우만(Z. Bauman)과 메이(T. May)는 『사회학적으로 생각하기(Thinking Sociologically)』에서 특정 상품 구매가 가지는 사회적 의미를 설명했다(바우만·메이, 2011). 설득 기술자인 전문가들이 만든 광고를 통해 제시되는 것은 단순히 특정한 상품만이 아니다. 광고는 이러한 상품이 속해 있는 라이프스타일을 제시한다. 따라서 우리가 특정 상품을 구매한다는 것은 그 상품이 표방하는 라이프스타일을 선택한다는 의미를 가진다. 예를 들어 맥주 광고에 나오는 사람들의 의상이나 언어, 취미, 여가 활동을 고급 자동차 광고에 나오는 사람들의 그것과 비교해보면 차이가 난다. 우리가 특정 상품을 구입하는 것은 특정한 라이프스타일의 경계를 짓는 상징적 의미를 가지게 된다. 특정한 상품의 모델을 선택하는 것은 그런 모델을 인정한 집단에 소속되었다는 것을 인정하는 가시적 표지가 된다. 바우만과 메이의 설명은 왜 사람들이 고가의 사치품을 구매하는가를 이해하는 설명이 된다. 상품의 기능적인 사용 가치만을 생각하면 그렇게 높은 가격을 지불하는 것이 비합리적으로 보이지만 그 가격을 지불할 수 있는 사람들의 집단에 속한다는 의미를 가지게 될 때 사치품의 가격은 특정한 상류 집단에 속하기 위한 입장료의 의미를 가지게 된다. 바우만과 메이는 이와 같이 특정 상품과 모델의 구매를 통해 속하게 되는 집단을 '신부족(neo-tribes)'이라 칭했다. '신부족'은 우리의 정체성을 찾기 위해서 우리가 찾아가는 부족이다. 신부족은 권위 있는 누군가가 입장을 제한하거나 규율하는 것이 아니라 시장에 의해 구성되는 생활 스타일이고 소비 스타일의 결과이다.

마페졸리(M. Maffesoli, 1996)는 '부족의 시대(the time of the tribes)'가 도래했음을 주장했다. 부족은 소속감, 윤리, 네트워크를 바탕으로 나타나며, 스포츠, 우정, 종교, 성적 취향 등의 다양한 요인에 의해 구성될 수 있다. 케이블 TV, 인터넷 게시판 등을 통해 공통의 관심사인 콘텐츠를 공유하고 의견을 나누면서 소속감이 강화되는 계기를 가지며 기술 발전과 전자 매체에 의해 부족의 소속감이 형성되고 강화된다. 개인이 혼자 산다고 하더라도 다양한 부족에 가입하고, 이 다양한 부족들은 각기 다양한 지속 기간과 다양한 특성을 가지는 각양각색의 일시적 부족들이라는 점에서 포스트모던한 성격을 가지는 부족이라고 진단할 수 있다.

표 4-4 | 코바의 신부족주의 이론에서의 고대 부족과 포스트모던 부족의 차이

고대 부족	포스트모던 부족
영구적·총체적 집단화	일시적·비총체적 집단화
한 부족에만 귀속	여러 부족들에 동시 참여
물리적 경계 기준	개념적 경계 기준
친족 관계와 방언의 공유	감정과 상징의 공유

자료: Cova and Cova(2002) 재구성.

베르나르 코바와 베로니크 코바(B. Cova and V. Cova, 2002)는 신부족의 포스트모던적 속성에 대한 논의를 바탕으로 기업의 마케팅 전략 수립에 대해 가지는 의미를 제시했다. 포스트모던 사회에서 소비자의 집단화를 부족으로 정의하는 이유는 중앙집중화된 권력에 의존하는 것이 아니라 제도적 권력에 대조되는 대항 권력의 성격을 갖는 집합적 주체라는 점 때문이다. 전문 직종의 프로페셔널리즘과 같이 합리적이고 현대적인 근거에 의해 구성되는 집단이 아니다. 집단이 구성되는 근거는 감성, 열정, 지역성 등과 같은 비합리적이고 고대적인 근거에서 찾게 되며, 재주술화(re-enchantment)의 사례라고 볼 수 있다. 포스트모던 부족의 중요한 특징은 유동성이다. 현대사회의 여러 기준에 의해서 고정되는 집단이 아니고 기본적으로 불안정하며, 소규모이고, 감성적인 속성을 갖고 있다.

베르나르 코바와 베로니크 코바가 제시한 신부족의 사례로 로모(Lomo) 카메라의 경우를 볼 수 있다(로모는 Leningradskoye Optiko-Mekhanicheskoye Ob'edinyeniye의 약자이다). 기존의 사진 촬영이 진지하고 까다롭고 어려운 것인 반면, 로모의 사진 촬영은 쉽고 재미난 것을 지향한다. 로모 카메라의 출현은 1991년 피글(M. Fiegl)이라는 오스트리아의 대학생이 프라하의 중고품 가게에서 러시아산 금속 카메라를 발견하여 가져와서 룸메이트인 슈

트란진거(W. Stranzinger)와 함께 파티를 하면서 장난스럽게 사진을 찍은 것에서 비롯되었다. 카메라를 엉덩이에 올려놓거나 머리 위에 올려 사진을 찍었더니 사진은 선명하게 나오지 않았지만 재미가 있었던 것이다. 이것이 최초의 '로모그래피'가 되었고 찍은 사진들을 부엌 벽에 붙여서 '로모월'이라고 명명했다. 이들의 작업에 흥미를 느끼고 동조하는 사람들을 모아 '로모그래피 동호회(Lomographic Society)'를 만들었고 동유럽에서 카메라를 더 수입해서 많은 사람들을 모으고 비엔나에서 최초의 전시회를 열었다. 이 로모 카메라의 열풍이 세계로 확산되면서 직접 카메라를 제작하여 판매하게 되었다.

로모 카메라 중 하나로 DIY 카메라인 '컨스트럭터(Konstruktor)'가 있다. 조립식 필름 카메라인데 이 카메라를 출시하기 위해 준비하는 과정 자체도 통상의 자본 조달과는 다른 방식을 취했다. 크라우드 펀딩(crowd funding) 사이트인 킥스타터(kickstarter) 프로그램을 통해 2500명의 지원자로부터 본래 목표였던 10만 달러의 세 배 이상을 달성했다. 특히 '로모 인스턴트'가 렌즈 교체로 다양한 색감을 표시할 수 있고, 인스타그램(Instagram)에서 유행하기 시작한 빈티지 필름 효과를 구현하며 따뜻한 색감을 표현하면서 큰 인기를 끌게 되었다. 광량이 부족하여 사진의 모서리가 어둡게 나오는 현상인 비네팅(vignetting) 효과를 지원했는데, 가장자리를 가림으로써 사진의 중앙 부분을 더 강조한 일명 '로모 효과'를 통해서 과거 유행하다가 사라졌던 폴라로이드 카메라나 필름 카메라의 사진에서 느꼈던 질감을 구현한 것이다.

로모 카메라는 소비자에게 다양한 가능성을 주면서도 실제 구체적인 작업 정보를 제공한다. 로모 인스턴트 카메라를 구매하면 작례와 함께 촬영 당시의 세팅 값을 제시해줌으로써 소비자들이 쉽게 재현할 수 있도록 만들어준다. 디자인이 심플하고 기능이 간단하지만 광각 렌즈, 컬러 필터, 반복 노출, 어안 렌즈 등의 여러 가지 효과를 구현할 수 있다. 프로슈머적 성격은 '라 사르디나(La Sardina) DIY 에디션'에서 두드러진다. 라 사르디나 DIY 에디션은 하얀색의 카메라로 깨끗한 도화지를 연상케 해서 이 위에 사용자가 마음대로 그림을 그리거나 낙서를 할 수 있도록 했다. 카메라를 쉽게 분해할 수 있는 스크루드라이버와 아트워크 보호를 위한 투명판이 포함되어 있다. 이를 통해 사용자들이 쉽게 커스터마이즈(customize)를 할 수 있도록 고안되었다. 우리나라에도 홍대 로모그래피가 있는데, '라 사르디나 DIY 에디션'을 이용하여 아티스트 16명, 학생 4명이 참여해서 20개의 작품을 전시했다.

신부족의 성격을 가장 두드러지게 보이는 사례로 열렬한 스포츠 팬들의 경우를 볼 수 있다. 영국의 축구팀들은 세계적으로 인기를 끌고 있는데, 맨체스터 유나이티드(Manchester United FC, 이하 맨유)의 경우 전 세계에 있는 팬들을 상대로 한 마케팅에 SNS를 적극적으로 활용하고 있다(Davis, 2013). 맨유 홈페이지는 2012~2013 시즌 동안 6700만 페이지뷰를 기록했고 SNS는 페이스북을 성공적으로 활용해온 것으로 평가받고 있다. 페이스북 페이지 구독자가 3400만 명에 달하며, 전 세계적으로 소셜 미디어에 오른 맨유 관련 포스팅이 매월 평균 500만 개 이상이 된다. 트위터의 경우 2013년 7월에 개설되었고, 개설된 지 한 달 만에 팔로어 숫자가 70만 명을 넘어섰다. 리오 퍼디낸드(Rio Ferdinand)나 웨인 루니(Wayne Rooney) 같은 스타 선수들은 이미 트위터를 사용하고 있었는데, 대부분 이러한 활동이 팀의 홍보에 큰 도움이 되는 것으로 평가되었다. 스타 선수들의 팔로어들을 대상으로 트위터의 Q & A 기능을 이용하여 팀 트위터의 팔로어 모집에 나섰다. 리오 퍼디낸드의 경우 450만 명의 팔로어가 있는데, 여기에 '#askrio(Rio

Ferdinand)'를 이용하여 팀이 새로 만든 트위터 계정의 프로필을 알리는 데 크게 기여했다.

트위터와 유사하게 중국의 웨이보에서도 맨유 웨이보를 개설한 지 한 달 만에 80만 명의 팬들을 모았다. 최초의 웨이보 페이지에서는 1500여 개 이상의 코멘트와 4000개에 가까운 공유가 이루어졌다. 흥미로운 것은 최초 웨이보 페이지에 대한 첫 번째 코멘트가 맨유에 대한 증오와 리버풀에 대한 애정의 표현이었다. 이와 같은 것은 신부족이라는 표현이 단순한 허구적 수사에 머무는 것이 아니라는 점을 보여준다.

하지만 신부족이 기업의 의지에 따라 아주 쉽게 발생하는 집단적 현상으로 생각하는 것은 적합하지 않다. 매카시와 그 동료들(McCarthy et al., 2014)은 영국 프로 축구팀들이 소셜 미디어를 통한 브랜드 관리를 어떻게 수행하는지를 관찰하고 분석했다. 뉴캐슬 유나이티드(Newcastle United FC), 리즈 유나이티드(Leeds United FC), 볼턴 원더러스(Bolton Wanderers FC), 노팅엄 포리스트(Nottingham Forest FC)의 네 팀을 분석했다. 팀들은 소셜 미디어 활용에 소극적이었다. 전문적인 노하우의 부족도 있지만 팬들을 효과적인 방향으로 이끌어가는 것이 수월한 일이 아니기 때문이었다. 따라서 오히려 맨유의 경우가 예외적인 사례라 할 수 있다. 신부족의 활동을 기업의 마케팅과 접목시키는 것이 쉬운 일이 아니다.

영국 축구팀 관계자들의 우려와 같은 맥락에서 '사생팬'의 사례를 볼 수 있다(김형식·윤정민, 2014). 기획사의 관리와 보호의 장벽을 넘어서 스타의 사생활에 접근하는 이른바 '사생질'은 이미 하나의 게임이 되었다. 스타에 종속되는 팬이라는 일방적 관계가 아니라 기획사에 의해 만들어진 이미지를 해체하고 전복하면서 스타를 게임과 유희의 대상으로 삼는다. 사생팬의 활동은 정보통신 기술의 발달에 힘입은 바 크다. 팬들이 연예인을 쫓아다니며 얻은 정보를 공유할 방법이 이전에 마땅치 않았던 데 비해 지금은 인터넷, 스마트폰, SNS를 통해 '사생질'을 실시간으로 확산할 수 있게 되었다. 능동적으로 시각적 이미지를 생산하여 공유하며, 사생 네트워크를 구축하고 사생팬들끼리 정보를 공유할 뿐만 아니라 서로 유대감을 갖는다. 역설적으로는 사생팬이라는 사실이 일반인이나 다른 팬들에게 알려지는 것을 꺼리는 상황에서 사생팬들 사이의 유대 관계가 더 증폭된다. 사생팬이 사진 등의 자료를 생산하면 이 자료는 평소 사생팬을 비난했던 일반 팬덤에서도 적극 수용되고 소비된다.

또한 신부족 사회가 모두 인터넷과 소셜 미디어를 적극적으로 사용하는 집단으로 구성되는 것으로 생각하는 것도 잘못된 이해이다. 인터넷의 등장이 디지털 디바이드라는 사회 불평등의 새로운 차원을 만들면서 각국 정부가 많은 노력을 기울였지만, 디지털 디바이드가 소셜 미디어 디바이드로 이어져 사회적 배제의 새로운 층위로 작용한다. 소셜 미디어가 확산되고 있음에도 소셜 미디어를 사용하지 않는 인구가 상당히 많고 이들은 대개 사회적·경제적 배제를 경험하는 계층이다(Bobkowski and Smith, 2013). 따라서 사회적·경제적으로 신부족의 사회가 갖고 있는 복합적인 성격을 인식하는 것이 필요하다.

나르시시즘, 물질주의, 셀러브리티

앞서 제시한 인터넷과 소비문화 사이의 관계에 대한 논의에서 중요한 설명 요소들 중 하나는 인터넷이 소비자들끼리의 의사소통과 집단 형성을 가능하게 했다는 점이다. 이러한 사실은 과거 공급자 중심적이었던 시장이 이제 소비자 중심적으로 재편됨으로써 마치 계몽된 소비자가 기업 중심의 자본주의 상품 경제를 넘어서는 것과 같은 인상을 준다. 하지만 이러한 인상에 지나치게 치중하면 현재의 소비문화가 가지는 강력한 물질주의적 성향과 그로 인한 비합리적 성격의 현상들을 놓칠 위험이 크다.

오늘날 인터넷, 특히 SNS의 사용 확산과 함께 물질주의적 소비 성향이 더욱더 강력해지는 것으로 볼 수 있는 근거들을 무시할 수 없다. 이러한 방향으로의 변화를 가져오는 중요한 동인은 과시적 경쟁의 소비문화가 지속되는 것에서 찾을 수 있다. 앞서 논한 바와 같이 근대적인 형태의 소비문화를 만든 중요한 동력이 과시적 경쟁적 소비문화였으며 소비문화와 자아 형성의 요구 사이에 놓인 관련성이었다. 이와 같은 소비문화의 성격이 인터넷 사용의 확산에서 어떠한 성격의 변화를 겪게 될 것인지에 대해서는 다양한 논의의 가능성이 열려 있는데, 최근 SNS 사용의 확산과 함께 나르시시즘(narcissism)과 관련된 논의들이 전개되고 있어서 주목할 만하다.

나르시시즘은 본래 그리스 신화에서 호수에 비친 자기 모습을 사랑하여 물에 빠져 죽어서 수선화가 되었다는 미소년 나르키소스(Narcissos)에서 유래했으며, 프로이트(S. Freud)가 심리학적 병리 현상을 설명하기 위해 사용하면서 널리 알려지게 되었다. 미국 사회에서는 래시(Lasch, 1978)가 1970년대 미국 사회의 모습을 보면서 과거와 미래를 연결하는 역사적 지평을 상실한 세대가 개인적 차원에서 자기 몰입에 빠지는 현상이 전 사회적으로 만연되어 있음을 지적하면서 이를 나르시시즘적 문화라고 해석했다. 나르시시즘 문화의 중요한 속성은 상품화의 확산과 물질주의의 만연이었다. 이와 같은 나르시시즘 문화에 대한 논의가 20세기 말부터 SNS의 사용 확산과 함께 다시 확산되고 있다.

SNS와 소비문화 사이의 관계는 중층적 차원에서 복합적으로 관찰되고 있다. 여기에서는 특히 가장 많은 사람들이 이용하는 SNS인 페이스북에 대한 연구들이 주목할 만하다. 페이스북은 짧은 시간 동안 전 세계적으로 엄청난 성공을 거두었는데, 페이스북을 왜 이렇게 많은 사람들이 이용하게 되었는지에 주목할 필요가 있다. 페이스북이 두 가지 욕구를 동시에 충족시켜주기 때문이다(Nadkarni and Hofmann, 2012). 하나는 소속감에 대한 욕구이고, 다른 하나는 자기표현의 욕구이다. 이러한 동기는 페이스북과 나르시시즘 사이에 깊은 상관관계가 형성되는 배경이 된다.

여기에서 특히 중요한 점은 SNS 사용이 확산되는 시기에 나르시시즘의 정도와 물질주의가 동시에 강화되고 있다는 사실이다. 미국 대학생들을 대상으로 나르시시즘 인성 조사 도구(Narcissistic Personality Inventory)를 이용한 조사 결과를 보면 1980년대와 1990년대에 비해 2000년대 들어서 나르시시즘의 정도가 미국인들 사이에서 점점 더 강해지고 있다(Twenge and Campbell, 2009).

SNS가 나르시시즘을 강화시키는 속성이 있다고 보는 이유는 SNS가 자신을 노출시키고 자기를 홍보하는 성격을 가지고 있기 때문이다. 나르시시즘의 성향이 강할수록 페이스북의 친구들이 많았다. 나르시시즘의 성향 중에서 자신을 드러내고 타인의 시선에 비친 자신의 모습을 보면서 자신의 독립성을 갖지 못하고 오히려 타인에게 종속되는 성향이 폭식 소비문화(binge-consuming culture)를 낳는다(Passini, 2013). 나르시시즘과 SNS가 관계를 가지는 또 하나의 이유로, 나르시시즘이 강한 경우는 다른 사람을 이용하는 성향이 강하기 때문에 긴밀한 유대보다 약한 유대(weak ties)를 선호하며, 이러한 관계 형성은 실제 생활에서의 관계보다 페이스북과 같은 사이트에서 더 용이하다는 점도 있다. 나르시시즘의 성향이 높을수록 물질주의 성향이 강하고 돈, 명예, 이미지를 중시한다. 나르시시즘의 성격이 물질주의를 강화시키도록 작용하는 것은 개인의 자아 표현 수단으로서 소비가 기능한다는 논리의 연장선상에서 이해할 수 있다. 이러한 맥락에서 소셜 미디어가 나르시시즘을 통해 물질주의를 강화시키는 것으로 해석할 수 있다.

하지만 나르시시즘과 SNS, 그리고 물질주의의 관계를 특정 성향과 행위 사이에 존재하는 내재적이고 필연적인 관계로만 이해하는 것은 부족하다. SNS와 물질주의 성향이 나르시시즘을 촉진하는 요인으로 작용하는 과정에서 중요한 역할을 하는 것이 셀러브리티(celebrity)이다. SNS가 낳은 중요한 변화 중 하나는 SNS를 통해 일반 미디어 소비자와 셀러브리티 사이의 관계가 밀접해졌다는 사실이다. 실제 커뮤니케이션 빈도가 과장되어서는 안 되겠으나 SNS를 통해 셀러브리티와 평범한 소비자들 사이에 직접적인 의사소통이 가능해졌다.

셀러브리티들은 일반인에 비해 더 높은 나르시시즘 성향을 가지고 있다 (Young and Pinsky, 2006). 나르시시즘과 물질주의 성향 사이의 관계가 셀러브리티에서 더 두드러지게 나타난다. 셀러브리티들은 고소득이라는 점 외에도 광고와 명품, 모델의 상업주의와 물질주의의 문화에 익숙해 있고 물질주의적 성향을 충족시킬 수 있는 여건을 갖추고 있기 때문이다.

대표적인 경우로 패리스 힐튼(Paris Hilton)은 나르시시즘이 강한 할리우드 스타로 꼽힌다. 그녀가 2010년 자택을 언론에 공개했을 때 집안 곳곳에 자신의 사진들이 놓여 있었는데, 특히 사람들의 시선을 끈 것은 소파에 놓여 있던 쿠션에 담긴 자신의 사진이었다. 그 후 패리스 힐튼의 쿠션은 한동안 인터넷에서 거래되는 상품이 되기도 했다. 패리스 힐튼과 같은 셀러브리티의 경우 자기애가 상업적인 동기와 연결되어 있는 경우가 많고 전략적 계산이 포함되어 있는 것으로 볼 수 있다. 그럼에도 단순히 상업적 동기만

그림 4-1 | 패리스 힐튼 자택 소파에 놓인 쿠션

자료: "The Bling Ring: Our Obsession with Celebrity", MOVIEPILOT, June 28th, 2013.

으로 일반인과 언론에 통상 공개하지 않는 집을 자신의 사진으로 가득 채우리라 생각하기는 어렵다.

셀러브리티의 나르시시즘과 과시적인 동기로 가득 찬 SNS 이용이 다른 사회 구성원들에게 어떻게 받아들여지고 어떠한 영향을 미칠 수 있는지를 보여주는 사례가 할리우드에서 발생한 절도 사건이었다. 2008년 10월부터 2009년 8월까지 10개월 동안 5명의 10대와 2명의 20대가 할리우드 스타의 집에 무단으로 침입하여 약 33억 원에 달하는 현금과 명품을 절도한 사건이 발생했다. 이들의 절도 대상이 된 할리우드 스타들은 패리스 힐튼, 올랜도 블룸과 미란다 커, 린제이 로한, 메건 폭스 등의 유명 연예인들이었다.

그런데 절도 행각의 목적이 단순히 물질적 이득을 취하는 것에 있는 것이 아니었다. 이들은 대부분 고급 승용차를 타고 다닐 정도로 소득수준이 높은 중산층 가정 출신의 청소년이었다. 이들이 꿈꿨던 것은 셀러브리티의 생활을 재현하는 것이었다. 훔친 명품을 가지고 할리우드 스타들이 다니는 클럽에 출입할 수 있었고 심지어 그 안에서 할리우드 스타와 육체적인 관계까지 가진 것으로 알려졌다. 이들이 별 어려움 없이 셀러브리티의 집에 침입하여 명품을 훔치고 이들의 사생활을 모방할 수 있었던 것은 셀러브리티들이 실시간으로 자신의 생활을 SNS에 밝혔기 때문이다. SNS를 통해서 절도범들은 어느 시간에 집이 비는지를 정확히 알 수 있었고 셀러브리티가 어떤 생활을 하는지 알 수 있었다. 하지만 역설적으로 셀러브리티의 일상생활을 속속들이 알 수 있었던 바로 그 SNS에 절도범들이 훔친 물건을 과시함으로써 절도에 대한 소문이 나게 되었다.

나르시시즘적 소비가 과시적 소비와 다른 것이 아니라 근본적으로 과시적 소비의 형태가 더 강화된 것으로 볼 수 있다. 차이라면 과시적 소비가 신흥 부자가 다른 사회계층들과의 차별화를 위해 소비를 활용한 것이 두드러진 것이었다면, 나르시시즘적 소비에서는 특정한 계층, 계급과의 연관성은 희석되고 자기애적 관계가 미디어 활용과 소비 활동에 중심으로 자리 잡은 것이라 할 수 있다.

전체적으로 소셜 미디어의 사용이 총합의 수준에서 실제 소비의 증가로 연결되는 것인지에 대해 실증적인 파악을 하기는 어렵다. 하지만 소셜 미디어의 이용과 나르시시즘의 상관관계, 나르시시즘과 물질주의의 친화성에 대한 지적을 고려할 때 자기애적인 나르시시즘적 성향의 강화를 통해 물질주의와 경쟁적 소비가 오히려 더 강화될 것으로 추정해볼 수 있다.

양면적 소비자와 소비문화의 복합성

앞서 제시한 논의들은 인터넷과 소비문화의 관계가 가지는 복합성이 여러 차원에서 나타남을 보여준다. 소비자에 대한 양면적 모습이 가지는 소비문화의 복합성을 이해하는 것이 필요하다. 근대사회에서 소비자는 양면적인 모습을 가진 것으로 해석되어왔다. 소비자는 '바보'이면서 '영웅'이다(슬레이터, 2000). 한편으로 소비자는 기업의 마케팅 전략에 놀아나는 바보 같은 존재로 비친다. 다른 한편으로 소비자는 자신의 주권을 인식하고 기업의 마케팅과 상품의 홍수 속에서도 자신을 지키고 자신을 실현하기 위해 소비 활동을 활용하는 존재이다. 이와 같이 소비자에 대한 상반된 이미지는 인터넷 사용이 확산 ___ 오늘날 상당히 소비자 쪽으로 시장의 권력이 이동한 상황에도 여 ___ 이 지속되는 ___ 으로 볼 수 있다. 하지만 소셜 미디어의 사용과 함께 ___ 타나는 나르시 ___ 즘적 물질주의 성향의 강화, 개인의 정보에 대한 ___ 한 수집을 통한 ___ 케팅의 정교함 등을 종합적으로 고려해보면 소비자의 참여 문화에 ___ 한 강조가 현실을 오히려 왜곡할 위험이 있음을 보아야 한다.

| 참고문헌 |

김형식·윤정민. 2014. 「탈신화화하는 그들만의 놀이: '엑소(Exo)' 사생팬에 대한 현장관
    찰 기록」. ≪문화과학≫, 78, 201~221쪽.

바우만(Zygmunt Bauman)·메이(Tim May). 2011. 『사회학적으로 생각하기』. 박창호 옮
    김. 서울경제경영출판사.

박창호. 2011. 「인터넷 소비문화, 유동하는 근대성인가?」. ≪문화와 사회≫, 10, 174~206쪽.

슬레이터, 돈(D. Slater). 2000. 『소비문화와 현대성』. 정숙경 옮김. 문예출판사.

안정민. 2013. 「온라인 맞춤형 광고(Online Behavioral Advertising)와 개인정보보호」.
    ≪사이버커뮤니케이션 학보≫, 30(4), 43~86쪽.

전주용·여은정. 2014. 「비트코인의 이해: 금융경제학의 관점에서」. ≪KBR≫, 19(4),
    211~239쪽.

Anderson, C. 2006. *The Long Tail: How Endless Choice is Creating Unlimited Demand.*
    London: Random House.

Bobkowski, P. and J. Smith. 2013. "Social media divide: characteristics of emerging
    adults who do not use social network websites." *Media, Culture & Society*, 35(6),
    pp.771~781.

Bourdieu, P. 1984. *Distinction: A social critique of the judgement of taste.* translated
    by R. Nice. Cambridge: Harvard University Press.

Braudel, F. 1973. *Capitalism and Material Life, 1400-1800.* translated by M. Kochan.
    London: Weidenfeld and Nicolson.

Bruns, A. 2008. *Blogs, Wikipedia, Second Life, and beyond: From production to
    produsage*, Vol.45. Peter Lang.

Campbell, C. 1983. "Romanticism and The Consumer Ethic: Intimations of a Weber-
    style Thesis." *Sociological Analysis*, 44(4), pp.279~295.

Constantinides, E. and S. J. Fountain. 2008. "Web 2.0: Conceptual foundations and
    marketing issues." *Journal of Direct, Data and Digital Marketing Practice*, 9(3),
    pp.231~244.

Cova, B. and V. Cova. 2002. "Tribal marketing: The tribalisation of society and its impact
    on the conduct of marketing." *European Journal of Marketing*, 36(5/6), pp.595~620.

Davis, B. 2013. "How Manchester United uses Facebook, Twitter, Sina Weibo and Google+." https://econsultancy.com/blog/63214-how-manchester-united-uses-facebook-twitter-sina-weibo-and-google/.

Denegri-Knott, J. and M. Molesworth. 2010. "'Love it. Buy it. Sell it' Consumer desire and the social drama of eBay." *Journal of Consumer Culture*, 10(1), pp.56~79.

Featherstone, M. 2007. *Consumer Culture and Postmodernism*. Sage.

Hatch, M. 2014. *The maker movement manifesto*. McGraw-Hill Education.

Holt, D. B. 1997. "Distinction in America? Recovering Bourdieu's Theory of Tastes from Its Critics." *Poetics*, 25, pp.93~120.

_____. 1998. "Does Cultural Capital Structure American Consumption?" *Journal of Consumer Research*, 25(1), pp.1~25.

Kotler, P. 1986. "The prosumer movement: A new challenge for marketers." *Advances in Consumer Research*, 13(1), pp.510~513.

Kozinets, R. V. 1999. "E-tribalized marketing?: The strategic implications of virtual communities of consumption." *European Management Journal*, 17(3), pp.252~264.

Lasch, C. 1978. *The Culture of Narcissism: American Life in an Age of Diminishing Expectations*. W. W. Norton & Company.

Lehdonvirta, V. 2010. "Online spaces have material culture: goodbye to digital post-materialism and hello to virtual consumption." *Media, Culture & Society*, 32(5).

_____. 2012. "A History of the Digitalization of Consumer Culture." in M. Molesworth and J. D. Knott(eds.). *Digital Virtual Consumption*. Routledge.

Maffesoli, M. 1996. *The time of the tribes: The decline of individualism in mass society*, Vol.41. Sage.

Magaudda, P. 2011. "When materiality 'bites back': Digital music consumption practices in the age of dematerialization." *Journal of Consumer Culture*, 11(1), pp.15~36.

McCarthy, J., J. Rowley, C. Jane Ashworth and E. Pioch. 2014. "Managing brand presence through social media: the case of UK football clubs." *Internet Research*, 24(2), pp.181~204.

McCracken, G. D. 1990. *Culture and consumption: New approaches to the symbolic character of consumer goods and activities*. Indiana University Press.

McKendrick, N. 1960. "Josiah Wedgwood: an eighteenth-century entrepreneur in salesmanship and marketing techniques." *The Economic History Review*, 12(3), pp.408~433.

McKendrick, N., J. Brewer and J. H. Plumb. 1982. *The birth of a consumer society: the commercialization of eighteenth-century England*. Bloomington: Indiana University Press.

Nadkarni, A. and S. G. Hofmann. 2012. "Why Do People Use Facebook?" *Personality and Individual Differences*, 52, pp.243~249.

Passini, S. 2013. "A binge-consuming culture: The effect of consumerism on social interactions in western societies." *Culture & Psychology*, 19(3), pp.369~390.

Peltier, S. and F. Moreau. 2012. "Internet and the 'Long Tail versus superstar effect' debate: evidence from the French book market." *Applied Economics Letters*, 19(8), pp.711~715.

Pine, B. J. and J. H. Gilmore. 1999. *The experience economy: Work is theatre & every business a stage*. Harvard Business Press.

Ritzer, G. 2010. *Enchanting a disenchanted world: Continuity and change in the cathedrals of consumption*. Pine Forge Press.

_____. 2014. "Prosumption: Evolution, revolution, or eternal return of the same?" *Journal of Consumer Culture*, 14(1), pp.3~24.

Ritzer, G. and N. Jurgenson. 2010. "Production, Consumption, Prosumption: The nature of capitalism in the age of the digital 'prosumer'." *Journal of Consumer Culture*, 10(1), pp.13~36.

Schor, J. B. 1991. *The overworked American: the unexpected decline of leisure*. New York: Basic Books.

Simmel, G. 1904. "Fashion." *International Quarterly*, 10, pp.130~155.

Toffler, A. 1980. *The Third Wave*. New York: Morrow.

Twenge, J. M. and W. K. Campbell. 2009. *The narcissism epidemic: Living in the age of entitlement*. Simon and Schuster.

Veblen, T. 1912. *The Theory of the Leisure Class*. New York: Macmillan.

Weber, M. 1904. *Die protestantische Ethik und der Geist des Kapitalismus*.

Young, S. M. and D. Pinsky. 2006. "Narcissism and celebrity." *Journal of Research in Personality*, 40(5), pp.463~471.

내가 멋지게 변신하는 공간, 소셜 미디어

최항섭

나도 멋져 보이고 싶다

세상에는 멋있는 사람들이 많다. TV에 등장하는 연예인들이 멋지고, 스포츠 스타들도 멋지고, 학교에서 유명한 친구들도 멋지다. 그들이 멋진 것은 왜일까? 멋진 사람들에겐 공통적인 특성이 있다. 그 사람의 잘생기고 예쁜 외모가 그들을 멋지게 만든다. 하지만 이것으로는 충분하지 않다. 그 사람이 멋진 연기를 할 때, 멋진 노래를 부를 때, 멋진 플레이를 할 때 멋지다. 그리고 우리는 그들을 동경하며 그들처럼 되고 싶다는 꿈을 꾼다. 하지만 우리에게 그러한 꿈은 꿈일 뿐인 경우가 많다. 멋진 그들은 하늘에 떠있는 별처럼 반짝거리는 존재이기에 '스타'라고 불린다.

우리 일반인은 그들처럼 멋진 외모를 갖고 태어나지 않았으며, 특별한 능력도 부여받지 못한 경우가 많다. 그렇기에 일반인의 삶은 평범하다. 학교, 직장에서 수많은 학생들, 수많은 직원들 중에 한 명의 학생, 한 명의 직원으로만 존재하는 경우가 대부분이다. 친구들과 동료는 있지만, 나를 멋지다고 생각하는 '팬'들은 거의 없다. 우리는 새 옷을 입고, 새로운 머리 스타일을 하고 거리에 나갈 때 주위 사람들이 나를 '멋지다'라고 이야기해주기를 바란다. 그리고 가끔씩은 내가 모르는 거리의 사람들이 나를 한 번쯤은 바라봐주기를 기대한다. 물론 이런 일은 쉽게 일어나지 않는다.

그런데 언제부터인가 변화가 나타나기 시작했다. 자신의 외모, 자신이 방문한 장소와 자신의 모습, 자신이 듣는 음악 등을 통해 자신을 세상에 알리는 행위들이 나타나기 시작했다. 페이스북, 카카오톡, 라인, 유튜브와 같은 소셜 미디어를 통해 자신의 모습을 '멋지게' 만들어 다른 이들에게 보여주는 사람들이 늘어나고 있는 것이다. 이들은 다름 아닌 일반인, 바로 우리이다.

소셜 미디어의 개방성, 신속성, 확장성을 쉽게 이해하자

우리는 거의 매일 소셜 미디어를 사용한다. 소셜 미디어를 통해 자신이 경험한 것들, 자신이 생각한 것들을 나눈다. 소셜 미디어는 우리를 다른 이들과 이어준다. 그리고 우리의 삶을 다른 이들에게 '개방'한다. 나의 방, 나의 친구들, 나의 학교 생활, 나의 직장 생활, 나의 취미, 나의 고민을 다른 이들에게 알려주는 소셜 미디어의 기능을 '개방성'이라고 부른다.

소셜 미디어는 다양한 특성을 가지고 있다. 소셜 미디어는 실시간으로 소통을 하게 만든다. 과거의 휴대폰 문자 메시지보다 카카오톡의 문자 메시지를 사용하는 큰 이유 중 하나는 좀 더 빠르게 문자를 주고받을 수 있기 때문이다. 거의 실시간으로 소통할 수 있게 하는 소셜 미디어의 특성을 '신속성'이라고 부른다. 특히 대부분의 소셜 미디어는 내가 보낸 메시지를 상대방이 읽었는지 확인할 수 있는 기능을 가지고 있다. 카카오톡 메시지 옆에 나오는 숫자 표기가 대표적이다. 숫자의 사라짐은 상대방이 내 문자를 확인했다는 것을 의미하며, 이는 상대방이 내 문자를 확인했는지 안 했는지를 상대방이 나에게 문자를 다시 보낼 때까지 알지 못하던 답답함을 없애준다.

페이스북에 올린 나의 글과 사진은 나와 연결된 이들에게 바로 전달된다. 가깝게는 나의 친구들에게 전달되지만, 그 친구의 친구에게, 또 그 친구의 친구의 친구에게까지 전달된다. 이러한 특성을 소셜 미디어의 '확장성'이라고 부른다.

나의 친구들, 동료들과 실시간으로, 그리고 그 친구들의 친구들, 동료들의 동료들과 연결되게 하는 소셜 미디어는 우리 일상생활의 한 부분으로 자리 잡았다. 인터넷이 그러했듯이, 이제 소셜 미디어 없이 사는 삶은 상상할 수 없을 정도로 중요한 부분이 되었다. 해외여행이나 출장을 가서 가장 먼저 체크하는 것 중 하나가 숙소에 와이파이가 있는지 여부인데, 이는 물론 소셜 미디어를 사용하기 위함이다. 내가 어디를 방문하고 있으며, 어디에서 무엇을 먹고 있는지를 사진을 찍어, 글로 정리하여 소셜 미디어를 실시간으로 올리며, 이 글과 사진에 실시간으로 달리는 댓글을 보면서 '자신의 삶이 주목받고 있다'는 경험을 한다. 그런데 나에게 주목하는 이들은 이미 나를 알고 있는, 나와 자주 연락을 주고받는 이들인 경우가 많다. 이들은 나에게 소중한 친구이며, 나의 삶을 유지시켜주는 활력소이기도 하다.

비밀과 친구들

자신의 소셜 미디어에 등록되어 있는 친구들의 숫자를 한번 세어보자.

100명 또는 1000명이 되는 이들도 있을 것이다. 하지만 그중에서 내가 진정으로 친구라고 부를 수 있는 이들은 몇 명이나 될까? 내가 거의 매일 문자를 주고받는 카카오톡 친구들, 내가 글이나 사진을 올릴 때 잊지 않고 댓글을 달아주는 친구들은 몇 명이나 될까? 10명이 넘지 않는 경우가 많을 것이다. 이 친구들은 정말 나에게 소중한 사람들이며, 그렇기에 이들에게 나 역시 좋은 친구로 남기 위해 많은 일을 해야 한다. 그중 하나가 나의 비밀을 그들에게 알리는 것이다. 친구들에게 가장 중요한 것은 자신들만이 공유하는 무엇인가가 있느냐 하는 것이다. 이때 가장 효과적인 것이 바로 비밀을 서로에게 알려주는 것이다. 비밀은 나에 관한 은밀한 사실일 수도 있으며, 다른 이에 관해 나만 알고 있는 사실일 수도 있다. 친구들은 그 비밀들을 공유하면서 서로 더욱 친하게 된다. 만일 그렇지 못하다면 그 관계는 제대로 유지되지 않는 경우가 많다. 자신의 삶을 숨기거나 자신이 알고 있는 사실을 친구에게 잘 말하지 않는 이는 친구를 잘 사귈 수도 없으며, 이미 알고 있던 친구들도 떠나기 마련이다. 다시 말해 자신의 삶을 친구들에게 노출하는 행위, 특히 다른 이들은 잘 알지 못하는 약간은 은밀한 삶의 모습을 친구들에게 보여주는 행위는 친구 관계를 유지하기 위해 필요하다.

나에 관한 비밀, 나의 사생활은 내가 어떠한 사람인가를 말해준다. 밖으로 드러난 나의 모습과는 종종 다를 수 있는 비밀스러운 나의 모습, 나의 사생활은 그래서 나의 '정체성'이 무엇인가를 알려준다. 친구 관계에서는 밖으로 드러난 나의 모습이 아닌 비밀과 사생활로 이루어진 나의 정체성이 무엇인가가 더욱 중요하다. 친구 관계에서는 진실함이 중요하며, 이 진실함은 그 친구의 실제 '정체성'이 어떤 것인가를 알고 있을 때 만들어진다. 종종 우리는 친구 관계가 깨질 때 "네가 어떤 사람인지 이제 나는 모르겠어. 너는 더 이상 내가 알고 있던 사람이 아닌 것 같아"라는 말을 한쪽에서

하는 경우를 본다. 이는 비밀과 사생활을 분명히 알고 있었다고 생각했는데, 그것이 사실이 아닌 것 같다고 생각하는 어떠한 일이 일어났으며, 이 때문에 그 친구에 대한 신뢰가 사라져 친구 관계를 제대로 유지하기 어렵다는 것을 의미한다.

하지만 자신의 비밀과 사생활을 친구에게 이야기하는 것 역시 쉬운 일은 아니다. 친구와 매일 만날 수 있는 것도 아니며, 친구가 굳이 물어보거나 알고 싶다고 이야기하지 않았는데 자신의 비밀과 사생활을 말하는 것도 부담스럽다. 하지만 소셜 미디어를 통해 이러한 부담은 줄어든다. 서로 누구인지는 알고 있지만, 서로 얼굴과 표정은 직접 보지 않은 상태에서 문자로 자신만이 알고 있는 비밀을 이야기하는 것은 확실히 편하다. 상대방이 알고 싶은지 그렇지 않은지 잘 모르지만 페이스북에 나의 새로운 이성 친구와의 다정한 사진을 올리는 것도 직접 만나서 소개하는 것보다 확실히 부담이 적다. 나의 비밀과 사생활을 소셜 미디어 공간에 올리는 것, 이는 당연히 혼자 보기 위함이 아니다. 소셜 미디어는 일기가 아니다. 일기처럼 쓰이지만 다른 사람들도 읽기를 바란다. 마치 초등학교 때 부모님이나 선생님이 읽고 칭찬해주기를 바라는 마음에서 쓴 일기와 유사하다. 카카오톡에 비밀스러운 문자를 전송하고 페이스북에 사생활이 담긴 사진을 올릴 때 마음 한편에는 누군가가 읽어주겠지, 그리고 답글을 달아주겠지 하는 생각이 자리한다. 즉, 소셜 미디어 공간에는 항상 내가 누군가와 연결되어 있다는 느낌이 있고, 실제로 연결되어 있다. 이러한 특성을 소셜 미디어의 '연결성'이라고 한다.

이 연결됨은 내가 어떠한 사람으로 여겨지는 가에 대단히 중요하다. 나는 내가 누구인지 스스로 판단하기도 하지만 다른 사람들이 내가 어떠한 사람이라고 이야기해주는 것에도 크게 영향을 받는다. 부모님, 친구들, 선생님들로부터 너는 어떠어떠한 사람이라는 것을 듣는 것은 그가 행동하고 판단하는 데 큰 영향을 미친다. 칭찬을 많이 들은 이는 긍정적으로 행동하고 판단할 가능성이 높으며, 비난을 많이 들은 이는 부정적으로 행동하고 판단할 가능성이 높다. 그리고 소셜 미디어를 이용하는 이들이 늘어나면서 소셜 미디어에 연결된 이들에 의해 자신의 정체성을 인식하는 이들도 늘어나고 있다.

칭찬과 소셜 미디어

자신의 정체성, 즉 자신이 누구이고 어떠한 사람인가는 물론 여러 가지에 의해 결정된다. 어떠한 가족 배경을 가지고 있는지, 교육수준은 어떠한지, 얼마나 부자인지, 어떠한 문화생활을 즐기는지에 의해 결정된다. 하지만 실제로 자신이 누구인지에 대해서는 자기 스스로도 쉽게 판단할 수가 없다. 가족 배경, 교육수준, 돈, 문화 등으로 인해 내가 어떤 사람인지를 말하는 것은 대단히 표면적일 수가 있기 때문이다. 내가 실제로 누구인가는 앞에서 이야기했듯이 나와 대단히 친밀한 가족들, 친구들, 동료들만이 알고 있으며, 이들과 항상 연결되어 있는 소셜 미디어에 나의 정체성이 드러난다. 때로는 소셜 미디어에 진술한 이야기가 아닌 꾸며낸 이야기가 등장하기도 한다. 마치 칭찬받기를 원하는 아이처럼 나에 대한 좋은 이야기들과 멋진 사진들만 골라서 소셜 미디어에 올려 칭찬을 받는다. 칭찬을 얻게 될 때 자신이 '인정받고 있다'는 생각을 하게 되며, 자기 스스로에 대해 자신감을 갖게 된다. 한 개인이 치열한 경쟁 사회에서 살아나가기 위해 필요한 것 중 하나가 자신에 대한 자신감이며, 이 자신감은 다른 이들이 자신을 인정하는 것, 즉 '사회적 인정'을 통해 만들어진다.

해커

해커(hacker)는 어떤 컴퓨터의 핵심 데이터를 훔치는 자를 의미하는 부정적인 뜻으로 사용되는 단어이다. 1950년대 말 미국 MIT의 동아리 학생들이 모형실험을 하다가 학교에서 실험실 사용 비용이 너무 많이 든다면서 사용을 금지시키자 실험실의 컴퓨터들을 몰래 사용했는데, 이때 몰래 사용하기 위한 프로그램을 핵(hack)이라고 불렀다. 이후 다른 이의 컴퓨터에 인터넷을 통해 침입하여 그 컴퓨터에 담긴 자료들을 몰래 가져가 악용하는 이들을 해커라고 부른다.

다른 사람에게 인정을 받기 위해서건, 친구들과 비밀을 공유하기 위해서건 우리는 은밀한 우리의 정보를 소셜 미디어에 올린다. 그리고 우리와 연결되어 있는 친구들만이 그 정보들을 볼 것이라는 순진한 믿음을 갖는다. 우리가 무엇을 먹었는지, 누구를 만났는지, 어떤 옷을 입었는지, 어디를 방문했는지, 어떤 영화를 보았는지 등과 같이 시시콜콜한 이야기들을 우리는 소셜 미디어에 올리며 자신의 기록을 남겨간다. 로그인을 한 상태이기 때문에 나, 그리고 내가 접근을 허락한 친구들만이 그 기록을 볼 것이라고 믿으며, 나에 대한 은밀한 사생활까지 공개하기도 한다. 하지만 나의 소셜 미디어에 올린 나에 대한 비밀과 사생활이 우리가 알지 못하는 사이 다양한 불법적 방법을 통해 수집되고 악용된다. 해커들은 인기 스타들의 소셜 미디어에서 은밀한 사진과 동영상까지 확보하여 이를 가지고 돈벌이 수단으로 사용하기도 한다. 나는 그러한 해킹의 대상이 아니라고 생각하지만 우리 모두 이 위험에 노출되어 있다고 해도 과언이 아닐 정도로 해킹 기술은 발전하고 있다. 뉴스에서도 비밀 정보와 사생활이 해킹으로 노출되어 생기는 피해들이 계속해서 보도되고 있다. 소셜 미디어 이용자들도 이러한 위험이 있다는 것을 알고 있다. 다만 자신이 그 피해자가 될 것이라고 생각하지 못하는 것이다. 그리고 설령 자신이 피해자가 될 수 있을지라도 자신의 비밀과 사생활을 소셜 미디어에 노출하는 행위를 중단하기가 쉽지 않다. 왜 그러한 것일까? 여기서 우리는 자신의 비밀과 사생활, 즉 프라이버시에 대한 이야기를 잠깐 해보도록 하자.

소셜 미디어 시대의 프라이버시 노출

인터넷이 등장한 이후 많은 것들이 편리해졌다. 하지만 예상치 못한 데서 인터넷이 우리의 삶을 불안하게 만들게 되었다. 우리의 사생활 관련 정보, 즉 프라이버시를 침해당하기 시작한 것이다. 누군가가 나의 사생활을 엿볼 것이라는 불안이 크게 증가하고 있다. 과거에 종이로 된 일기장은 내가 잃어버리지 않는 이상 나밖에 볼 수가 없었다. 하지만 소셜 미디어에 올린 나의 사생활은 너무나 쉽게 내가 모르는 이들에게 공개되어버린다. 종종 기업 역시 나의 사생활 정보를 이용한다. 물론 대부분 법이 허용하는 테두리 내에서다. 기업의 서비스를 이용하기 위해서 우리는 그 기업 이용자로 등록해야 하는데, 이 등록을 위해 이름과 주소뿐 아니라 적지 않은 나의 사생활 정보들을 제공해야 한다. 심지어 그 정보를 제3자에게 제공할 수 있다는 약속에도 '동의'해야 한다. 기업들은 나의 사생활 정보들을 수집하여 새로운 마케팅 전략에 활용한다. 내가 어떤 상품을 사는지도 고스란히 기록되고 수집되어 나의 새로운 상품 구매에 영향을 미치는 광고 전략에 사용된다. 구글의 경우 내가 어떤 호텔을 예약하려고 어떤 사이트를 클릭했는지 모두 수집하여 내가 다른 작업을 하고 있을 때조차 배너와 팝업의 형태로 나에게 그 호텔 관련 상품들의 업데이트 내용을 알려준다. "구글은

그림 5-1 | 구글 검색 이후 웹페이지에 자동으로 나타나는 상업광고

하드디스크 복구 프로그램 recuva1.24

2012/05/29 14:59   Edit

하드디스크 복구 프로그램 recuva1.24

recuva,, 하드디스크복구방법, 하드디스크 복원, 하드디스크 복구, 하드디스크 복구 프로그램, 외장하드 복구프로그램, 복구 프로그램

하드디스크에서 실수로 파일을 삭제하셨나요? 실수로 파일을 삭제한 파일을 복구하실 수 프로그램을 살릴 수 있는 프로그램을 소개해드릴까 합니다. 지워져버린 파일 때문에 두발 동동 구르고 계신 분들을 위해 recuva라는 하드디스크 복구 프로그램을 소개해드리겠습니다.

※ 파일이 삭제된지 하드디스크복구프로그램이 정상적으로 복원을 못할 수 있습니다.

모두 안다(Google knows everything)"라는 말이 실감 나게 된다. 이러한 예는 모두 나의 의지와는 무관하게 나의 프라이버시를 기업이 상품 판매 전략에 이용하고 있는 것으로 볼 수 있다.

구글의 이러한 프라이버시 수집에 대해 한 언론사는 "구글은 내가 올여름 할 일을 알고 있다"라는 제목으로 기사를 낸 적이 있다(≪조선일보≫, 2012.1.26.). 하나의 사례로 서울 서초구에 사는 A 씨가 유튜브에서 '성형 연예인' 동영상을 즐겨보고, 구글 뉴스에서 '성형' 관련 뉴스를 즐겨보며, 안드로이드 스마트폰의 이메일로 친구에게 스마트폰 성형 수술 비용을 문의를 했다고 가정하면, 구글에서는 유튜브와 구글 뉴스, 이메일에서 '성형'이라는 키워드를 뽑아내어 스마트폰 위치 정보를 이용해서 A 씨의 거주지를 파악한다. 그리고 A 씨가 구글 서비스를 사용하면 서초구에 있는 성형외과 광고가 웹페이지 여기저기에 계속 나타난다. 구글이 자체 개발한 알

그림 5-2 | 동남아시아 휴양지에서 팔리고 있는 구글 티셔츠

자료: funny-pictures.picphotos.net

고리즘에 따라 '사용자가 좋아할 것'이라고 판단한 정보와 광고를 보여주는 것이다. 물론 사용자가 실제로 좋아하는지 그렇지 않은지는 중요하지 않다. 일단 무차별적으로 정보와 광고를 제공하는 것이다.

〈그림 5-1〉을 보면 웹페이지 내용은 하드디스크 복원인데 광고는 전혀 그것과 관계가 없는 면 티셔츠와 서울 호텔인 것을 알 수 있다. 이는 이 웹페이지를 이용하는 이들이 주로 검색하는 단어가 티셔츠, 호텔, 서울이며, 이를 통해 구글이 무차별적으로 광고를 제공하고 있음을 보여준다. 구글의 간단한 초기 화면에서 검색을 하고 편하게 정보를 이용하지만, 나에 관한 모든 것이 구글에 수집되고 저장되어 활용되는 것이다.

〈그림 5-2〉는 동남아시아의 한 휴양지에서 팔리고 있는 구글 티셔츠이다. "나는 구글을 필요로 하지 않는다. 내 아내가 나에 대해 다 알게 되기 때문이다"라는 문구는 구글의 개인 정보 수집이 얼마나 광범위하고 심층적으로 이루어지고 있는지를 희화화해서 말해주는 사례이다.

페이스북에 내가 올리는 글과 사진, 그리고 친구들의 글과 사진에 내가 다는 댓글과 반응(예를 들어 '좋아요')들은 페이스북 본사에 의해 모니터되고 수집되어 이용자들 모르게 활용되고 있다는 비난도 이어지고 있다. 최근 유럽에서는 페이스북 이용자 2만 5000명이 페이스북에 대해 유럽연합

쿠키 파일

쿠키 파일(cookie file)이라는 것은 우리가 어떠한 웹페이지를 방문했을 때 기록들을 저장하여 다음번에 또 방문할 때 저장된 기록을 이용하여 이용자가 더 쉽게 사용할 수 있게 한다는 취지에서 만들어진 파일이다. 예를 들어 구글 검색을 할 때 검색창만 치면 내가 이전에 검색했던 단어들이 나온다든가, 내가 검색하려는 단어를 다 치기 전에 이미 그 단어가 다 만들어져 나오는 것은 모두 내 컴퓨터에 쿠키 파일이 심어져 있기 때문이다. 쉽게 말해 쿠키 파일은 나의 인터넷 활동을 내 컴퓨터에 저장시켜주는 역할을 하는 파일이다.

의 프라이버시 법을 위반했다는 혐의로 소송을 제기했다. 오스트리아의 정보 보호 운동가 막스 쉬렘스를 중심으로 이어진 이 운동은 페이스북이 이용자들의 프라이버시 정보들을 무차별적으로 수집하여 상업적으로 활용한다는 것을 직접적으로 비판하고 있다(≪세계일보≫, 2015.4.9). 영국의 ≪가디언(The Guardian)≫은 페이스북이 특정 기술을 사용하여 모든 인터넷 이용자들의 정보를 수집하고 이를 통제하려 한다는 기사를 낸 바 있다. "페이스북이 모든 방문자들을 추적하고 있으며, 유럽연합 법을 위반하고 있다"라는 제목으로 시작되는 이 기사는 단순히 페이스북 이용자들만 추적당하는 것이 아니고 페이스북 계정이 없는 이용자들, 페이스북 계정이 있으나 로그아웃한 상태인 이용자들의 사생활이 모두 무차별적으로 페이스북에 의해 추적당하고 있다는 내용을 담고 있다. ≪가디언≫은 벨기에 데이터 보호국이 조사한 결과들을 바탕으로 이러한 기사를 실었다. 페이스북은 자사의 홈페이지를 방문하는 이용자들의 컴퓨터 안에 데이터들을 추적하는 쿠키 파일을 심어놓고 이들의 다른 인터넷 활동까지 모두 추적하고 있다는 것이다.

또 하나는 인간의 엿보기 욕망이 작동하는 결과로서의 프라이버시 노출이다. 인간은 누구나 타인의 은밀한 삶을 훔쳐보고 싶은 욕망이 있다. 이러한 욕망을 반영하여 성공한 것 중 대표적인 것이 현재 텔레비전에 넘쳐나는 리얼리티 프로그램이다. 다른 이의 프라이버시를 엿보고 싶은 욕망은 기술에 의해 현실화되어 비단 해커뿐 아니라 일반 유저들도 다른 사람의 프라이버시를 엿보게 한다. 해커들 역시 수많은 사람들의 엿보기 욕망을 알고 있기에 그 욕망을 채워줄 프라이버시 정보들을 몰래 수집하고 이를 확산시킨다. 돈벌이 수단으로 삼고 있음은 두말할 나위 없다.

연예인들이 가상으로 결혼해서 살아가는 장면들을 다룬 MBC의 〈우리 결혼했어요〉는 가짜 결혼인 것을 알면서도 이들이 실제에 가까운 결혼 생활을 하는 것으로 착각하며 이들의 신혼 생활을 엿보는 프로그램이다. 불행한 사고로 폐지되었지만 일반인들(물론 외모, 능력 등에 따라 선발됨) 간의 연애 관계를 엿보게 해서 큰 인기를 끌었던 SBS의 〈짝〉 역시 엿보기 욕구를 채워주는 프로그램이었다. 최근에는 연예인 가족들의 사생활을 엿보게 해주는 예능 프로그램도 큰 인기를 끌고 있다. 아이들을 키우는 연예인들을 다루는 KBS의 〈슈퍼맨이 돌아왔다〉, MBC의 〈아빠 어디가〉가 대표적이다. 아직 카메라를 잘 인식하지 못하는 어린아이들이기에 카메라 앞에서의 행동이 실제에서의 행동과 유사하며, 이러한 유사성이 시청자로 하여금 그들의 실제 사생활을 엿보는 것 같은 기분이 들게 한다.

인터넷 공간은 익명의 공간이라는 특성을 가지고 있기에 이러한 프라이버시 엿보기 활동이 확산되기도 한다. 엿보는 사람이 누구인지를 알아볼 수 없는 기술적 상황에서 사람들은 엿보기에 더욱 적극적이게 되는 것이다. 다른 이들의 비밀과 사생활을 엿보면 안 된다는 규범과 제도가 있음에도 내가 엿보고 있는 것을 아무도 모를 것이라는 믿음이 이들을 과감한 위반 행위로 유도한다.

스스로 자기를 노출하는 이들

한편 소셜 미디어에서 개인의 비밀과 사생활이 너무도 손쉽게 다른 이들에게 노출될 수 있는 데, 신기한 것은 오히려 쉽게 노출될 수 있기 때문에 더욱 자신의 비밀과 사생활을 더 노출시키는 이들이 있다는 사실이다. 이들은 매일 자신의 사생활을 소셜 미디어에 공개한다. 그리고 이러한 공개는 '고의적'인 것이다. 이들 역시 자신의 비밀과 사생활이 노출되는 것이 큰 위험이 될 수 있는 사실을 알고 있다. 하지만 노출을 함으로써 얻는 즐거움이 더 크기 때문에 그러한 행위를 한다. 이러한 행위는 사실 쉽게 이해될 수 없는 것이다. 자신의 비밀과 사생활은 오래전부터 보호되어야 하는 것으로 여겨졌다. 타인은 당사자의 동의 없이 비밀과 사생활을 엿볼 수 없으며, 당사자 역시 자신의 비밀과 사생활을 소중하게 생각하며 보호해야 할 의무를 지닌 것으로 인식되었다. 그렇지 못한 사람들은 사회적인 비난의 대상이 되었다.

그러나 페이스북을 보면 종종 한 개인이 매우 자세하게 자신의 비밀과 사생활을 공개하고 있어서 놀라움을 금치 못하기도 한다. 너무나 많은 사진들을 볼 수가 있고, 어디를 갔는지, 누구와 친한지, 지금 어떠한 생각과 고민을 하고 있는지를 아주 자세하게, 그리고 손쉽게 알 수가 있다. 페이스북뿐만 아니라 카카오톡, 트위터 등 다양한 소셜 미디어에서도 이러한 현상이 나타난다. 소셜 미디어에서의 이러한 현상들을 보면 이제 적어도 소셜 미디어 공간에서는 자신의 비밀과 사생활을 숨겨야 한다는 생각이 거의 사라져가는 것이 아닌가 하는 생각이 들 정도이다.

물론 이용자들은 페이스북에 로그인을 할 때 아이디와 비밀번호를 이용하기 때문에 이 공간에 올리는 나의 정보가 내가 모르는 곳으로 새어나갈 것이라고 생각하지 않는다. 그 정보는 내가 허락한 사람만이 사용할 수 있는 것이라고 믿는다. 미국의 일간지 ≪유에스에이 투데이(USA Today)≫는 페이스북에서 공개하면 자신도 모르는 사이에 정보가 새어나가 나에게 위험한 상황을 초래할 수 있는 정보들로 다섯 가지를 소개했다. 첫 번째는 집 주소이다. 물론 우리는 자세한 주소는 밝히지 않는다. 거주하는 도시의 이름만 밝혀도 위험해진다. 특히 내가 그 도시가 아닌 곳에서 있는 모습을 사진으로 찍어서 올리면, 이를 보고 내가 그 도시에 있지 않은 것을 알게 된 도둑들이 나의 집으로 올 수도 있다. 두 번째는 내가 무슨 일을 하고 있는가에 대한 정보이다. 내가 학생이건, 회사원이건 내가 하고 있는 일에 대한 정보를 올리지 않는 것이 좋다. 특히 회사원의 경우에 회사를 옮기거나 할 때 나에게 불이익이 될 수 있는 경우가 적지 않기 때문이다. 예를 들어 내가 현재 다니는 회사에 대한 불만을 이야기한 글을 올린다면, 회사 동료들이 볼 수도 있으며, 다른 회사에서 이것을 보고 나를 '불만만 많은 사람'이라고 판단을 내릴 수도 있다. 세 번째는 나의 가족, 결혼, 연애에 관한 정보를 올리지 말라는 것이다. 페이스북에 미혼이라고 올린 여성들은 특히 변태 남성들에게 스토킹을 당할 위험도 있다. 가족에 대한 상세한 정보를 올리는 것 역시 나의 가족들에게 불이익이 될 수도 있다. 네 번째는 신용카드 정보이다. 페이스북은 선물 카드나 여러 가지 앱을 판매하고 있는 데, 이를 구매하기 위해 신용카드 정보를 입력할 경우 로그인 상태라면 '공용 컴퓨터'에서 도둑들이 내 카드로 물건을 몰래 살 수도 있다. 내 신용카드 정보를 통째로 도둑들이 가져갈 수도 있다. 다섯 번째는 나의 전화번호이다. 페이스북은 내가 특정 보안기능을 사용하고자 할 때 나의 전화번호를 요구한다. 특히 스마트폰에서도 페이스북을 사용할 때 나의 스마트폰 전화번호를 입력해야 한다. 하지만 이때 나의 전화번호는 내가 모르는 사람들에게까지 공개되어 나에게 위험한 상황을 초래할 수 있다.

최근 미국의 조사 결과에 따르면, 소셜 미디어를 사용하는 사람들 3명 중 2명꼴로 사생활이 노출될 것으로 걱정하고 있었다. 57%는 페이스북과 트위터 같은 소셜 미디어가 자신의 사생활을 지켜줄 것이라고 믿지 않는다고 대답했다(ZDNet, 2014.8.26).

자신의 이름을 인터넷에서 검색해본 적이 있는가? 자신의 이름이 뉴스 또는 블로그 등에서 발견되면 어딘가 모르게 자랑스러운 기분이 들 것이다. 하지만 대부분은 자신의 활동과 내용을 인터넷 검색을 통해 찾기가 쉽지 않다. 인터넷 검색을 통해 이름이나 아이디를 검색하는 사람들이 얼마나 많은가에 따라 웹페이지의 상단 또는 하단에 나타나는 것이 결정된다. 웹페이지의 상단에 바로 나타나는 유저, 이른바 파워 블로거들의 존재감이 큰 것은 물론이다. 소셜 미디어에서도 마찬가지다. 하지만 페이스북에 아무리 많은 사진을 올리고, 많은 글을 써도 방문하는 이들이 없다면 무용지물이다. 오히려 더 머쓱하기만 하다. 내가 올린 사진과 글에 10명, 100명 정도의 많은 이들이 댓글을 달아주고 나에게 '좋아요'라는 클릭을 해준다면 나의 자긍심은 커진다. 내가 이 세상에서 인정받고 사랑받는 존재라고 믿을 수 있게 된다. 한편 수많은 댓글과 같이 많은 이들의 관심 속에서 살다가 이들의 댓글 수가 점점 줄어들게 될 수도 있는 데, 이때 그 개인은 소외감에 사로잡히게 된다.

소셜 미디어에서 사람들에게 관심을 계속 받으려면, 혹은 관심을 복원하려 한다면 지속적으로 자신의 비밀과 사생활을 그들에게 노출해야 한다. 평범한 사진보다는 특별하고 은밀한 사진, 평범한 글보다는 멋들어진 글을 올려야 그들의 관심을 받을 수 있다. 우리는 종종 한때 인기를 얻었던 스타들 중 다시 인기를 얻고 싶은 이들, 또는 아직 인기가 없어 대중의 관심이 필요한 이들이 소셜 미디어를 통해 자신의 비밀스러운 모습을 공개하여 관심을 끌려는 행위들을 잘 알고 있다. 세상의 관심에서 멀어지는 것이 가장 두려운 이들이 스타들이며, 이들은 이 소외의 두려움을 극복하기 위해 더 자극적이거나 더 멋진 은밀한 모습의 사진들을 공개한다. 그리고 이를 통해 세상에 '나 이렇게 멋지게 잘 살고 있다'고 말하고자 한다.

사실 여러 사람들에게 드러나는 이미지를 보이는 것은 그동안 연예인과 같은 스타들에만 해당되는 일이었다. 이들은 이미지를 통해 자신들의 가치를 얻는다. 그러기 위해서 수많은 이미지들을 찍고 또 찍어 그중에서 가장 많은 사람들에게 인기를 얻을 수 있는 이미지를 공개한다. 그런데 소셜 미디어 시대가 된 이후에는 일반인도 얼마든지 수많은 이미지를 찍고 보정하여 가장 많은 사람들에게 인기를 얻을 수 있는 것을 골라 소셜 미디어에 공개할 수가 있게 되었다. 스타처럼 보이게 하는 다양한 애플리케이션을 통해 자신을 스타처럼 연출할 수 있게 되었다. 자신도 스타처럼 멋있는 삶을 사는 것같이 보이게 하는 사진과 영상을 만들어내고 이를 외부에 공개할 수 있게 된 것이다. 특히 이러한 행동은 한국의 젊은 세대들에게서 많이 나타난다. 물론 전 세계적으로 젊은 세대들에게서 이러한 행동들이 많이 나타난다. 젊은 세대들은 자신의 정체성을 계속해서 찾으려는 세대이며, 이 과정에서 자신의 자긍심을 높이려는 다양한 행동을 하는데 소셜 미디어를 통한 자기 삶의 연출이 그중 하나이다.

한국 청소년들은 학창 시절 자신이 누구인지를 학교 성적에 의해서만 평가받는다고 해도 과언이 아니다. 그리고 학교 성적이 아주 우월해야만 '자긍심'이라는 것을 느낄 수가 있다. 다른 어떠한 재능도 학창 시절에는 '자긍심'을 가져다주기가 쉽지 않다. 오직 성적뿐이다. 이러한 청소년들에게 그나마 자긍심을 가져다주는 것은 서로가 서로에게 주는 위안이다. 그리고 이들은 이 위안을 얻기 위해서 소셜 미디어를 통해 자신의 비밀과 사생활을 공개한다. 대학생들도 마찬가지다. 현재 한국 대학생들은 입학의 기쁨을 느끼기도 잠시, 곧 취업 전선에 뛰어들 수밖에 없다. 그리고 그 취업 전선을 뚫는 대학생들은 소수에 불과하며, 많은 대학생들이 만년 취업 준비생이 되어 부모와 친구들에게 인정을 제대로 받지 못하며 자긍심에 상처를 안고 살아간다. 이들 역시 자긍심이 필요하며, 이들에게 소셜 미디어는 이러한 자긍심을 얻을 수 있는 유일한 공간이다. 이와 관련하여 '제니캠(JenniCam)'은 대표적인 사례들 중 하나이다. 너무도 평범해서 사람들로부

그림 5-3 ㅣ 스스로를 노출하는 셀프 카메라 사례: 제니캠(JenniCam)

자료: http://www.wired.com/2010/04/0414jennicam-launches/

터 주목을 받지 못하던 제니라는 여성이 자신의 사생활을 완전히 24시간 공개하는 사례가 그것이다.

1996년 4월 대학생이던 제니퍼는 자신의 기숙사 방에 웹캠을 설치하고 자신의 기숙사 생활을 외부에 공개하기 시작했다. 이후 자신의 집 여러 곳에 웹캠을 설치하고 자신의 사생활을 편집 없이 있는 그대로 외부에 공개했다. 그녀가 집에서 무엇을 하는지, 어디로 이동하는지를 Jennicam.org에 접속한 모든 이들은 알 수 있게 되었다. 그녀의 웹페이지에 접속해서 그녀의 사생활을 보려는 사람들의 수는 급격하게 증가해서 일일 접속 수가 400만을 넘기도 했다. 그녀의 홈페이지에는 "나는 외로워요"라고 적힌 쪽지를 들고 서 있는 그녀의 모습을 볼 수 있었다.

혼자 사는 사람들과 소셜 미디어

1990년대 초반에서 중반까지 엄청난 경제성장을 거듭했던 한국은 1990년대 후반 들어 세계경제의 불황, 내부 구조적 문제, 그리고 한국 경제의 어두운 역사인 IMF 외환 위기를 맞이하게 되면서 경제 침체의 늪에 빠지게 된다. 이러한 경제 침체로 인해 많은 기업들은 몸집을 작게 하고자 했다. 이 과정에서 새로운 인력을 채용하는 데 소극적이 되면서 취업난이 본격화되었다. 또한 정규직과 비정규직이 구분되면서 기업들은 값싼 가격으로 인력을 자유롭게 통제할 수 있는 비정규직을 선호하게 되었고, 이에 취업된 이들조차 항상 해고의 위험에 떨게 되었다. 이러한 경제적 상황은 한국인들에게 심각한 정신적 스트레스를 경험하게 했다. 특히 사회에서 자신이 제대로 역할을 하지 못하고 있다는 스트레스는 자긍심의 하락으로 이어졌으며, OECD 국가 중 최상위권의 자살률을 기록하게 했다.

한편 이러한 정신적 스트레스, 자긍심의 하락 등을 그나마 메워주던 전통적 공동체 의식도 희미해져갔다. 2000년대 들어 급격하게 진행된 글로벌화는 서구의 개인주의적 문화를 한국 사회에 확산시켰다. 기존 공동체의 축을 담당하던 결혼 등에 대한 생각들이 빠르게 바뀌게 되었다. 가족을 형성하기보다는 혼자 사는 것이 더 좋다는 인식이 젊은 세대들에게 퍼지게 되었다. 이러한 인식은 개인에게 분명 더 많은 자유를 가져다주었다. 하지만 한편으로 그들은 고독, 소외감 역시 경험하게 된다. 이에 이들은 소셜 미디어를 통해 계속해서 상호 접속을 하며, 자신의 고독과 소외감을 잠시나마 잊고자 한다. 그리고 이는 그냥 저절로 되는 것이 아니고, 자신의 비밀과 사생활을 노출하면서 가능해지는 것이다.

2000년대 후반 들어 이러한 경제적 조건의 변화와 문화적 가치의 변화는 한국 사회에 그동안 없었던 새로운 가구 형태를 가져왔다. 즉, 1인 가구의 등장이다. 쉽게 말해 '혼자 사는 사람들'이 많아졌다는 것이다. 이미 이러한 트렌드를 반영하는 텔레비전 예능 프로그램들도 등장하고 있다. 1인 가구의 증가는 유럽에서 오래전부터 나타난 유형이다. 10대 후반이 되면 자연스럽게 독립하는 것이 일반화되어 있던 독일, 프랑스 등의 젊은 세대들은 대학 생활 이후 결혼 전까지 가족과 떨어져 거의 혼자서 살아간다. 경제적으로 자립하기 위해 많은 일들을 동시에 하며 살아간다. 그런데 유럽의 경제 불황이 1980년대 후반부터 본격화되면서 유럽의 젊은 세대들도 취업을 제대로 하지 못하게 되었다. 청년 취업률이 치솟게 되는 1990년대 유럽의 젊은 세대들은 가족을 유지하기 위한 비용을 감당하지 못할 것이라는 두려움에 결혼을 더욱 꺼리게 된다. 그러면서 1인 가구의 증가가 더욱 뚜렷해진다. 2010년대 중반 한국에서 이와 거의 동일한 현상이 나타나고 있다. 공동체보다는 개인의 자유를 더 중시하는 젊은 세대들의 인식 변화, 결혼 비용, 주택 마련, 자녀 학비 등 엄청난 부담을 가져다주는 가족 유지 비용, 이러한 비용을 충당할 수 없게 하는 취업난 등은 한국의 젊은 세대들에게 '차라리 혼자 살자'라는 결심을 하게 한다. 현재 한국의 1인 가구 비율은 전체 가구의 20%를 넘어 30%로 향하고 있다. 2013년 1인 가구 비율은 24%였으며 빠른 증가 추세를 보이고 있다. 2030년경에는 1인 가구가 40% 정도에 달할 것이라고 예측된 바 있는데, 이렇게 되면 10명 중 4명은 가족을 꾸리지 않고 혼자 살아가는 사회가 되는 것이다. 과거에는 독거노인 등 노인 세대가 1인 가구의 다수를 차지했으나, 이제 젊은 세대들의 비중이 점점 늘어나고 있다. 2015년 한 조사에 의하면 결혼에 대해 40% 정도가 결

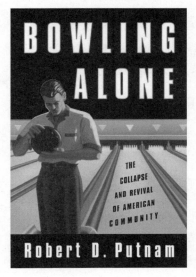

그림 5-4 | 『나 홀로 볼링』의 표지

혼은 안 해도 된다고 생각한다고 답한 바 있다. 이러한 사회 추세 역시 한국 사회에서 혼자 사는 사람이 앞으로 더욱 늘어날 것이라는, 그래서 자유롭지만 동시에 고독함을 느끼는 사람들이 더욱 늘어날 것이라는 예측을 가능하게 한다. 하지만 인간이 사회적 동물이라는 것을 생각하면, 혼자서 살아도 결국은 다른 사람들과 연결되기를 바랄 것이며, 소셜 미디어에 더욱 집착할 것이라는 것도 예측할 수가 있다. 이미 1970년대 미국에서도 1인 가구의 증가로 외로움을 느끼는 사람들이 늘어나고 있다고 지적한 사회학 책이 나온 바 있는데, 사회학자 퍼트넘(R. Putnam)의 『나 홀로 볼링(Bowling Alone)』이라는 책이 그것이다. 한국에서도 혼자 밥 먹기, 혼자 탁구하기, 혼자 놀기 등의 책이 나올지도 모른다.

1인 가구의 증가는 예능 프로그램에도 반영되었다. 현재에도 인기리에 방송되고 있는 〈나 혼자 산다〉가 그중 하나이다. 이 프로그램에는 혼자서 사는 싱글 남자 연예인들의 일상생활이 공개된다. 거실과 방에 카메라가 설치되어 있으며, 이들이 누구를 만나는지, 무엇을 하는지가 모두 촬영되어 시청자들에게 전송된다. 먹방(음식 먹는 방송)을 혼자 하는 출연자도 있으며, 혼자서 게임을 하다 지쳐가는 출연자도 있다. 이들의 공통점은 밖에서는 대중의 인기를 얻어 외롭지 않은 스타들이지만 집으로 돌아오면 기다리는 사람이 하나도 없다는 점이다. 스스로 외롭지 않게 하기 위해 여러 활동을 하지만 가장 많이 보이는 행위는 역시 소셜 미디어를 통해 자신의 팬들이나 친구들과 대화를 하는 일이다.

〈나 혼자 산다〉의 출연자들은 외롭지 않기 위해 노력한다. 40대 중반이 되도록 혼자 살고 있는 남자 연예인, 기러기 아빠로 살아가는 남자 연예인 등이 나오는데, 이들은 외롭지 않도록 몸부림쳐보지만 역시 외로운 것은 어쩔 수가 없다.

혼자 사는 것은 어떠한 일인가? 가난하게 살든, 부자로 살든 혼자 사는 것에는 공통점이 있다. 집에 들어왔을 때 마주 보고 이야기할 사람이 아무도 없다는 것이다. 하루에 있었던 일들을 나누고 서로 격려해줄 수 있는 사람이 아무도 없다. 내가 학교에서 좋은 성적을 받은 일, 내가 멋진 식당에 간 일, 내가 멋진 곳에 여행을 간 일, 내가 회사에서 좋은 결과를 낸 일 등을 이야기하고 칭찬을 들을 수 있는 사람이 아무도 없다. 2인 이상의 가족이 사는 가구에는 의례가 있다. 이 의례를 서로 만날 때, 헤어질 때 나누는 인사가 될 수도 있고, 함께 밥을 먹는 행위가 될 수도 있으며, 함께 TV를 보면서 잡담을 나누는 행위가 될 수도 있다. 이러한 의례는 사회학자 뒤르켐(É. Durkheim)에 의하면 의례에 참가하는 사람들에게 소속감을 부여한다. 내가 이 가족 공동체의 성원이구나 하는 생각을 자연스럽게 갖게 하며 고독감을 없애는 순기능을 하는 것이다. 하지만 1인 가구에는 이러한 의례가 없다. 의례의 소멸은 곧 고독감의 증가로 나타난다. 이러한 1인 가구 세대들에게는 소셜 미디어가 유일한 대화의 공간이자 칭찬을 들을 수 있는 공간이다. 인사를 나누고 밥을 같이 먹으며 수다를 떨고 텔레비전 드라마를 보면서 이런저런 이야기를 나누는 것과 같은 일상의 소소한 의례들을 경험하지 못하는 1인 가구들에게 소셜 미디어는 오히려 더 많은 사람들과 그 의례를 할 수 있는 기회를 얻을 수 있는 공간이다. 쉽게 이해가 되지 않

그림 5-5 | 먹방으로 인기를 끌고 있는 한 유저

자료: http://www.videomix.cz/video/U3NRqVKsjjw/

는 먹방의 인기도 이러한 맥락에서 이해할 수 있다. 왜 자신이 먹고 있는 것을 방송할까, 왜 그 방송을 사람들이 볼까 하는 의문은 1인 가구에게 결핍된 의례, 친밀감을 주고 소외감을 줄여주는 의례에 대한 욕구를 통해 풀어낼 수 있다. 서로에게 인사를 하고, '맛있겠다'라는 이야기에서 시작해서 일상의 이런저런 이야기를 하며 서로 밥을 먹는 장면을 보여주면서 '혼자 있다'는 생각을 잊으려 하는 것이다.

〈그림 5-5〉의 유저는 'BJ 왕쥬'라고 이름 붙여진 인물이다. 그녀는 아프리카 TV를 통해 자신이 먹는 장면을 방송하면서 화제가 되었다. 최근에는 방송 3주년을 기념하는 특집 개인 방송을 하기도 했다. 아프리카 TV에는 그녀처럼 혼자서 밥을 먹는 장면을 방송하면서 다른 이들과 대화하거나 다른 이들이 혼자 밥을 먹는 장면을 서로 보면서 방송하는 이들이 하루에 1000명을 넘고 있다.

나를 연출하다

사회학은 우리 삶에서 일어나는 여러 가지 다양한 일들이 왜 일어났는지 좀 더 쉽게 이해할 수 있게 해주는 학문이다. 이를 위해서 사회학자들은 여러 개념들을 개발했다. 소셜 미디어에서 자신의 비밀과 사생활을 다른 이들에게 보여주는 행위를 설명해줄 수 있는 개념 중 하나는 '연출하기'라는 개념이다. 이는 캐나다의 사회학자 고프먼(E. Goffman)에 의해 제시된 개념이다. '연출하기'의 개념을 쉽게 설명해보면 다음과 같다. 먼저 나라는 사람은 하나로만 존재하지 않는다. 첫 번째의 나는 '어떤 사람으로 행동하기를 기대하는 나'이다. 예를 들어 학생, 가장, 선생 등이 이에 해당된다. 이러한 '나'는 열심히 공부해야 하고, 자녀를 보살펴야 하며, 학생들에게 모범이 되어야 하는 '나'이다. 두 번째의 나는 '내가 되고 싶은 나'이다. 즉, 내가 바라고 있는 미래의 모습이며, 나의 이상적인 모습으로 내가 현재를 살아가는 데 어려움이 있어서도 이를 이겨낼 수 있는 희망이 된다. 예를 들어 대학생이 되기 위해 열심히 공부를 한다거나, 날씬한 모습이 되기 위해 운동을 열심히 하는 것과 같은 현재의 행위들을 결정한다. 세 번째의 나는 '나의 실제 모습'이다. 이 실제 모습을 나 스스로는 알고 있지만, 종종 자신에게 감추어져 있던 모습이 갑자기 드러나서 스스로 놀라기도 한다. 즉, 나의 실제 모습을 나는 알고 있지만, 모두 다 알고 있지는 않다. 예를 들어 다른 사람들은 모두 나를 성실한 사람이라고 알고 있지만, 스스로는 성실한 척할 뿐 사실은 대단히 게으른 사람인 것을 본인은 알고 있다. 하지만 특별한 기회에 자신이 대단히 성실하게 변할 때 스스로가 놀라기도 한다. 그런데 페이스북과 같은 소셜 미디어의 등장 이후 이 공간에서 네 번째의 나가 등장했다. 이는 '내가 되고 싶은 나'와 '나의 실제 모습'이 혼합된 나이다. 나의 얼굴이 작고 예뻐 보이는 각도로 사진을 찍고, 멋진 공간에 있는 나의 모습을 찍어 마치 내가 이곳에 항상 잘 어울렸던 사람으로 여기게 하는 행위는 실제의 나의 모습이지만, 내가 되고 싶은 나의 모습이기도 하다. 고프먼에 의하면 이는 '나를 연출하는 행위'이다.

　우리는 언제 우리를 연출하는가? 거울에 나의 모습을 비추어보자. 나의

그림 5-6 | 자신의 실제 음악 취향과 전혀 다른 음악 취향을 소셜 미디어에 올린 남자 배우의 사례

따사로운 햇살 아래에 한가로이 누워 있노라면
더불어 앙드레 가뇽의 연주까지 함께라면
더 이상
어떤 것도 필요하지 않았다

자료: http://juno0801.tistory.com/m/post/21

모습에 만족하는가? 내가 충분히 멋지다고, 충분히 예쁘다고 생각하는가? 그럴 수도, 그렇지 않을 수도 있다. 만족하든, 만족하지 않든 나는 거울에 비친 나의 모습에 따라 '나의 이미지'를 그린다. 이를 '거울 이미지'라고 부른다. 다른 한편 나의 이미지는 다른 이가 나에게 갖는 이미지이다. 내가 스스로 아무리 멋지다고 생각해도 다른 이들은 그렇게 생각하지 않을 수 있다. 나는 다른 이들의 표정, 눈빛, 말투 등을 통해 그들이 나에게 갖는 이미지를 대략적으로 파악할 수 있다. 예를 들어 대중의 반응을 항상 접하는 스타의 경우에는 대중의 표정, 눈빛, 말투를 통해 자신의 이미지가 좋아지고 있는지, 나빠지고 있는지를 알 수 있다. 이 두 가지 이미지는 같을 수도 있고, 다를 수도 있다. 그 차이가 심하게 날 때 개인은 나의 진정한 이미지는 어떤 것인가에 대해 혼란에 빠지기도 한다.

〈그림 5-6〉은 한 인기 남자 배우가 자신의 소셜 미디어에 올린 사진과 글이다. 그는 이후 출연한 한 예능 프로그램에서 스스로 멋있는 모습을 연출한 이 사진과 글에 대해 사실은 앙드레 가뇽의 연주도 잘 모른다고 고백했다. 왜 그런 글을 썼는가라는 질문에 대해 '멋있어 보여서'라고 대답했다. 이러한 스타일의 사진과 글은 비단 유명 연예인의 소셜 미디어에만 등장하는 것이 아니고 소셜 미디어를 이용하는 많은 이용자들의 공간에서도 발견된다.

우리는 누구나 자신이 스스로에 대해 생각하는 긍정적인 이미지를 다른

그림 5-7 | 페이스북 'Like'와 라인의 칭찬 이미지

사람도 긍정적으로 보아주기를 원한다. 멋지게 하고 친구들을 만났는데, 친구들이 그 모습이 별로라고 이야기하면 실망하게 된다. 종종 친구들은 선의의 거짓말을 한다. 자신이 진실을 이야기하면 상대방이 실망할 것을 알기 때문이다. 이 선의의 거짓말은 페이스북의 경우 'Like'를 클릭하는 경우에도 나타난다. 그리고 친구들은 자신도 다른 친구들에게 'Like' 클릭을 얻기를 원하기 때문에 자신도 'Like'를 클릭한다. 귀여운 공모자가 되는 것이다.

상대방이 나에 대해 평가하는 이미지를 내가 스스로에게 가지고 있는 이미지와 유사하게 하기 위해 나는 최대한 나의 이미지를 꾸민다. 이를 '가상 이미지'라고 한다. 화장을 항상 잘 하고 다니는 이가 화장을 안 하고 나타났을 때, 이 모습을 처음 본 친구들은 어색한 느낌이 들기까지 한다. 가상 이미지에 익숙해져 있기 때문이다. 오히려 가상 이미지가 친숙하고 진짜 이미지로 느껴지기까지 한다. 소셜 미디어 공간에서만 오래 친구로 있던 사람들이 실제의 모습으로 만났을 때 얼굴형, 목소리, 몸매, 말투 등이 페이스북의 그것과 다르면 어색하기 짝이 없다. 소셜 미디어에서의 '가상 이미지'를 실제의 이미지로 생각하고 있었기 때문이다. 오히려 현실 공간에 등장한 실제의 몸, 목소리, 말투는 어색한 것이 된다.

이를 잘 알고 있지만, 그렇다고 해서 실제의 몸, 목소리, 말투를 그대로 소셜 미디어 공간에 재현할 수는 없다. 실제의 몸, 목소리, 말투를 더욱 매

그림 5-8 | 얼굴을 예쁘게 만들어주는
스마트폰 애플리케이션

력적으로, 멋진 것으로 만들어서 재현해
야만 이를 보는 이들에게 인정을 받고 칭
찬을 들을 수 있기 때문이다. '가상 이미
지'는 어느 순간부터 자신의 실제 이미지
인 것처럼 느껴지기까지 한다. '가상 이
미지'를 멋지게 하기 위해서 그냥 한번
올려본 재즈 음악 파일, 이에 대한 친구
들의 댓글 등이 이어지면, 실제로 그 음
악을 좋아하지 않았어도 그 음악을 계속
들어 좋아하게 되는 경우도 일어난다.

가상 이미지는 내가 통제할 수 있는 이미지이다. 내가 원하는 대로 만들
수가 있기 때문이다. 아바타는 게임에서만 존재하는 것이었지만, 이제는
소셜 미디어 공간에서 나의 분신으로 존재하며, 종종 실제의 나보다 더 인
기 있고 더 멋진 존재가 되어 나의 친구들에게 어필한다. 그리고 실제의 나
와 같은 존재라고 본인 스스로도 믿기까지 한다.

피부, 얼굴 크기, 다리 길이, 각도, 조명까지 연출된 나의 이미지, 음악
취향, 미술 취향, 식사 취향, 여행 취향까지 연출된 나의 이미지, 이 가상
이미지는 그렇다면 나와는 전혀 상관이 없는, 칭찬만을 듣기 위한 거짓 이
미지인가? 그렇지 않다. 거짓 이미지는 상대방을 속여 자신의 이익을 취하
려고 만드는 이미지(예를 들어 범죄를 위한 변장, 성형수술 등)이지만 '가상 이
미지'는 상대방의 칭찬을 얻고자 하는 이미지이며, 기본적으로 자신의 전
체 부분이 100이라면, 그중에서 자신이 마음에 들지 않거나 사람들에게 보
이고 싶지 않은 부분을 제외하고, 나머지 부분을 좀 더 멋지게 연출한 이미
지이다. 사실 우리는 굳이 소셜 미디어 공간에 가지 않아도 매일의 일상생

그림 5-9 ㅣ 무대, 주연배우가 되고 싶다

자료: http://www.seoul.co.kr/news/newsView.php?id=20081223024002

활에서 스스로를 연출한다. 집에서의 모습 그대로 길을 나서는 사람은 거의 없다. 출근하기 전에 옷을 단정히 입는 것, 데이트를 하기 전에 멋지게 꾸미는 것 모두 일종의 가상 이미지를 만들어내는 것이다. 이에 앞에서 언급한 사회학자 고프먼의 '우리는 매일의 일상에서 스스로를 연출하고 연기한다'는 말을 더 잘 이해할 수 있을 것이다. 배우는 무대에서 관객으로부터 최대한 칭찬을 듣기 위해 오랜 시간 화장을 하고, 연기 연습을 하며 무대에 올라간다. 소셜 미디어에서도 마찬가지다. 그리고 이는 비난받지 않는다. 모두가 그러한 연출과 연기를 하기 때문이며, 악의가 아니라 상대방으로부터 인정과 칭찬을 받기 위한 행위라고 서로가 이해하기 때문이다.

하지만 소셜 미디어에 자신의 모습을 연출해서 보이는 행위는 적지 않은 스트레스가 되기도 한다. 갑자기 달라진 모습을 보여주는 것이 점점 힘들어질 수 있기 때문이다. 계속해서 멋진 모습으로 보이기 위해 좋은 곳을 계속 가야 하고, 음식을 먹기 전에 사진을 계속 찍어야 하며, 멋진 곳에 가서 그곳의 정취를 느끼기도 전에 그곳과 자신이 가장 잘 어우러진 사진을 계속 찍어야 하고, 음악을 들을 때도 이 음악 자체를 즐기기 전에 이 음악이 소셜 미디어에 올릴 만한 것인가를 판단하게 되며, 영화를 볼 때에도 어떠한 영화평을 올려야 되나 하는 고민이 생기게 된다. 이는 마치 배우가 대중에게 이미 어필되어 있는 이미지를 유지하기 위해 작품과 배역을 고르는 것과 대단히 유사하다. 하지만 이러한 스트레스는 감내할 만한 것이다. 오히려 아무에게도 주목받지 못할 때 느껴지는 소외감보다는 어떻게 하면 더 주목받을까 하는 고민이 더 달콤하기 때문이다.

• 이 글은 2012년 정부(교육과학기술부)의 재원으로 한국연구재단의 지원을 받아 수행된 연구임. (NRF-2012S1A3A2033291)

| 참고문헌 |

≪세계일보≫. 2015.4.9. "페이스북이 프라이버시 침해 … 유럽서 집단소송." http://www. segye.com/content/html/2015/04/09/20150409004139.html?OutUrl=naver.

≪조선일보≫. 2012.1.26. "60곳 개인정보 '묻지마 통합' … 구글은 내가 올여름 할 일을 알고 있다." http://m.chosun.com/svc/article.html?contid=2012012600290.

ZDNet Korea. 2014.8.26. "美 네티즌 66%, SNS 사생활 노출 우려." http://www.zdnet. co.kr/news/news_view.asp?artice_id=20140826155423&type=det&re=.

사이버 공간과 소셜 미디어 문화 (2)

선호에 기초한 네트워크와 불평등

/

소셜 미디어 시대의 관심의 재분배

이호영

공론의 공간인가, 경쟁의 공간인가

인터넷의 선구자들을 포함해서 많은 사람들은 디지털 세상이 아날로그 세상보다 평등하고 민주적인 어떤 상태를 포함한다고 생각했다. 인터넷은 수많은 버즈워드들을 발생시켰다. 집단지성, 롱테일, 크라우드 소싱, 사회적 북마킹 등 셀 수 없는 단어들이 사람들을 흥분시켰다가 명멸했다. 돌이켜보건대 그것을 관통한 것은 일종의 '풀뿌리 민주주의'에 대한 소망 같은 것이다. 하지만 오늘날 우리는 실시간 검색어로, 유튜브 조회 수로, 트위터 팔로어로, 페이스북 '좋아요' 개수로 집합화된, 어떤 대중적 선호(preference)들과 마주치며 그것에 비추어 자신의 선호를 결정하는 데 익숙하다. 인터넷 공간은 사회적 합의에 도달하기 위한 시민들의 공론장이기보다는 명성 추구의 레이스가 펼쳐지는 경기장으로 쉽게 변한다. 그리고 때로 이 명성 추구의 레이스 트로피는 가장 높은 공적을 세운 사람이 아닌, 가장 많은 관심을 유발한 사람에게 돌아가기도 한다. 그 결과, 선거는 물론이고 정치적 담론 역시 정치적 인물에 대한 팬덤으로 귀결되는 경우가 허다하다.

이러한 상황은 평판과 추천, 사회관계를 중심으로 발전하는 소셜 미디어의 확산과 더불어 가속화되고 있는 것으로 보인다. 소셜 미디어는 매우 상호작용적인 플랫폼으로 개인과 공동체가 이용자가 생산한 콘텐츠를 공유하며 공동으로 창작하고 토의하고 수정하기 위해 만들어진 모바일, 웹 기반의 기술이다(Kietzmann et al., 2011). 소셜 미디어의 영향력은 기존 미디어의 소셜 미디어 인용과 소셜 미디어에서 일어난 일들에 관한 기사 쏟아내기를 통해 더욱 강화되어왔다. 이 글은 선호를 통해 네트워크화된 시장에서 문화적 다양성 및 승자 독식 문제를 탐색해보고자 한다. 무료이거나 곡당 가격이 점점 싸져서 무료나 다름없게 된 mp3와 같은 전자화된 콘텐츠가 범람하는 시대에 왜 더 많은 인디밴드와 월드뮤직이 번성하지 못하는 것일까? 확장성을 가진 네트워크임에도 싸이가 돈을 벌면 벌수록 왜 다른 가수들은 가난해지는 생태계가 만들어진 것일까?

바라바시(A. L. Barabási)도 지적했듯이 웹은 몇몇 대륙과 커뮤니티들로 나뉘어 있으며 그로 인해 온라인 세계에서의 사람들의 행동이 제한되고 결정된다(바라바시, 2002: 267). 소셜 미디어가 만들어내는 네트워크도 당연히 그렇다. 네트워크 안에 들어와 있는 사람들의 선호를 결정짓는 것, 나아가 선호의 쏠림을 가속화하는 것이 무엇인가에 대한 물음은 당연히 네트워크의 동학을 이해할 것을 요구한다. 이 글에서는 사람들의 유유상종적 행동 양식이 네트워크 사회에서 승자 독식을 피할 수 없는 것으로 만든다는 것을 보여주고자 한다. 즉, 일반적으로 네트워크의 평범한 특성 중 하나인 선호에 기초한 연결이 승자 독식 시장을 낳는다는 가정을 갖고 여러 사례들을 통해 이 가정의 근거를 마련해보려는 것이다.

만약 선호가 존재하지 않는 네트워크라면 우리는 정보가 평면적으로, 또는 폭포처럼 확산되는 것을 생각해볼 수 있다. 하지만 선호가 존재하는 네트워크라면 이야기가 달라질 수 있다. 특히 상품 시장에서는 다수의 선택을 받은 아이템이 가시성이 높기 때문이다. 그리고 일정한 시점에 복잡계 연구에서 말하는 상전이가 일어나게 되면 그것을 뒤로 돌리는 것은 너무나 어렵기 때문에 문화적 다양성을 위해서는 네트워크의 실패에 대비하는 정책적 개입이 필요하다는 점도 보여주려고 한다.

네트워크 사회의 명성 추구

셔윈 로젠(S. Rosen)은 시간이 지나감에 따라 명성은 더욱 집중화되며 결국에는 애매한 능력을 가진 다수의 사람이 아닌 뛰어난 개인 또는 소수 개별 그룹이 소득을 대부분 차지하여 시장을 지배하게 된다는 내용의 슈퍼스타 모델에 대해 썼다(Rosen, 1981). 1981년의 논문 말미에서 그는 케이블과 비디오카세트, 그리고 홈 컴퓨터가 도래하는 시대에 이런 현상은 더욱 가혹해질 것이라고 내다보았다. 그가 인용한 앨프리드 마셜(A. Marshall)의 글을 잠시 다시 인용해보자. "이 변화(슈퍼스타의 탄생)의 원인은 두 가지다. 하나는 부의 일반적 증가, 다른 하나는 커뮤니케이션 수단의 발전이다. 커뮤니케이션 수단을 이용하여 이미 명령자의 지위에 오른 사람은 자신의 건설적 또는 사변적 천재성을 동원하여 과거 어느 때보다 더 넓은 영역의 일을 떠맡고 더 광범위한 분야로 진출한다." 로젠은 이어서 20세기 초반만 해도 사람의 목소리가 전달될 수 있는 한계 때문에 오페라 가수였던 빌링턴(E. Billington)은 1만 파운드를 선불로 요구하기가 어려웠지만 파바로티

(Luciano Pavarotti)는 그와 비교도 할 수 없는 수익을 얻고 있다고 썼다. 이 논문은 슈퍼스타 현상을 경제학적으로 파헤친 것이지만 이 현상이 커뮤니케이션의 발달로 인해 점점 더 격화될 것이라는 예견 때문에 더욱 우리의 관심을 끈다.

『명성의 대가(What Price Fame?)』에서 코웬(T. Cowen) 역시 대중매체의 발전이 현대 문화의 명성 생산의 핵심이라고 주장한다(Cowen, 2002). 특히 텔레비전은 명성 생산에서 일종의 탈지역화(delocalization) 현상을 낳고 있다고 주장한다. 하지만 코웬은 영화나 도서 시장의 예를 들어 슈퍼스타 이론에 대한 반론을 편다. 그는 영화의 경우 보상의 집중이 증가하고 있지 않으며 출판 시장에서도 오히려 문학의 다양성과 보상의 분권화가 가속화되었다는 증거를 제시한다. 그는 명성의 시장이 결코 포화되지 않으며 오히려 시장은 더 많은 명성 추구자를 수용함으로써 시장 자체를 키우려고 한다고 주장한다. 하지만 전자화된 네트워크가 지배하는 오늘날, 명성의 시장이 탈지역화되고 글로벌화되면 될수록 신규 진입하려는 사람들의 입장에서는 오히려 마태 효과가 더 분명하게 체감되지 않을까?

한편 로버트 프랭크(R. H. Frank)와 필립 쿡(P. J. Cook)의 『승자독식사회

(The Winner-Take-All-Society)』는 문화적 다양성이 계속 후퇴하는 현상에 대한 우려를 담고 있다(프랭크·쿡, 2008). 이들은 수월성에 대한 보상이 너무 크기 때문에 지나치게 많은 사람들이 그러한 승자의 자리를 두고 경쟁을 펼치는 것을 사회의 효율성이라는 관점에서 우려의 시선으로 바라보았다. 최근 한국 미디어에서도 흔히 관찰되고 있는, 사실에 근거한 저널리즘이 아닌 자극적인 기사로 경쟁하는 센세이셔널리즘이 그 대표적인 부대 효과라고 할 수 있다.

명성 추구 사회에 대해 글을 쓴 로젠, 프랭크와 쿡, 코웬, 이들의 공통점은 대중사회 또는 소비사회를 염두에 두었다는 사실에 있다. 그런데 마태 효과는 냉장고나 세탁기 같은 제품의 톱 브랜드 경쟁에서도 나타나지만 문화상품의 시장에서 더 강력하게 작용한다. 그 예로 파바로티의 공연을 1번 보는 것과 공연 가격이 1/10밖에 되지 않는 무명의 오페라 테너 공연을 10번 보는 것의 효용을 비교해볼 수 있다. 매우 안되었지만 많은 사람들에게 1장의 파바로티 티켓과 10장의 무명 테너 티켓을 주고 하나만 고를 수 있게 하면 극히 예외적인 경우를 제외하고는 대부분의 사람들이 파바로티의 티켓을 고를 것임을 예상할 수 있다. 이것은 다른 세계에서도 반복되지만 문화상품의 소비는 냉장고나 초콜릿, 치약의 소비와는 달라서 내 시간마저 잡아먹는다는 특성이 있다. 마음에 들지 않는 미적 체험은 끝내 인내심도 잡아먹는다. 따라서 사람들은 좋은 영화를 고르기 위해 정보 탐색에 드는 시간과 비용을 기꺼이 지불한다. 최근 인기를 끌고 있는 웹툰도 마찬가지다. 웹툰의 구독 비용이 0이라는 사실은 이러한 법칙을 약화시키는커녕 강화한다. 웹툰을 보는 절대적인 시간을 소비해야 하는 독자들의 관심은 상위에 랭크된 만화에 쏠리기 마련이다. 대중사회가 대중매체를 통해 수많은 베스트 10, 톱 10 등의 리스트를 생산해낸 것은 전혀 놀라운 일이 아니다.

그림 6-1 ｜ 그림에 대한 선호 실험

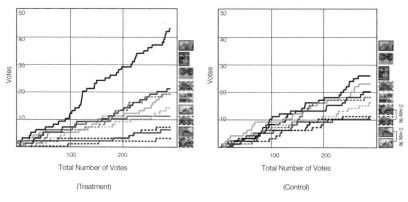

(Treatment) (Control)

자료: http://experiments.oii.ox.ac.uk/blog/livefriday-love-bites-results/

옥스퍼드 인터넷 연구소도 그림에 대한 선호를 묻는 실험을 통해 사회적 정보(social information)는 강화 효과를 가진다는 결론을 내렸다. 사람들의 선호에 대한 정보는 인기가 있는 사진을 점점 더 인기가 있는 것으로 만들고 그렇지 않은 사진은 오히려 더 인기가 없게 만든다. 이러한 사회적 정보에 의한 명성의 강화 효과는 상업적 시장이나 정치적 다툼은 물론이고 음악 산업과 같은 여러 종류의 문화 시장에서 자주 관찰된다. 그 결과, 다른 시장보다 시장의 불안정성과 소득 불평등이 나타나기 쉽다.

어떤 의미에서 우리가 살아가는 '네트워크 사회(network society)'는 정보 탐색에서 대중사회와는 비교도 되지 않을 만큼 소비자에게 유리하다고 말할 수 있을 것이다. 반 다이크(J. van Dijk)는 네트워크가 스스로 사회의 기본 단위가 되었다고 단언한 마누엘 카스텔(M. Castells)에 반대하면서 네트워크 사회의 기본 요소는 네트워크 그 자체라기보다 이러한 네트워크에 상호 연결되는 개인, 가구, 집단 및 조직이라고 주장했다(반 다이크, 2002: 38). 그는 "점차 면대면 커뮤니케이션의 사회적 네트워크를 대체하거나 보완하

표 6-1 ｜ 대중사회 vs 네트워크 사회

특징	대중사회	네트워크사회
주요 구성 요소	집합체 (집단, 조직, 커뮤니티)	개인 (네트워크로 연결된)
구성 요소의 특징	동질적	이질적
규모(scale)	확장	확장 및 축소
범위(scope)	로컬	글로컬(글로벌 + 로컬)
연결성 및 결합성	구성 요소 내(內) 높음	구성 요소 간(間) 높음
밀도	높음	낮음
중앙집중화	높음(소수의 중심)	낮음(다중심)
포용성	높음	낮음
커뮤니티 유형	물리적, 단일	가상적, 다양
조직 유형	관료 지배(bureaucracy) 수직적 통합	정보 지배(infocracy) 수평적 분화
가구 유형	큰 규모의 확대 가족	작은 규모의 다양한 가족 관계
커뮤니케이션 주요 유형	면대면 소통	점점 더 매개된 소통
미디어 종류	매스미디어를 통한 브로드캐스트(broadcast)	인터랙티브 미디어를 통한 내로캐스트(narrowcast)
미디어 수	적음	많음

자료: van Dijk(2006: 33).

고 있는 미디어 네트워크 속에서 사회의 관계를 조직화해나가는 사회의 한 유형"으로 네트워크 사회를 정의했다. 〈표 6-1〉에서 보듯 '네트워크 사회' 가 20세기를 거치면서 기존의 '대중사회'를 대체해가고 있다는 것이다. 이 것은 사회적 네트워크와 미디어 네트워크가 가장 중요한 조직의 양식과 현 대사회의 구조를 형성하고 있음을 의미한다. 명성의 생산양식 또한 네트워 크 사회 속에서 큰 변화를 겪게 된다.

네트워크 사회가 고도화되면서 개인들은 대중매체의 매개 없이 세계와 대면할 수 있는 수단을 획득했다. 더 이상 개인들은 자신들이 동의하지 않는 문화적 경계들 안에 머물러 있을 필요가 없어졌다(김용학·하재경, 2009: 45). 이것은 문화 소비자들의 입장에서 보면 대단한 이점이지만 문화 생산자나 공급자의 입장에서 보면 불리한 지점이다. 매체를 통해 전달 가능한 문화 콘텐츠에 관한 한 로컬의 문화시장은 취약해지고 글로벌 경쟁이 벌어지게 된 것이니까. 요컨대 이제 사람들은 식상한 텔레비전 프로그램이 나오는 시간에 각자 자신의 화면 앞에서 서로 다른 콘텐츠를 즐길 수 있게 되었고, 이러한 변화는 공급자 위주의 시장을 상당한 정도 수용자 편으로 휘어지게 만드는 효과를 가져왔다.

반 다이크가 말하는 네트워크 사회는 정보가 지배하는 사회이면서 동시에 정보가 네트워크의 구조를 타고 흐르는 사회다. 그렇기 때문에 명성 역시 네트워크의 동학 속에서 작동하게 된다. 하룻밤 사이에 유명해졌다는 시인 바이런(G. G. Byron)의 일화는 어떤 시대에나 유명해지는 것이 시간과의 싸움은 아니라는 것을 보여준다. 하지만 좋은 의미에서든 나쁜 의미에서든 인터넷의 등장 이후 유명해진다는 것은 더더욱 시간과 경쟁하는 일은 아니라는 것이 분명해졌다.

인터넷이라는 전자 네트워크를 문화적 활동의 수단으로 널리 쓰기 시작한 것은 디지털 파일로 변환된 많은 문화상품이 경험재이면서 동시에 정보재의 특성을 갖게 되기 시작한 이후부터다. P2P(peer to peer)는 사람들의 개인 소장품이었던 음악 파일을 순식간에 전 세계 모든 사람과 공유 가능한 것으로 만들어버렸다. 인터넷의 발전은 시간과 공간을 공유하지 않아도 만날 수 있는 사람이 수없이 많다는 것을 모든 이들에게 각인시켰다. 음악 산업을 곤란에 빠뜨린 저작권 논란이 존재하긴 하지만 사람들은 불과 10여 년 전에 비해 훨씬 쉽게 적은 비용으로 더 많은 음악을 접할 수 있게 되었다. 하지만 그와 동시에 음악 생산의 장의 다양성이 함께 증가했는가? 오히려 빅히트를 기록하는 곡들과 그렇지 않은 곡들 사이에 벌어들일 수 있는 수입의 격차는 더욱 커졌다. 따라서 네트워크 사회라고는 해도 어떤 모양의 네트워크가 지배하는가, 혹은 누가 네트워크를 지배하는가를 아는 것은 명성 생산의 메커니즘을 이해하는 데 정말 중요하다.

소셜 미디어의 도입은 명성 추구의 방식을 또 한 번 바꾸어놓았다. 블로고스피어(blogosphere)가 여전히 정보원으로서 영향력을 갖고 있긴 하지만 소셜 미디어의 약진을 도운 것은 콘텐츠에서 사람으로의 관심 전환 때문이었다고 말해도 과언은 아닐 것이다. 웹사이트에 업로드된 콘텐츠의 가치를 평가하거나 웹페이지의 순위를 매기는 것을 주된 존재 이유로 삼았던 디그(Digg)나 딜리셔스(Delicious) 등은 사람들의 관심을 조절하고 어느 논에 물을 댈 것인가를 결정함으로써 권력을 획득했지만 소셜 미디어는 더욱 쉽고 가시적인 팔로어의 수, 친구의 수 등을 통해 매개하는 '사람'의 가치를 부각시켰다. 소셜 미디어는 사람들을 개인 공간이나 동아리 방에서 더 넓은 광장으로 끌어내는 데 성공했다. 네트워크는 확장성을 생명으로 하므로 커뮤니티 활동을 대표하던 팬덤 역시 소셜 미디어로 진출했다. 이 과정에서 익명성을 중시하던 인터넷 문화는 실명 중심으로 급속하게 전환되었다. 페이스북과 같은 실명 기반의 소셜 플랫폼은 오프라인의 명성을 온라인으로 들고 올 수 있게 했을 뿐 아니라 오프라인의 명성을 훨씬 더 강화해주는 기제로 작동했다. 오프라인에서의 명성의 비대칭성이 온라인에서 그대로 반영되는 것을 지나 더욱 커지게 된 것이다. 가령 아널드 슈워제네거(A. Schwarzenegger)가 트위터에 들어오면 엄청나게 많은 팔로어를 쉽게 만날 수 있고 언제나 팔로잉보다 훨씬 많은 팔로어를 유지할 수 있겠지만 다른 사람들은 그렇지 않다. 실제로 2015년 5월 버락 오바마(B. Obama) 대통령이 개인 트위터를 시작하자마자 하룻밤 사이에 100만 명 이상의 팔로어가 몰려들었다. 이 사람들은 검색을 했을 때에도 엄청나게 많은 검색 결과가 기다림은 물론, 본인들의 트위터, 페이스북 계정까지 뜨게 되어 있다. 당신이 유명한 사람이라면 당신은 다른 사람들에 비해 더 많은, 그리고 더 양질의 정보를 획득할 확률이 높다. 친구를 맺거나 친구를 팔로우하는 것은 그 사람의 유명도(popularity)를 쉽게 가시화해준다. 따라서 트위터는 방향성이 있는 네트워크이면서 동시에 명성의 빈익빈 부익부를 더 강화했다고 말할 수 있다.

또한 트위터는 물론이고 페이스북이나 인스타그램 같은 소셜 미디어의 경우, 좀 더 긴 포스트와 양질의 사진, 그리고 자신의 주장을 기대하게 만드는 블로그에 비해 사진 한 장, 비디오 클립, 또 몇 자 안 되는 길이의 글을 통해 훨씬 더 가볍게 소통할 수 있었고 이용자의 프로파일과 친구들, 그리고 친구의 친구들을 소개함으로써 네트워크적 성격을 강화한 점이 특징이다. 블로고스피어가 여전히 검색에 의존했다면 소셜 미디어는 검색보다 네트워크를 타고 넘는 '재미'에 의존했다는 점도 차이다. 물론 블로고스피어에도 네트워크는 존재했고 트랙백 등을 통해 글들이 연결되었지만 그 네트워크는 소셜 미디어와 같은 사람들끼리의 수평적 네트워크라고 보기 어려웠다. 테크노크라티(Technocrati)와 같은 블로그 검색 전문 사이트의 존재가 그것을 증명한다.

선호적 연결과 천만 관객의 시대

싸이의 〈강남 스타일〉은 소셜 미디어가 만들어준 선호의 네트워크가 기존의 브로드캐스팅 시스템과 어떻게 다른가를 잘 보여주는 사례라고 할 수 있다. 〈강남 스타일〉은 2014년 5월 유튜브에서 20억 뷰에 도달했으며, 지금도 최고의 조회 수 기록을 갖고 있다. 싸이는 YG 엔터테인먼트가 유튜브에 올린 뮤직비디오 클립을 통해 명성을 얻었다. 이 사례 덕택에 그 전에 JYP 소속 걸 그룹인 원더걸스가 미국 시장을 뚫기 위해 했던 수많은 노력이 네트워크 사회에서는 전혀 맞지 않는 방식이었음도 드러났다. 이들은 미국으로 직접 건너가 옷 가게에서 CD를 끼워 파는 방식의 마케팅을 했지만 그것이 도달할 수 있는 범위란 애초에 너무나도 작았다. 이와 대조적으로 싸이의 〈강남 스타일〉 뮤직비디오는 트위터의 도움을 받으면서 국경을 넘고, 이질적인 문화 수용자 간의 경계를 훌쩍 뛰어넘을 수 있었다.

〈강남 스타일〉의 성공은 뮤직비디오의 독창성과 멱함수(power law)라고 일컬어지는 수학의 법칙이 만나 벌어진 하나의 행운이다. 행운이라고 하는 것은 〈강남 스타일〉을 유튜브에 게재한 YG 엔터테인먼트조차 이러한 성공을 애초에 목표로 두지 않았을 것이기 때문에 하는 말이다. 〈강남 스타일〉은 확산 과정에서 매우 유의미한 몇몇 셀러브리티에 의해 '발견'된다. 이 셀러브리티는 목적지로 가는 경로를 대폭 축소하면서 만약 그 업로더가 이러한 결과를 위해 타깃으로 삼은 누군가가 있었다면 바로 그 사람일, 미국 엔터테인먼트 업계의 최종 목표에 도달하도록 해주었다. 이것은 임의의 두 점을 연결하는 것이 확률적으로 매우 희소한 경우라는 것을 보여준다. 임의의 두 점이 매우 적은 수의 단계를 가지는 경로로 연결되기 위해서는 각 단계의 연결이 대단히 효율적이라는 전제가 필요하다. 그리고 이 각 단계마다 매개자의 주관적인 해석과 판단이 개입한다. 따라서 그냥 음악을 듣는 사람과는 아무 관계없어 보이는 옷 가게의 무작위 관객을 대상으로 행운을 바라는 것보다는 유튜브라는 채널을 이용하는 것이 훨씬 영리한 판단이다. 결국 네트워크상에서는 무엇이 전달되는가 못지않게 어떻게 전달되는가가 중요하기 때문이다.

이러한 상황은 네트워크 사회에서 사람을 매개로 하는 취향의 분배가 이루어지게 됨을 의미하며, 누구와 연결하는가를 결정하는 것이 매우 중요함을 보여준다. 네트워크의 구조적 특징이 정보 확산에 미치는 영향에 관한 연구는 1999년 던컨 와츠(D. Watts)가 「작은 세상」이란 논문을 세상에 내놓은 후(Watts, 1999) 사회학, 물리학, 경영학 등 다른 학문 분야로 퍼져나갔다. 페이스북에서 지내다 보면 우리는 전혀 의외의 사람이 내 친한 친구와 잘 아는 사람이라는 사실에 깜짝 놀라게 된다. 우리는 "세상이 참 좁군요"라거나 "나쁜 짓 하지 말고 살아야겠어요"라는 식으로 이 놀라움을 표시한다. 와츠는 6단계 분리 이론(theory of separation of six degrees)이라는 말로 이러한 놀라움을 정식화했다(와츠, 2004). 원래 6단계 분리 이론을 처음으로 언급한 사람은 헝가리 극작가였던 프리게스 카린시(Frigyes Karinthy)로 알려져 있다. 그는 1929년에 발표한 소설 『연쇄(Láncszemek)』에서 문명의 발전에 따라 인간 사이의 거리는 더 좁아지는데, 당시 세계 인구 15억 명 중 임의의 사람을 선택해도 5명의 사람을 거치면 연결이 가능할 것이라고 추측했다. 1967년 스탠리 밀그램(S. Milgram)의 실험은 미국에서 두 사람을 연결하는 데 필요한 단계가 5.5 사람임을 밝혀낸 것으로 유명하다. 버지니아 컴퓨터공학과에서는 이 이론을 적용하여 영화배우들끼리의 거리를 계산하기도 했다. 케빈 베이컨(Kevin Bacon)의 여섯 단계 게임이라고 불리는 이 유명한 분석은 『연쇄』의 이론을 강력하게 뒷받침해준다. 최근 네트워크에 대한 연구는 정보 수신자가 많은 유력자(hub)보다 쉽게 영향을 받아 정보를 빨리 재전송하는 링커(linker)의 존재가 정보 확산에 더 큰 영향을 줄 수 있음을 밝힘으로써 진일보했다.

여기서 한국 영화 시장의 흥행에 대해 잠시 살펴보자. 영화의 경우 국내

시장을 분석해보면 이른바 '텐트 폴'을 만드는 영화와 그렇지 않은 많은 영화로 양극화되고 있음을 알 수 있다. 2014년 영화 흥행 성적표를 보면 〈명량〉과 〈국제시장〉이 3등과는 비교할 수도 없이 많은 관객을 동원했음을 알 수 있다. 〈명량〉이라는 영화는 1700만 명이라는 관객을 동원하는 데 성공했는데, 이 기록은 앞서의 모든 흥행 기록을 깬 것이다. 이것은 바라바시가 이야기했던 척도 없는(scale-free) 네트워크의 힘을 보여준 것으로 좁은 세상에서 촉발된 영화에 대한 찬반 논란이 특정한 임계점을 넘어 영화에 대한 관심으로 확산된 결과다. 물론 영화의 성공에는 CJ E & M의 물량 투하와 적극적인 홍보, 그리고 멀티플렉스에서의 스크린 점유도 중요한 역할을 했다. 물리적 조건으로서의 멀티플렉스에서의 물량 공세는 영화가 좋을 경우 어느 정도 승수효과를 가질 수 있을 것이다. 영화 흥행에 미치는 소셜미디어의 입소문 효과가 얼마 정도인가를 계량적으로 밝힌 연구를 알지 못하기 때문에 정확한 수치를 제시할 수는 없지만 초기 단계에서는 TV 등의 매체에 언급되고 노출되는 것이 중요해도 어느 정도 단계에서 흥행 곡선이 가파르게 되거나 꺾일 때에는 소셜 미디어가 중요한 역할을 한다는 것은 알려진 사실이다.

그렇다면 이 모든 일들은 어떻게 가능했을까? 〈표 6-2〉는 영화진흥위원회에서 발표한, 관객 수를 가장 많이 동원한 20대 영화 리스트이다. 20위권까지의 영화 중에서 〈괴물〉, 〈왕의 남자〉, 〈과속스캔들〉, 〈국가대표〉, 〈해운대〉까지 다섯 개의 영화를 제외하면 모두 2010년 이후의 영화이다. 천만 관객을 넘어선 영화 중 이 글을 쓰고 있는 현재 아직 스크린에서 상영 중인 〈어벤져스〉를 제외하고 12개의 영화만 두고 봤을 때 8개의 영화가 2012년 이후의 영화로 갑자기 많아졌음을 알 수 있다. 더욱이 〈왕의 남자〉(2005년 개봉)의 경우 상대적으로 적은 스크린 수를 가지고 선전했던 반면 〈명량〉

표 6-2 | 역대 영화 흥행 순위(관객 동원)

순위	영화명	개봉일	관객 수	스크린 수	상영 횟수
1	명량	2014-07-30	17,614,679	1,587	188,641
2	국제시장	2014-12-17	14,256,283	1,044	212,572
3	아바타	2009-12-17	13,302,637	917	162,505
4	도둑들	2012-07-25	12,983,341	1,091	155,396
5	7번방의 선물	2013-01-23	12,811,213	866	166,817
6	광해, 왕이 된 남자	2012-09-13	12,323,555	1,001	203,442
7	변호인	2013-12-18	11,374,620	925	152,267
8	해운대	2009-07-22	11,324,433	764	154,277
9	괴물	2006-07-27	10,917,221	647	113,101
10	왕의 남자	2005-12-29	10,513,715	313	111,176
11	겨울왕국	2014-01-16	10,296,101	1,010	157,683
12	인터스텔라	2014-11-06	10,275,484	1,410	168,993
13	어벤져스: 에이지 오브 울트론	2015-04-23	10,118,874	1,843	180,067
14	설국열차	2013-08-01	9,350,227	1,128	124,858
15	관상	2013-09-11	9,135,540	1,240	125,103
16	아이언맨 3	2013-04-25	9,001,309	1,389	163,569
17	해적: 바다로 간 산적	2014-08-06	8,666,046	910	133,353
18	수상한 그녀	2014-01-22	8,658,691	1,027	136,982
19	과속스캔들	2008-12-03	8,223,266	408	145,555
20	국가대표	2009-07-29	8,035,181	570	131,671

자료: 영화진흥위원회.

은 점유한 스크린에서 다른 영화와 압도적인 차이를 보이고 있음을 알 수 있다. 따라서 일단은 멀티플렉스의 지배와 배급사의 권력이 천만 관객 이상의 영화를 양산하고 있다고 결론 내릴 수 있다.

영화 〈명량〉이나 〈국제시장〉이 그토록 대중적 열광의 대상이 된 이유를 여러 가지 방식으로 설명할 수 있겠으나 여기서는 선호적 연결(preferential attachment)이라는 개념을 통해 이해해보도록 하겠다. 일반적으로 관찰되는 이용자들의 문화적 아이템에 대한 선호는 일반적으로 멱함수 법칙을 따른다. 멱함수 분포는 복잡계 네트워크 이론에서 흔히 말하는 선호적 연결에 의해 만들어진다. 선호적 연결은 새로운 링크가 생길 때 좀 더 큰 크기를 가진 노드에 가서 붙는다는 매우 단순한 가설에 기초한다. 네트워크 안에서 한 사람이 증가하면 관계의 수는 N 제곱에서 (N + 1)의 제곱으로 증가한다는, 네트워크 지수 법칙의 힘은 대부분의 선호적 연결을 설명한다(정하웅 외, 2013). 지난 10년간 트위터나 페이스북 같은 소셜 미디어는 이용자들의 선호를 글로벌 규모에서 관찰 가능하게 해주었다. 바라바시에 따르면 무작위 네트워크에는 노드 간의 링크에 어떤 의도나 선호가 전혀 반영되지 않기 때문에 친밀한 서클이 존재하지 않는다. 하지만 복잡계에서 링크는 방향성과 선호를 가지고 있다(바라바시, 2002). 앞서의 옥스퍼드 인터넷 연구소의 실험을 상기해보면 결국 초반에 입소문이라든가 미디어의 프로모션 등 어떤 동력을 얻는 영화가 그렇지 않은 영화에 비해 훨씬 더 큰 규모의 관객에 소구할 가능성이 높은 것이다.

이 선호적 연결에 대한 연구는 이용자의 궤적과 아이템에 대한 선호를 동시에 관찰할 수 있게 되면서 좀 더 분명한 이론적·실증적 근거를 갖게 되었다. 가령 장과 그 동료들(Zhang et al., 2014)의 연구는 딜리셔스, 아마존, 플리커, 위키피디아에서 수집한 데이터 분석에 기초하고 있다. 연구자들은 이용자의 활동 동학과 아이템 인기 동학은 상호 의존적 성격을 띠기 때문에 이를 분리하여 연구할 수 없다고 보았다. 이 연구에서 이용자는 딜리셔스에서는 북마크를 통해, 플리커에서는 사진에 대한 선호 표시(favorite marking)를 통해, 아마존에서는 별점을 통해, 위키피디아에서는 편집을 통해 각각 자신의 아이템에 대한 선호를 표현하고 있다고 간주되었다. 플리커와 딜리셔스의 경우에는 이용자 간의 친구 관계를 허용하기 때문에 이용자와 아이템 사이의 링크뿐만 아니라 이용자 간의 사회적 링크 역시 데이터로 마련되었다. 이용자와 아이템 사이의 교차 링크는 적극적 이용자에 의해 만들어지는 경향이 있었으며 주로 인기 있는 아이템에 의해 획득되었다. 이는 이용자가 전반적으로 인기 있는 아이템을 따라간다는 것을 보여준다. 하지만 적극적인 이용자는 덜 유명한 아이템들에 대해 평균 이상의 기여를, 반대로 소극적인 이용자는 유명한 아이템에 평균 이상의 기여를 하는 것으로 나타났다. 물론 이 연구가 실험에서 다루고 있는 네트워크 바깥의 요인들을 효과적으로 통제하지 못하기 때문에 한계는 있지만 이것이 논의의 적실성을 훼손하는 수준은 아니라고 생각된다. 결국 소비되는 아이템의 문화적 다양성이라는 측면에서 봤을 때 소셜 미디어는 한편으로 이미 인기 있는 아이템(여기에는 셀러브리티도 포함될 수 있다)의 소비에 크게 기여하는 측면과 희귀한 아이템의 발굴, 양면에 다 관여한다고 이야기할 수 있다.

이제 소셜 미디어에서 정보 폭포는 단순히 아래로 흘러내리지 않고 선호적 연결을 타고 확산되는 길로 나아간다. 이른바 구전에서도 정보는 특정한 이용자 간의 링크를 통해 훨씬 더 빨리 확산되는 것으로 알려져 있으며 이용자의 행동은 그 이웃의 행동에 의해 강하게 영향을 받는다는 것이 정설로 되어 있다. 사회성 정도와 활동 정도 역시 긴밀하게 연결되어 있다. 이러한 정황은 소셜 미디어가 이른바 천만 관객이 넘는 영화의 양산을 주도하고 있다고까지는 말하지 못해도 이에 우호적인 환경을 만들어주고 있다고는 말할 수 있게 해준다. 하지만 이런 설명만으로는 네트워크가 가진 역동성과 복잡성을 다 보여주지는 못하는 것처럼 생각된다.

유유상종과 영향력 혹은 전염

사회학에서는 사회 연결망에 연결되어 있는 개인들이 매우 높은 상관관계를 보이는 행동들을 한다는 것을 밝혀왔다. 이러한 상관관계는 '동류 선호 또는 유유상종(homophily)'과 '영향(influence) 또는 전염(contagion)'이라는 두 개의 효과로 설명되었다. 동류 선호는 이미 비슷한 사람들이기에 네트워크 안에서 스스로 연결을 만든다는 것을, 영향은 행위자들이 네트워크 안의 이웃들과 점점 더 비슷해지는 쪽으로 변화한다는 것을 뜻한다(Ver Steeg and Galstyan, 2010). 사실 현실에서 이 두 개의 현상을 분명하게 구별하기는 쉽지 않지만 우리가 어떤 변화를 가져오려고 할 때 이 두 개의 현상을 구별하는 것은 매우 중요하다. 페이스북에서의 친구 맺기(friending)는 유유상종 현상으로 좀 더 잘 설명될 수 있지만 트위터에서의 팔로우(following)는 영향이나 전염의 모습으로 나타나기 쉽다. 따라서 새로운 소셜 미디어가 생겨나고 그에 따라 새로운 방식의 조직화가 일어날 때마다 취향의 지도는 조금씩 달라져왔다.

루이스와 그 동료들(Lewis et al., 2008)은 페이스북 이용자 데이터를 분석하여 사회관계와 인구사회학적 특성이 비슷한 학생들이 매우 많은 문화적 선호를 공유한다는 사실을 발견했다. 이는 전형적인 유유상종 또는 동류 선호 이론을 소셜 미디어로 매개된 관계를 통해 증명한 것이다. 여기서 동류 선호는 사람들은 자신과 비슷한 사람과 상호작용하는 것을 좋아하고 반대로 갈등적 관계를 피하려는 성향이 있다는 것을 표현한 말이다. 페이스북의 '좋아요' 버튼을 보자. 이 버튼은 공감을 통한 네트워크의 확장을 위해 만들어진 장치다. 페이스북의 알고리즘은 '좋아요'를 많이 받은 글을 우선적으로 타임라인 상단에 배치함으로써 더 많은 '좋아요'를 유발한다. 호감과 비호감으로 표현되는 이러한 이분형(dichotomous)의 세계는 디지털이 문명의 문법이 된 이후부터 당연한 것으로 간주된다. 하지만 소셜 미디어가 만들어내고 있는 세계의 문법은 타자에 대한 호감 드러내기나 '좋아요'를 많이 획득한 타자의 장점 발견하기처럼 단순하지 않다. 호감의 네트워크는 소셜 미디어가 만들어내는 담론/관계 공간의 외부에까지 영향을 미치며 유력자를 생산한다. 또한 호감을 드러내는 행위 자체는 지배적인 문화적 코드의 영향을 받게 되며 이용자가 속해 있는 사회 속에서 다수의 집단적 선호를 우선적으로 반영하게 된다.

트위터의 경우 팔로우라는 한 번의 클릭을 통해 연결이 이루어지게 되는데, 이러한 느슨한 네트워크는 팔로우와 언팔로우가 자유로운 것을 특징으로 한다. 트위터는 특히 상대방의 허락을 구하지 않아도 친구가 될 수 있기 때문에 개방적 네트워크를 형성한다. 특히 이 점에서 트위터는 소셜 미디어 도입 초기에 일종의 소셜 팬덤을 형성하는 데 유리한 고지를 선점했다. 물론 정보를 얻기 위해 만들어지는 링크들은 무수히 존재하지만 팬덤으로 상징되는 셀러브리티의 트위터 네트워크를 생각해보면 '수천, 수만의 팔로어 : 1'의 관계임을 알 수 있다. 요컨대 팬덤의 네트워크는 전형적인 영향력의 네트워크이면서 방향성을 가진 네트워크라고 할 수 있다.

이러한 현상은 '소셜'을 도입한 온라인 세상의 도처에서 발견된다. 예컨대 아마존에서 최근에 도입한 소셜 플러그인은 내가 검색한 이 책을 산 사람이 아니라 내 소셜 친구가 산 책을 알려준다. 기본적으로 '사람'의 선호와 성향이 비슷한 사람들끼리의 구매 결과가 같다는 가정을 밑에 깔고 있는 것이다. 이것은 경제학에서 말하는 허딩(herding)과 구별된다. 허딩은 의사결정이 순차적으로 일어나는 상황에서 발생한다. 사람들은 자신들의 개인적인 판단에 의지하기보다는 앞에 있던 사람들이 이미 내린 의사결정이나 행동을 참고하여 이를 따라 한다고 한다(Banerjee, 1992). 일종의 학습효과가 존재한다는 것인데 사실 모든 사람들이 개인적인 판단에 근거해 하는 의사결정보다 집단적 행동을 따라 하는 것이 반드시 비합리적인 것은 아니며 나아가 상대적으로 '정확한' 경우도 많다. 실제로 많은 사람들은 인터넷 도입 이후에 이러한 정보 폭포의 발생, 속도, 규모, 파급효과가 예전보다 더 커졌다는 것을 증명해 보이고 있다. 소셜 플러그인은 단순히 전체집단(aggregate) 중에서 다수가 간 길을 따라가기보다는 나와 비슷한 사람들이 따로 낸 길을 따라가는 것이 결국 나의 만족(gratification)을 높일 것이라는 가정 위에 서 있다.

구글의 검색 알고리즘 역시 이용자의 이런 욕구에 부합했다. 페이지랭크라는 알고리즘은 구글 CEO인 슈미트(E. Schmidt)가 삶에서 정말 중요한 것은 '속도'가 아니라 '방향'이라고 했을 때 의도한 것을 잘 담아내고 있다. 구글은 하이퍼링크에서 힌트를 얻어 검색 알고리즘을 만들었다고 하는데 이것은 어떤 페이지는 다른 페이지보다 훨씬 더 많은 압도적인 링크를 가지고 있다는 것을 간파한 덕택이다. 이로 인해 구글 자체가 헤아릴 수 없는 링크를 가진 허브가 되었다(바라바시, 2010: 151). 페이지랭크는 인터넷의 페이지가 서로 연결되어 있는 빈도수를 계산해 사람들에게 검색 결과로 제시한다. 유튜브의 추천 비디오도 A라는 비디오 클립을 좋아한 사람이 대개 B라는 비디오 클립을 좋아했다는 데이터 분석에 근거한 것이다. 네트워크의 크기가 커지고 훨씬 많은 사람들이 여기에 모여 있다고 가정했을 때 유유상종과 영향력은 동시에 폭발적인 시너지 효과를 발휘하게 된다.

이것은 사회적 선호가 알려진 네트워크에서 유유상종과 영향력은 정보 폭포 이론과 같은 전통적인 정보 확산 모형과는 조금 다른 양상을 띠게 됨을 뜻한다. 우리는 이미 문화적 선호에 나타나는 두 가지 방향의 사회적 압력을 알고 있다. 하나는 한 사회가 정당하고 고급스럽고 그럴듯하다고 분류하는 지배계급의 문화를 더 바람직하고 반드시 알아야 하는 문화로 인정하는 것이다(Bourdieu, 1979). 왜 사람들은 루브르 박물관의 모나리자에 열광하는가? 루브르를 방문하는 모든 관람객들이 모나리자가 나머지 다른 그림보다도 낫다고 인정하기 때문일까? 아마도 그 관람객들은 어릴 때부터 수많은 복제 모나리자를 만났을 것이며 루브르 하면 모나리자를 떠올리도록 훈육받았을 것이다. 다른 하나는 지금 핫한 문화 코드를 이해하고 그것을 따르는 것이다. 전자를 고급문화라고 하고 후자를 유행이라고 해두자. 유행을 아는 것 역시 어떤 정도의 '쿨함'과 '시대에 뒤떨어지지 않았음'을 보여주는 기준이 된다. 대부분의 사람들은 나만의 미적 기준을 정립하기 전에 '서울과학고 학생이 읽어야 할 책', '하버드대 학생들이 가장 많이 대출한 책'이라든가 교육부 선정 '우수도서', 세계 5대 미술관, 세계 3대 테너, 죽기 전에 들어야 할 100대 명반 등에 관심을 쏟는다. 또한 베스트셀러나 빌보드차트, 영화 관객 동원 순위 등을 통해 남들의 관심이 쏠려 있는 곳을 본다. 그것은 이 사회 자체가 그렇게 조직화되었기 때문이며 현재 사람들의 관심이 쏠려 있는 곳에서 수익이 나기 때문이다.

부르디외에 따르면 문화적 사회화 과정이란 사회적 위계를 문화적 위계와 일치시키려는 현대 사회의 기획을 내면화하는 과정에 다름 아니다. 그것은 사회적 집단, 나아가 지배계급의 문화적 선호를 자신의 선호로 오인하는 것을 통해서 사회 그 자체를 재생산한다. 그런데 부르디외의 이론의 난점은 '오인'을 수정하는 법에 대해 아무런 설명도 제공하지 않는다는 데 있다. 계급의 선호를 자신의 선호로 내면화하는 과정에서 학교라든가 사회적으로 공인된 문화적 제도, 자격증 등이 중요한 영향력을 행사한다는 것을 '사회적 사실'로 받아들인다 해도 그러면 도대체 문화적 변동은 어디로부터 오는 것인가, 어떻게 사람들은 자신의 취향을 바꾸게 되는가 하는 질문에 답변하기가 어렵기 때문이다. 네트워크 사회에서 이 열쇠는 사람들이 살아가면서 마주치게 되는, 다양하고 이질적인 소속과 연결망을 배경으로 가진 타인들과의 교류 속에 존재한다. 사람들은 유유상종의 네트워크 속에만 머물지 않으며 다른 사람과는 구별되는 자신의 취향을 찾기 위해 의도적으로 노력하며 살아가기 때문이다. 누군가가 뽕짝을 좋아한다고 해서 그의 친구가 모두 뽕짝을 좋아하지는 않는다. 우리는 음악 영역에서는 친구 A와 닮아 있지만 영화 취향은 전혀 다를 수도 있다.

문화적 다양성과 이질적 네트워크의 연결

만약 정보 폭포나 선호적 연결, 유유상종만이 존재한다면 소셜 미디어의 세상은 매우 단순할 것이지만 이것만으로는 설명되지 않는 다른 현상들이 존재한다. 그것은 '시간'과 관련된 복잡계 현상이다. 〈강남 스타일〉을 지구적 성공 사례로 만든 싸이의 경우는 트위터라는 소셜 미디어에서 유력자의 언급, 그리고 그것을 본 팔로어들의 적극적인 리트윗이 없었다면 불가능했을 것이다. 즉, 이질적인 네트워크로의 옮겨 타기 없이는 싸이의 성공은 난망했을 것이란 이야기다. 또 문화적 선호가 유유상종이나 전염의 네트워크만을 타고 전파된다면 로컬 문화가 글로벌하게 되기는 어려울 것이다. 어떤 순간에는 유유상종의 네트워크를 넘어서서 다른 취향의 네트워크로 전파되어야 할 텐데 그러려면 문화적 감가(cultural discount)로 인한 제약을 온전히 넘어서야 한다. 동일한 조건의 글로벌 소셜 미디어가 존재하는 가운데 왜 싸이의 〈강남 스타일〉은 성공하고 다른 것들은 성공하지 못했는가? 경쟁의 승자와 패자 사이에는 어떤 결정적인 차이가 존재하는 것인가? 이 문제에 대한 대답으로 여기서는 임계 모델(바라바시, 2002)을 가져와 보았다. 전파와 확산을 설명하는 이론에서는 어떤 유행이나 바이러스가 확산되기 위해서 결정적 임계를 넘어서는 것이 전제가 된다. 유튜브를 열면 무한한 클립들이 존재한다. 그중에서 어떻게 20억 뷰를 만들어낼 수 있었을까? 그것은 이질적인 네트워크를 잇는 허브에 의해 부분적으로나마 설명될 수 있을 것이다.

일반적으로 물리학에서 말하는 네트워크 이론은 사회 연결망에서 나타나는 사회적 상호작용의 특수성을 이해하는 데 실패하곤 한다. 사회 연결망에서 나타나는 동류 선호는 '상징'의 교환을 매개로 한다. 함께 좋아하는 무엇이 사람들을 모이게 한다는 것이다. 음악 취향에 나타나는 동류 선호에 관한 마크(N. P. Mark)의 접근은 독특한데, 그는 사회 연결망을 통해 음악적 선호가 확산된다고 주장했다(Mark, 2003). 사람들은 그들이 서로 영향을 미치는 사람들에 의해 비슷한 음악적 취향을 발전시키게 되는데, 이때 그들의 연결망을 통해 다양한 음악 장르에 노출되고 이를 학습한다. 그중에서도 혈연과 친구는 특히 영향을 미친다. 따라서 이질적인 종류의 사람들에 대한 노출 가능성은 대단히 중요하다(Mark, 2003: 322). 서로 다른 사람들이 서로 다른 문화를 좋아하기 때문에 다양한 문화들에 노출된다는 것은, 또 다양한 문화를 좋아한다는 것은 더 다양한 사람들과 접촉할 수 있는 기회를 만난다는 뜻이 된다. 네트워크의 이종성(variety)에 대한 주의가 필요한 것이 바로 이 때문이다.

소셜 미디어의 등장은 바로 이러한 이질적 문화들에 대한, 나아가 다양한 사람들에 대한 노출 방식을 바꿈으로써 취향의 지도를 다시 그렸다. 밀도나 다양성처럼 네트워크의 구조적 특징에 따라 정보 확산 및 공유 형태가 달라질 수 있다는 주장은 참고할 만하다(Aral and Van Alstyne, 2011). 일반적으로 복잡계 이론에서는 허브와 링커를 구별한다. 여기서 링커는 매개지수(betweenness centrality)가 가장 높은 사람인데 허브에 비해 직접적으로 연결된 링크의 개수 자체는 적지만 영향력은 적지 않다. 그래노베터(M. Granovetter)는 『일자리 구하기(Getting a Job)』라는 책에서 사람들이 직업을 구할 때 우리의 가장 친한 친구들은 별 도움이 안 된다는 사실을 밝혀냄으로써 사회를 네트워크로 이해하는 것의 중요성을 세상에 알렸다(그래노베터, 2012). 그는 인적 접촉(personal contact)를 통해 일자리를 얻은 수많은 개인들과의 인터뷰를 통해 이질적인 네트워크의 중요성을 규명했다. 친한 친구들은 나와 같은 서클을 공유하기 때문에 대개 동일한 정보를 가질 확률이 높다. 따라서 기존에 내가 갖고 있는 정보와 다른 정보를 얻고 싶으면 약한 연결(weak tie)을 사용해야 한다. 이러한 약한 연결이나 그냥 좀 아는 사이가 외부 세계로의 다리 역할을 하기 때문에 이러한 연결을 많이 가진 것을 교량형 사회자본(bridging social capital)이라고 부르기도 한다. 소셜 미디어는 가령 오프라인의 알음알음 같은 사회 연결망이나 온라인 커뮤니티에 비해, 또 검색을 통해 정보를 섭렵해야 하는 블로그나 웹페이지에 비해 연결의 강도는 강하면서 정보의 확산 속도는 매우 빠른 특성을 갖고 있다. 또 앞의 아마존 사례에서 볼 수 있듯이 내 친구의 추천이라는 강력한 무기 또한 갖고 있다.

따라서 우리는 네트워크가 실패할 때, 즉 네트워크가 유유상종과 승자독식의 기능만 수행하고 교량의 역할을 하지 못하게 될 때, 네트워크가 잘못 구조화되어 오히려 정보와 사람, 문화와 지식의 흐름을 막아버릴 때 무언가를 하지 않을 수 없다는 결론에 이르게 된다. 그 무엇이란 바로 이질적인 네트워크 간의 교류와 소통을 위한 공동체의 노력이라고 할 수 있다. 소셜 네트워크가 물리법칙의 적용을 받는다 해도 그것이 '사회적' 네트워크인 한, 즉 사람들로 이루어져 있는 한 동시에 사회법칙의 적용을 받는다. 사회정책을 기획하거나 입소문을 통한 마케팅을 하기 위해 유력자가 누구인가를 찾으려는 사람은, 혹은 반대로 유력자의 영향력이 기하급수적으로 증대하는 것을, 혹은 시장이 승자 독식으로 가는 것을 막고 문화적 다양성을 높이려고 하는 사람은 유유상종이라는 네트워크의 자연스러운 흐름을 꺾어야만 하기 때문에 더욱 힘이 들 수 있다. 하지만 네트워크의 실패, 나아가 네트워크 사회의 실패를 목도하는 오늘날, 원하는 변화를 얻기 위해서는 문화적 다양성을 위한 조치들이 반드시 필요하다.

소셜 미디어 시대의 불평등

『세계는 평평하다(World is Flat)』의 저자 프리드먼(T. L. Friedman)은 세계화 3.0을 정보혁명과 연결시키면서 상명하달의 수직적 위계질서가 위협받고 수평적이고 협동적인 구조로 변화하고 있다고 주장했다. 그는 10가지의 평평화 경향을 예로 들면서 이것을 이해하지 못하는 기업이나 개인은 모두 21세기의 실패자로 기록될 것이라고 예견한다(프리드먼, 2006). 인터넷이 처음 도입되었을 때 많은 사람들은 '작은 세상'이 더 이상 물리적인 거리의 제약 없이 나의 모니터 위에서 펼쳐지리라는 기대에 사로잡혔다. 민주주의가 빛의 속도로 이루어질 것이라고 믿지는 않았겠지만 지금보다도 훨씬 더 많은 사람들이 발언권을 갖고 유명인과 동등하게 공론장에 참여하리라는 기대가 피어나고 있었다. 하지만 10년이 채 되지 않아 이 기대는 사그라들었다. 누구도 의도하지 않았지만 인터넷은 저절로 권력이 드러나는 장이 되었으며, 네트워크 사회는 이전 사회에 비해 스위처의 지배에 훨씬 더 취약해졌다(카스텔, 2014).

다른 한편 너무 많고 빠른 정보에 노출되면서 사람들의 관심은 희소한 자원이 되었다. 이제 관심을 끌기 위한 경쟁은 한 번이라도 더 노출되기를 원하는 아이돌, 정치인, 작가 및 이미 유명한 사람들에 의해 더욱 치열해졌다. 그리고 관심을 동원하고 가시화할 수 있는 사람들이 플랫폼을 지배하는 사람(사업자)이 될 수 있음이 분명해졌다. 이런 냄새를 가장 먼저 맡는 사람들은 당연히 상품과 서비스를 남보다 더 많이 팔아야 하는 시장에 존재한다. 실제로 마케팅 회사들은 주된 고객이 어떤 소셜 미디어를 이용하는 사람들인가를 살펴보고 타깃 마케팅을 해야 한다고 주장하면서 컨설팅을 해주고 있다.

페이스북과 같은 지배적인 온라인 사회 연결망은 유사성의 원리, 즉 동종교배·유유상종의 질서를 강화하며 '좋아요'는 이미 관심을 많이 받고 있는 사람에게 목표를 줌으로써 더 많은 트래픽을 유발하고 있다. 이러한 연결의 동질성의 확대·재생산, 그리고 비슷한 계층·취향 집단 간의 유유상종은 결과적으로 네트워크의 위계화로 귀결되며 평판이 지배하는 대부분의 영역에서 승자 독식을 유발할 위험성을 내포하게 되는 것이다. 이처럼 소셜 미디어 시대를 맞아 사람들은 점차 가시화되는 평판 때문에 물질적 불평등뿐만 아니라 관심의 불평등한 분배에도 직면하고 있다. 그리고 일견 포기하거나 소셜 미디어 밖으로 나가면 편할 것 같은 이 단순해 보이는 결과는 다시 물질적 분배에도 피드백을 미쳐 불평등의 차원을 열고 있다. 측정하기 어려운 소셜 미디어의 장기적 영향력에 대한 설명은 이 지점에서 하나의 실마리를 얻는다. 소셜 미디어는 기본적으로 많은 상호작용을 하는 사람 간에 정보 교환이 일어난다는 당연한 사실을 전제로 한다.

따라서 사회의 상징이나 윤리, 가치와는 무관하게 더 많은 트래픽을 추구하는 소셜 미디어의 알고리즘에 정보와 관심의 분배를 맡겨놓으면 정보 교환은 폐쇄적으로 이루어지기 마련이며 사회는 곧 다양성을 잃게 된다. 이른바 소셜 선거라고도 불리는, 트위터, 페이스북 확산 이후의 선거 결과를 두고 왜 사람들은 그토록 큰 온도차를 느끼게 되는 것인가. 그 이유 중 하나를 이질적 네트워크 간의 접촉이 간헐적인 데서 찾을 수 있다. 특히 이견을 좁혀나가며 컨센서스를 찾아가는 정치적 대화에 익숙하지 않은 우리 사회의 대화 문화에서 주로 이미 같은 견해를 가진 사람들끼리만 나눈 대화를 토대로 이루어진 빅데이터 기반 선거 예측은 정확성을 갖기 어렵다. 오히려 구글 검색어 통계가 선거 결과 예측에는 좀 더 도움이 될 수 있다.

음원 시장에서도 멜론이나 벅스뮤직의 상위에 랭크된 곡들은 그 플랫폼을 벗어난 곳에서도 관심을 받게 된다. 인터넷이 있으니 물론 인디밴드든 홀로 자취방에서 자작곡을 만들어 부르는 무명의 가수든 유튜브에 자신의 파일을 올릴 수는 있겠지만 그것이 곧 문화적 다양성을 만들어주는 것은 아니다. 오히려 메가히트를 기록하는 곡이 있는 달에 다른 곡들은 더욱 고전한다는 것이 업계의 귀띔이다. 특히 매달 다운로드할 수 있는 곡의 수가 정해진 정기권을 이용하는 사람이 많은 음원 플랫폼에서는 시장의 크기가 이미 주어져 있기 때문에 제로섬 게임에 가까운 게임의 룰이 적용된다는 것이다. 결국 롱테일은 매대를 어떻게 설계하고 어떤 것을 문 앞쪽에 가까이 놓느냐에 의해 좌우되는 것이다.

다행히도 우리에게는 매개자로서의 역할이 남아 있다. 선호적 연결 대신 거리 두기나 이견 추구라는 집단적 합리성을 추구하는 행동을 통해 사회의 다양성과 문화 민주주의는 지켜질 가능성이 높아지기 때문이다. 그리고 이러한 노력은 초연결사회가 도래하고 많은 의사결정이 기계에 의해 이루어지는 시대가 가까이 올수록 더욱 의식적으로 이루어져야 한다.

'정보고속도로(information superhighway)'라는 말을 통해 미국 정보화 논의의 키워드를 제시했던 앨 고어(A. Gore)는 "정보고속도로는 가난한 자를 돌아 지나치지 않는다"라는 말로 정보사회 건설의 원칙을 천명하고 정보에 대한 보편적 접근권을 강조했다. 하지만 모든 사람에게 보편적 접근권이 이상적인 형태로 주어진다고 하더라도 모두가 비슷한 정도로 정보를 이용하게 되지는 않는다. 따라서 접근권만으로 정보격차 문제를 해소할 수 없고 더욱 다차원적인 정보 불평등에 대한 논의들이 전개되었다(DiMaggio and Hargittai, 2001). 이 글에서는 네트워크 사회에서의 문화적 불평등은 인터넷이 그 한계를 알 수 없는 복잡계로 발전하고 있고, 그 자연스러운 결과로 승자 독식 시장을 초래하기 때문에, 이를 해결하기 위해서는 문화적 매개자의 역할이 중요하다는 것을 강조하고자 했다.

| 참고문헌 |

그래노베터, 마크(Mark Granovetter). 2012. 『일자리 구하기: 일자리 접촉과 직업경력 연구』. 유홍준·정태인 옮김. 아카넷.

김용학·하재경. 2009. 『네트워크 사회의 빛과 그늘』. 박영사.

바라바시, A. L.(Albert-László Barabási). 2002. 『링크: 21세기를 지배하는 네트워크 과학』. 강병남·김기훈 옮김. 동아시아.

_____. 2010. 『버스트』. 강병남·김명남 옮김. 동아시아.

반 다이크, 얀(Jan van Dijk). 2002. 『네트워크 사회』. 배현석 옮김. 커뮤니케이션북스.

와츠, 던컨(Duncan J. Watts). 2004. 『SMALL WORLD: 여섯 다리만 건너면 누구와도 연결된다』. 강수정 옮김. 세종연구원.

정하웅 외. 2013. 『구글 신은 모든 것을 알고 있다』. 사이언스북스.

카스텔, 마누엘(Manuel Castells). 2009. 『네트워크 사회: 비교문화 관점』. 박행웅 옮김. 한울.

_____. 2014. 『커뮤니케이션 권력』. 박행웅 옮김. 한울.

프랭크(Robert H. Frank)·쿡(Philip J. Cook). 2008. 『승자독식사회』. 권영경·김양미 옮김. 웅진지식하우스.

프리드먼, 토머스(Thomas L. Friedman). 2006. 『세계는 평평하다』. 김상철·이윤섭·최정임 옮김. 창해.

Aral, Sinan and Marshall Van Alstyne. 2011. "The Diversity-Bandwidth Trade-off." *American Journal of Sociology*, 117(1), pp.90~171.

Banerjee, Abhijit V. 1992. "A Simple Model of Herd Behavior." *Quarterly Journal of Economics*, 107(3), pp.797~817.

Bourdieu, Pierre. 1979. *La Distinction: Critique sociale du jugement.* Paris: Les Editions de Minuit.

Bruun, Jasper and Ian G. Bearden. 2014. "Time Development in the Early History of Social Networks: List Stabilization, Group Dynamics and Segregation." *PLOS ONE*, 9(11).

Cowen, Tyler. 2002. *What Price Fame?* Harvard University Press.

DiMaggio, Paul and Eszter Hargittai. 2001. "From the 'digital divide' to 'digital inequality': Studying Internet use as penetration increases." Princeton: Center for Arts and Cultural Policy Studies, Woodrow Wilson School, Princeton University.

Kietzmann, Jan H., K. Hermkens, I. P. McCarthy and B. S. Silvestre. 2011. "Social media? Get Serious! Understanding the functional building blocks of social media." *Business Horizons*, 54, pp.241~251.

Lewis, Kevin, Jason Kaufman, Marco Gonzalez, Andreas Wimmer and Nicholas Christakis. 2008. "Tastes, ties, and time: A new social network dataset using Facebook.com." *Social Networks*, 30(4), pp.330~342.

Mark, Noa P. 2003. "Culture and competition: Homophily and distancing explanations for cultural niches." *American Sociological Review*, 68, pp.319~345.

Rosen, Sherwin. 1981. "The Economics of Superstars." *American Economic Review*, 71(5), pp.845~858.

van Dijk, J. 2006. *The Network Society*. London: SAGE.

Ver Steeg, Greg and Aram Galstyan. 2010. "Ruling out latent homophily in social networks." NIPS 2010 Workshop on social computing.

Watts, D. J. 1999. "Networks, Dynamics, and the Small-World Phenomenon." *American Journal of Sociology*, 105(2), pp.493~527.

Zhang, Peng, Menghui Li, Liang Gao, Ying Fan and Zengru Di. 2014. "Characterizing and Modeling the Dynamics of Activity and Popularity." *PLOS ONE*, 9(2): e89192.

소셜 미디어를 통한 음악 팬덤의 형성과 사이버 한류

고건혁 · 김정민 · 이원재

소셜 미디어의 성장, 다시 입소문의 시대가 왔다

2006년 미국의 밴드 오케이 고(Ok Go)는 자신들의 뮤직비디오를 당시 막 인기를 끌고 있던 동영상 공유 사이트인 유튜브(YouTube)에 올려놓았다. 이미 대형 음반사와의 계약을 체결하기 직전이긴 했지만, 그것과는 상관없이 밴드 멤버들이 재미 삼아 만든 비디오였다. 밴드 리더의 누나 집에 몇 대의 러닝머신을 갖다 놓고 카메라 한 대만으로 촬영한 이 영상은 보통 뮤직비디오를 제작하는 데 들어가는 예산과는 비교할 수도 없을 정도로 적은 비용으로 만들어진 것이었다. 그런데 이때 마법이 일어났다. 러닝머신 위에서 멤버들이 펼치는 기발한 군무가 대중으로부터 열광적인 반응을 얻기 시작했고, 이러한 반응이 블로그에서 블로그를 타고 점점 더 넓게 전파되었다. 그 결과, 뮤직비디오의 조회 수는 수천만에 이르게 되었다. 막대한 홍보 예산의 투입 없이 팬들 사이의 자발적인 공유가 만들어낸 성공 사례였다.

옛날 옛적 동굴에 살던 누군가에 의해 처음으로 노래가 만들어졌던 시절부터 몇천 년 동안 음악은 사람의 입에서 입을 타고 전파되는 것이었다. 하지만 19세기 말에서 20세기 초에 이르는 동안 음악을 녹음할 수 있는 기술이 발명되면서 양상이 달라졌다. 이제 소비자들은 비닐 레코드판, 카세트테이프, CD 같은 매체에 담긴 노래들을 사서 듣게 되었고, 백만 장에서 수천만 장까지 팔리는 베스트셀러들이 등장하기 시작했다. 대량생산과 대량소비로 특징지을 수 있는 이 시절에 음악이 알려지는 데 중요한 역할을 했던 것은 매스미디어였다.

1930년대 이후 라디오가 대중에게 보급되기 시작한 무렵부터 방송을 타고 흘러나오는 음악은 대중의 취향을 지배하기 시작했다. 로큰롤의 전설 엘비스 프레슬리(Elvis Presley)가 한낱 촌뜨기에서 세계적인 록 스타가 된 데에는 앨런 프리드(Alan Freed)라는 라디오 DJ의 힘이 컸다. 그래서 이 무렵 음악 회사의 목표는 한 번이라도 노래를 라디오에 내보내는 것이었다. 이를 위해 방송에 나올 노래를 고르는 DJ나 PD를 만나 설득하고 심지어 뇌물까지 바치는 일도 있었다. 더욱이 1990년대에 들어 음악 전문 케이블 채널 MTV가 5700만 가구의 시청자를 확보하며 라디오를 대체했음에도 양상은 달라지지 않았다. 매스미디어를 통해 최대 다수의 대중에게 노출되는 것은 모든 음악인과 음악 회사의 지상 목표였다. 그래서 마이클 잭슨(Michael Jackson)이나 마돈나(Madonna) 같은 스타들은 많은 예산을 들여 뮤직비디오를 만들어 MTV를 통해 방영했고, 그 밖에도 TV, 라디오, 잡지 등 다양한 매체를 통해 광고를 내보냈다. 당연히 광고비를 감당할 만한 막대한 예산이 필요한 일이었다.

하지만 지난 10년간 전 세계 디지털 음악 시장이 1000% 이상 성장해서 전체 음악 시장의 29%를 차지하기에 이르는 동안 많은 것이 바뀌었다. 인터넷의 보급, 그리고 MP3 오디오 포맷의 개발은 간단한 검색만으로 소비자들이 원하는 음악을 들을 수 있는 환경을 만들었다. 듣고 싶은 음악이 있으면 더 이상 음반 가게에 갈 필요 없이 가수의 이름을 컴퓨터에 입력하기만 하면 된다. 앨범을 통째로 들을 필요 없이 그냥 자기가 원하는 곡을 들을 수도 있다. 무엇보다 이제 음악 소비자들은 더 이상 TV와 라디오에서 틀어주는 음악만 듣는 것이 아니라 자신이 듣고 싶은 음악을 인터넷을 통해 스스로 찾아볼 수 있게 되었다. 매스미디어의 영향력이 약해지기 시작한 것이다.

그리고 2000년대 중반 이후 다시금 변화가 시작되었다. 이 무렵에 등장한 마이스페이스(MySpace), 페이스북(Facebook), 트위터(Twitter), 유튜브 등과 같은 소셜 미디어들의 급격한 성장 때문이었다. 소셜 미디어란 ① 사용자들이 자신의 개인 정보를 담은 프로필을 만들어, ② 다른 사용자와 친구 관계를 맺고, ③ 시시콜콜한 일상부터 자신의 취향에 관한 얘기까지 다양한 정보를 공유하는 서비스를 통칭하는 것이다. 2014년 현재 전 세계 인구의 29%에 달하는 20억 명이 소셜 미디어를 사용하고 있는 것으로 알려져 있다.

중요한 것은 소셜 미디어를 통해 공유되는 다양한 정보 중에는 음악과 관련한 것들이 많다는 점이다. 글로벌 마케팅 여론조사 업체인 IPSOS가 실시한 조사 결과에 따르면, 조사 대상 중 52%가 한 달 동안 소셜 네트워크 서비스(SNS: Social Network Service)를 통해 음악을 듣거나 뮤직비디오를 본 경험이 있다고 밝혔고, 31%는 자신이 직접 음악 또는 뮤직비디오를 업로드한 적이 있다고 응답했다. 실제로 세계적인 음악 스트리밍 서비스인 스포티파이(Spotify)에서 자신이 들은 음악을 페이스북을 통해 공유하는 횟

수가 2개월 동안 총 15억 번에 이르고 있다고 한다. 그리고 소셜 미디어를 통한 음악의 공유가 활발해짐에 따라 음악 소비자들에 대한 소셜 미디어의 영향력은 지속적으로 증가하고 있다. 온라인 친구들이 듣는 음악이 소비자들의 선택에 중요한 참고 사항이 된 것이다. 앞서 IPSOS의 조사 결과에서 응답자들은 새로운 음악을 알게 되는 경로로 라디오와 TV에 이어 근소한 차로 SNS를 꼽았고, 시장조사 기관 닐슨(Nielsen)에 의하면 미국의 10대들에게는 이미 라디오나 CD를 제치고 동영상 공유 서비스인 유튜브가 음악을 듣는 주요한 수단인 것으로 나타났다.

다시 입소문의 시대가 돌아온 것이다. 하지만 예전의 입소문이 오프라인에서 직접 만나서 퍼지는 것이었다면, 이제는 온라인을 통한 입소문으로 음악이 전파된다. 사람들은 자신이 들었던 음악을 소셜 미디어에 올려놓고, 그에 대한 감상을 말하며, 다른 사람이 말한 감상을 본다. 때로는 TV에 나오는 음악보다 친구들이 좋아하는 음악에 더 관심을 갖기도 한다. 그리고 정말로 좋은 음악이 있으면 그것을 자신의 친구들과 공유하고 전파한다. 예전에는 기껏해야 도시 하나, 넓어도 한 나라 안에서 퍼지는 게 한계였던 입소문이 이제 전 세계 수십억의 인구가 사용하는 소셜 미디어를 타고 퍼지고 있다.

이처럼 소셜 미디어가 중요해지면서 음악인들 또는 음악 회사들은 페이스북이나 트위터, 마이스페이스에 자신의 계정이나 페이지를 만들고 자신의 소식을 알리면서 팬들과 관계를 만들고 소통한다. 팬들 역시 자신이 좋아하는 음악인들에 대해 소셜 미디어를 통해 자신의 지인들에게 알리고, 자신과 취향이 비슷한 이들과 친구 관계를 맺는다. 이렇게 소셜 미디어와 그것을 통해 형성된 팬덤은 이제 음악의 성공에서 매우 중요한 요소가 되었다. 오케이 고뿐만 아니라 2004년 데뷔 무렵부터 일찌감치 마이스페이스를 활용하여 소셜 미디어의 팬들을 위한 특별한 이벤트들을 마련함으로써 성공을 거둔 마이 케미컬 로맨스(My Chemical Romance), 그리고 오랜 세월 잊혔다가 2012년 페이스북을 통해 전 세계의 오랜 팬들과 적극적으로 소통하여 제2의 전성기를 맞이한 테이크 댓(Take That)의 사례들이 그것을 입증하고 있다.

사이버 한류는 소셜 미디어를 타고

오케이 고의 뮤직비디오가 블로그를 강타하고 6년이 지난 2012년, 한국의 가수 싸이가 〈강남 스타일〉을 발표했다. 애초에 해외시장을 겨냥한 것은 아니었다. 제작사 YG 엔터테인먼트가 한국에서는 몇 손가락에 꼽히는 대형 기획사이긴 하나 세계시장에서의 영향력은 제한적인 것이 사실이었고, 싸이의 예전 활동 역시 해외보다는 국내에 초점을 맞춰온 것이 사실이다. 만약 해외를 겨냥했다면 애초에 한국어가 아닌 영어 노래로 만들어졌을 것이다. 그런데 아무도 예상하지 못한 일이 벌어지고 말았다. 싸이의 뮤직비디오를 인상적으로 본 미국의 유명 뮤지션 티페인(T-Pain)이 자신의 트위터에 이 비디오가 좋다면서 추천의 말을 올렸고, 그것을 시작으로 각종 소셜 미디어를 통해 〈강남 스타일〉에 대한 얘기들이 일파만파 퍼지기 시작했다. 그러던 중 수천만 명의 팔로어를 갖고 있는 유명 가수 저스틴 비버(Justin Bieber)가 싸이의 뮤직비디오를 트위터를 통해 칭찬했고, 그것이 결정적인 계기가 되었다.

세계 각지에서 〈강남 스타일〉의 뮤직비디오를 패러디한 동영상들이 만들어졌고, 그것들이 다시 소셜 미디어를 통해 공유되었다. 원곡에 대한 관심도 계속 높아져 유튜브에 올라와 있는 〈강남 스타일〉의 조회 수는 무려 22억 번에 도달, 가장 많이 본 온라인 뮤직비디오로 기네스북에 올랐다. 소셜 미디어에서의 이러한 관심은 단순히 관심에만 그치지 않고 상업적인 성공으로 연결되었다. 비영어권 가수로는 이례적으로 빌보드 싱글 차트 2위까지 오르는 기록을 세운 것이다. 세계 음악 산업의 변방인 한국의 가수가 한국말로 부른 노래가 세계시장의 중심으로 들어간 아주 희귀한 성공 사례다. 아마 한류(韓流, Korean Wave)가 소셜 미디어를 만나 만들어낸 가장 극적인 사례일 것이다.

21세기로 접어들면서 한국 문화 산업의 가장 중요한 키워드로 자리 잡은 한류는 한국의 대중문화가 한국 이외의 지역에서 유행하는 것을 통칭하는 말이다. 드라마, TV 예능 프로그램, 게임, 출판 등 다양한 대중문화 분야에서 벌어지고 있는 현상이지만, 특히 음악 분야에서의 한류가 두드러진다. 일단 한류라는 말이 처음 사용된 계기는 2000년 2월 아이돌 그룹 HOT의 베이징 공연을 현지 언론이 보도하면서 "한류가 중국을 강타했다"라는 제목을 사용한 것이었다는 게 정설이다. 물론 이후 드라마 〈겨울연가〉가 일본에서 대대적으로 인기를 끌고 주연배우 배용준이 '욘사마'라는 별칭을 얻으며 일본 중장년층에게 문화 현상을 일으킨 것을 계기로 한류란 말이 본격적으로 쓰이기 시작했지만, 이후 한류를 이끈 것은 역시 음악이며, 동방신기가 일본과 중국, 그리고 동남아시아 일대에서 큰 인기를 끌면서였다. 이러한 흐름은 소녀시대, 슈퍼주니어, 카라 등으로 이어졌고, 아시아권을 비롯해 중남미와 유럽까지 영향력을 넓히면서 음악에서의 한류는 '케이팝(K-pop)'이라는 신조어를 만들어내는 데 이르렀다.

이와 같은 한류의 전파 과정에서 소셜 미디어는 큰 역할을 했다. 사실 한국의 음악 제작 시스템은 다른 나라의 그것과 차이가 있다. 대개 영미나 일본 등의 전통 있는 음악 시장에서 신인 아티스트는 인디 또는 언더그라운드에서 경력을 쌓고 난 후 검증을 거쳐 발굴이 된다. 앞서 언급했던 오케이 고가 대표적인 사례다. 하지만 한국에서는 10대 시절부터 오디션을 통해 발굴한 이들을 오랜 시간 동안 훈련시키는 과정을 거치게 된다. 그리고 음악, 안무, 의상 등 여러 부문이 철저하게 분업화되어 있다. 그 결과 음악적인 면뿐만 아니라 시각적인 면에서 높은 완성도를 갖고 있어, 다른 나라의 가수들과 비교해도 충분한 경쟁력을 가지고 있다. 특히 시각적인 측면에서 완성도가 높다는 점에서 케이팝의 가장 중요한 콘텐츠는 뮤직비디오였다. 케이팝이 세계로 전파되는 과정에서 유튜브를 통한 뮤직비디오의 공유가 중요한 역할을 한 까닭이다.

그래서 한국의 3대 기획사 중 하나인 SM 엔터테인먼트는 일찍부터 유튜브의 가능성에 주목했는데, 자사의 그룹 소녀시대를 일본 시장에 진출시키는 과정에서 공식 데뷔 이전에 먼저 유튜브를 통해 뮤직비디오를 공개, 미리 인지도를 확보하여 진입 장벽을 낮추는 데 성공했다. 이어 2010년에는 역시 3대 기획사 중 하나인 YG 엔터테인먼트가 걸그룹 2NE1을 데뷔시키는 과정에서 비슷한 전략을 사용, 첫 정규 앨범의 3개 타이틀 곡 뮤직비디오를 유튜브에 먼저 공개하여 2주 만에 1000만 건이 넘는 조회 수를 기록했다. 그 결과, 2010년 한 해 동안 유튜브에 등록된 SM, YG, JYP 3대 기획사 소속 가수의 동영상 조회 수를 합산하면 총 7억 9000만 건에 달한 것으로 나타났다. 의미심장한 것은 그중 1억 건 이상이 북미 지역에서, 그리고 유럽에서 5000만 건, 남아메리카에서 2000만 건을 기록했다는 사실로, 케이팝이 소셜 미디어를 통해 아시아를 넘어 전 세계로 확산되는 과정을 단적으로 드러낸다.

만약 소셜 미디어가 없었다면 어땠을까? 해외에 음악을 알리기 위해서 일단 현지의 회사와 계약을 하고 음반을 발매해야 했을 것이다. 그리고 현지의 매스미디어를 섭외해서 기사도 냈을 것이다. 그리고 만약 그러했다면 사람들이 오가는 비용은 물론, 광고비를 비롯한 다양한 홍보 비용이 들어야 했을 것이다. 무엇보다 어느 나라에서 가능성이 있는지에 대한 판단이 서지 않은 채로 무작정 위험을 무릅쓰고 시도해야 했을 것이다. 반면 소셜 미디어는 전 세계 누구나 인터넷을 이용하여 손쉽게 한국의 음악을 들을 수 있는 방법을 마련해줬고, 이것이 이 많은 문제점들을 단숨에 해결해줬다. 한국과 같은 주변부의 음악인들이 세계시장으로 진출하는 데 유용하게 사용할 수 있는 방법을 제공한 것이다.

하지만 소셜 미디어를 통한 케이팝 확산 과정에서 유튜브 이외의 다른 서비스에 대한 관심은 상대적으로 적었던 것도 사실이다. 유튜브는 비록 소셜 미디어이긴 하지만 온라인에서 친구 맺기보다는 비디오를 보여주는 데 주목적을 두고 있어 사회적(소셜) 기능이 약한 편이다. 따라서 유튜브만으로는 소셜 미디어를 통한 확산에서 가장 중요한 기제가 되는 온라인 친구들 사이의 사회적 연결 관계를 통한 전파가 이뤄지기 어렵다. 예컨대 싸이의 사례에서도 그 중심에는 유튜브의 뮤직비디오가 있긴 했지만, 결국 그것이 대중에게 알려지고 전파된 것은 또 다른 소셜 미디어인 트위터를 통한 해외 유명 가수들의 언급이었다. 그리고 그러한 언급들이 트위터를 통해 전파되면서 유튜브의 뮤직비디오에 대한 관심 역시 높아진 것이다. 따라서 케이팝, 더 넓게는 한류가 소셜 미디어를 통해 확산되고 전파되는 과정을 이해하기 위해서는 유튜브 이외의 다른 소셜 미디어에도 관심을 가질 필요가 있다.

트위터 데이터를 이용해 살펴본 아시아의 케이팝 한류

이제부터 우리는 대표적인 소셜 네트워크 서비스 중 하나인 트위터에서 수집한 데이터를 이용하여 소셜 미디어에서 형성되는 팬덤과 그것을 통해 전파되는 사이버 한류를 살펴보고자 한다. 우선 60여 팀의 주요 케이팝 가수들을 골라서, 케이팝의 인기가 가장 두드러지게 나타나는 아시아 9개국 (중국, 일본, 태국, 홍콩, 말레이시아, 미얀마, 베트남, 인도네시아, 필리핀)에서 그들과 관련한 트위터 데이터를 수집했다. 그리고 버즈(buzz) 양 측정과 사회 연결망 분석(social network analysis)의 방법을 이용해서 그 데이터를 분석했다. 이를 통해 현재 아시아 지역에서 확산되고 있는 한류의 현황을 전반적으로 살펴보는 한편, 각 가수별로 어떠한 양상이 나타나는지를 알 수 있었다.

트위터에서의 사이버 한류

2006년 서비스를 시작한 트위터는 2015년 현재 전 세계에서 3억 명의 실사용자들이 이용하고 있으며 하루 5억 개가 넘는 게시물이 생성되고 있는 대표적 소셜 미디어 중 하나이다. 특히 사용자의 77%가 미국 이외의 지역에 거주하는 것으로 나타나고 33개의 언어로 서비스가 되고 있다는 점에서 전 세계적인 서비스라 할 수 있다. 트위터가 제공하는 핵심 기능은 크게 세 가지인데, 첫 번째는 '트윗(tweet)'이라 불리는 140자 이내의 메시지를 업로드할 수 있는 것, 두 번째는 다른 사용자를 '팔로우(follow)'하여 그가 올린 트윗을 구독할 수 있는 것, 그리고 세 번째는 자신이 팔로우한 사용자 (friend)로부터 수신한 트윗을 자신을 팔로우하는 다른 사용자(follower)에게 재전송하여 전달하는 '리트윗(retweet)' 기능이다. 특히 가장 두드러지는 특징은 친구를 신청할 때 승낙을 받아야 하는 다른 소셜 미디어와 달리 트위터에서는 팔로우만 함으로써 상대방이 올린 트윗을 모두 받아볼 수 있다는 점이다.

이처럼 아주 간결한 기능의 구성이 다른 소셜 미디어와 차별되는 트위터만의 특징을 만들어낸다. 분량에 제한이 있는 짧은 메시지를 올린다는 점에서 트위터는 블로그보다 작은 '마이크로블로깅(microblogging)' 서비스로 불리기도 하는데, 긴 글을 써서 올려야 할 것만 같은 기존 블로그와 달리 짧은 문장만 올리면 되기 때문에 사용자들은 부담 없이 메시지를 자주 올리게 된다. 더불어 상대방의 승인 없이도 팔로우할 수 있는 특징은 관계의 형성을 좀 더 쉽게 만든다. 더불어 결정적으로 리트윗 기능은 많은 양의 메시지들을 쉽게 형성된 관계를 통해 전파시킬 수 있는 특징을 만들어낸다. 이러한 특징 때문에 트위터는 소셜 미디어 중에서도 정보 전달의 기능에 가장 충실하다는 평가를 받고 있다.

음악은 트위터에서 TV·영화 및 스포츠에 이어 세 번째로 인기가 많은 대화 주제다. 소셜 음악 서비스인 세렌딥(Serendip)이 200만 명의 사용자들을 6개월간 추적한 결과에 따르면, 유튜브, 비메오(Vimeo), 사운드클라우드(SoundCloud)의 링크를 포함한 1억 1400만 개의 음악 관련 게시물을 생성한 것으로 나타났다. 그리고 활성 사용자 중 50% 이상이 최소한 한 명 이상의 음악인을 팔로우하고 있으며, 2012년에는 가장 팔로어가 많은 10개 계정 중 8개가 (앞서 싸이의 〈강남 스타일〉 전파에 큰 기여를 했던 저스틴 비버를 포함한) 음악인들의 계정이었다. 이처럼 음악에 대한 활발한 활동이 벌어지고 있는 트위터에서 가장 기초적인 데이터를 얻기 위해 우리는 '키워드 기반 검색(keyword-based search)'을 사용했다. 어떤 인터넷 게시물이 특정한 단어를 포함하고 있으면 그에 대한 관심(interest)을 가지고 있다고 가정하는데, 간단하게 생각하면 〈강남 스타일〉이라는 단어가 포함된 게시물이라면 그것을 만든 이가 바로 그 노래에 관심을 갖고 있다고 생각하는 것이다. 이처럼 상식적인 발상에 바탕을 둔 키워드 기반 검색은 사실 기존 인터넷 검색 연구에서 가장 기본적으로 사용되어온 방식이기도 하다.

이러한 방법을 이용하여 우리는 앞서 얘기한 아시아 9개국의 사용자가 업로드한 트윗 중 특정한 가수의 이름을 키워드로 포함하는 것들을 2012년 9월 1일부터 2013년 8월 31일까지 1년 동안 수집했다. 키워드로 사용한 가수의 이름은 한글 표기와 영문 표기를 기본으로 했으며, 로마자가 아닌 자국만의 독자적인 문자 표기를 사용하는 중국, 일본, 태국에 대해서는 특별히 해당 지역 언어로 된 가수의 이름으로 추가 검색을 했다. 그리고 이렇게 수집한 트윗은 트윗 내에 포함된 지역 정보를 바탕으로 국가별로 분류되었다. 최종적으로 대표적인 한류 가수 57팀에 대해 수집한 결과, 총 218만 1303명의 사용자가 업로드한 830만 1975개의 트윗이 수집되었다.

트윗 양을 통해 알아본 사이버 한류의 현황

우리는 일단 트윗의 양을 기준으로 아시아 지역에 형성되어 있는 사이버 한류의 양상을 큰 그림으로 살펴보았다. 〈그림 7-1〉은 이렇게 수집한 데이터를 바탕으로 아시아 전역에서 1년간 케이팝 관련 트윗 양이 어떻게 변화했는지를 그림으로 나타낸 것이다. 물론 여러 가지 사건들에 의해 변동이 있긴 하지만 전체적으로 증가 추세를 보이는 것을 알 수 있다.

〈표 7-1〉은 조사 대상별로 수집된 트윗 수의 총량이다. 앞서 말했듯 트윗의 양이 특정한 가수의 관심을 나타낸다면, 이런 통계는 각 나라별로 한

그림 7-1 ㅣ 아시아 전역에서 케이팝 관련 트윗 양의 변화 추이

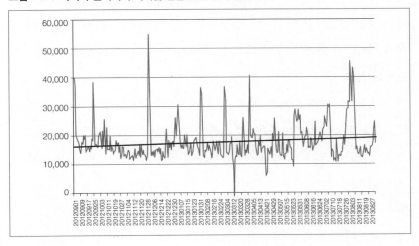

표 7-1 ㅣ 국가별 총 트윗 수 및 인구 대비 트윗 수

국가	총 트윗 수	국가	인구 1만 명당 트윗 수
일본	6,891,215	일본	540.06
중국	876,185	말레이시아	38.38
인도네시아	268,291	인도네시아	10.87
말레이시아	112,234	태국	9.97
필리핀	75,797	필리핀	7.84
태국	65,267	중국	6.49
베트남	4,587	홍콩	6.02
홍콩	4,307	대만	1.65
대만	3,788	베트남	0.52
미얀마	304	미얀마	0.06

류가 확산된 정도의 크기를 나타낸다. 그렇다면 한류가 확산된 지역 중 단연 1위는 일본이다. 일본이 다른 아시아 국가의 시장을 모두 합해도 그에 못 미칠 정도로 커다란 규모를 가진 세계 2위의 음악 시장인 데다 2000년

대 초반부터 동방신기를 비롯한 한류 열풍의 진원지였다는 사실을 감안한다면 당연한 결과라 할 수 있다. 그다음을 중국이 잇고 있다는 것 역시 한류의 역사가 깊은 국가에서 그 확산 정도 또한 크게 나타난다는 사실을 확인해준다.

그런데 인구 1만 명당 트윗 수를 보면 이와는 다른 경향도 볼 수 있다. 인구가 많은 지역에서는 당연히 사용자도 많을 것이기 때문에 트윗 양도 많아질 수밖에 없다. 그래서 각 국가별 인구통계를 기준으로 전체 트윗 수를 나눠보면, 역시 일본이 1위이긴 하지만, 그다음으로는 말레이시아, 인도네시아, 태국 순서로 많은 것으로 나타난다. 이는 상대적으로 적은 숫자의 사람들이 더 많은 활동을 보이고 있다는 얘기로, 더 열성적인 한류 관련 활동이 있다는 것이다. 한류의 중심 시장이었던 동아시아에서 동남아시아 지역으로 한류가 확장되고 있는 경향을 뚜렷하게 반영하는 결과라 볼 수 있다. 물론 최근 들어 동남아시아 지역에서 스마트폰 보급이 활성화되면서 소셜 미디어의 사용자 수가 증가하는 점도 영향을 미쳤을 것이다.

사이버 한류는 어떻게 확산되는가

그렇다면 아시아 국가들에서 한류는 어떤 방식으로 전파·확산되고 있을까? 트위터 분석을 통해 아시아의 케이팝 팬들이 어떠한 정보에 관심을 갖고 공유하고 있는지, 그리고 그러한 정보들이 퍼지는 과정에서 중요한 역할을 하는 것은 어떤 요소들인지 살펴보자.

URL 통계를 통한 사이버 한류의 내용 분석
앞서 얘기했듯이 트위터의 가장 큰 특징 중 하나는 메시지가 140자 이내

표 7-2 | 한류 관련 트위터 상위 인용 사이트

사이트	국가	분류
www.allkpop.com	대만, 말레이시아, 미얀마, 베트남, 인도네시아, 태국, 필리핀	케이팝 뉴스 포털
news.kstyle.com	일본	케이팝 뉴스 포털
item.rakuten.co.jp	일본	케이팝 상품 판매
hallyu.cc	일본	케이팝 포럼
japanese.kpopstaz.com	일본	케이팝 포럼
asia.mtvema.com	중국	음악 방송 시상식 페이지
www.koreastardaily.com	중국	케이팝 뉴스 포털
kpopn.com	중국	케이팝 뉴스 포털
music0805.pixnet.net	중국	가수 B1A4 팬 블로그

로 제한되어 있다는 점이다. 한 개의 메시지에 담을 수 있는 내용이 제한되어 있기 때문에 트위터 사용자는 더 많은 내용을 전달하기 위해 특정 웹페이지에 대한 링크를 URL(Unique Resource Locator, http://www.example.com/index.html)의 형태로 메시지에 포함시키는 경우가 많다. 예를 들면 싸이의 〈강남 스타일〉 뮤직비디오를 공유하려 한다면, "싸이 강남 스타일 짱!"과 같은 글과 함께 유튜브 동영상으로 연결되는 주소를 함께 써넣는 것이다. 따라서 이러한 주소들을 살펴보면 한류 확산 과정에서 중심 역할을 하는 웹사이트에는 어떤 것이 있는지 알 수 있게 된다.

〈표 7-2〉는 트윗 내에 인용된 URL의 빈도를 계산하여 각 국가별로 상위 20권 안에 있는 사이트들을 뽑아낸 결과이다. 일단 국가나 가수에 상관없이 가장 많이 포함되어 있는 URL은 http://twitpic.com과 http://instagram.com과 같이 사진 공유에 특화된 사이트, 또는 http://www.youtube.com과 같은 동영상 공유 사이트였다. 케이팝 가수들에 대한 정보를 공유하는 과정에서 예측할 수 있는 가수의 사진, 뮤직비디오나 공연 영상 등의 멀티

미디어가 중요한 역할을 하고 있다고 볼 수 있다.

그 밖에 인용이 많이 된 사이트는, 대부분 지역에서 상위권을 차지하고 있는 케이팝 가수들에 대한 뉴스를 영어 또는 각 지역의 언어로 모아놓은 포털 사이트들이다. 특히 대만, 말레이시아, 미얀마, 베트남, 인도네시아, 태국, 필리핀에서 많이 인용된 allkpop.com의 경우, 2007년에 설립되어 케이팝 관련 뉴스를 영어로 전달하는 케이팝 뉴스 포털로 한 달에 700만 명의 사용자들이 찾고 1억 1000만 번의 조회 수를 기록하는 대표적 한류 관련 사이트 중 하나이다. 반면 일본과 중국에서 역시 가장 많이 인용되는 사이트는 뉴스 포털이었지만, 한류의 원조 격으로서 케이팝에 대한 오랜 관심을 반영하듯 자국의 팬들을 위해 각각 일본어와 중국어로 뉴스를 전달하는 사이트들이 많이 인용되는 것으로 나타났다.

이 밖에 인기가 있는 사이트로는 케이팝 팬들이 모여 서로 의견을 나누는 케이팝 포럼, 케이팝 관련 상품을 판매하는 사이트 등이 있었다. 그리고 세계적인 음악 케이블 방송인 MTV에서 진행하는 시상식인 EMA ASIA 관련 사이트의 경우 시상식이 벌어진 시기에 집중적으로 인용된 것으로 나타났다. 더불어 이례적으로 중국의 경우 케이팝 가수인 B1A4의 팬 블로그가 많이 인용되었다. 케이팝 한류가 한국이라는 나라의 음악에서 점차 개별 가수에 대한 팬덤으로 진화하고 있음을 보여주는 사례라 할 수 있다.

사회 연결망 분석을 통한 사이버 한류의 구조 분석

정보의 확산과 관련한 이전 연구들에서 사회 연결망 분석은 중요한 방법으로 사용되어왔다. 사회 연결망 분석은 개인이나 기관을 각각 하나의 행위자(node)로 파악하고 그들이 여러 가지 사회적 관계에 의해 연결(tie)되는 방식을 방향과 정도 등으로 측정하여, 전체적인 구조를 시각적이고 수리적인 방식으로 분석하는 연구 방법이다. 예를 들어 '태연', '티파니', '서현', 이렇게 세 사람의 친구 관계를 분석한다고 하면, 우선 태연, 티파니, 서현이 각각 행위자가 된다. 그리고 세 사람 사이에 친구 관계 유무가 연결이 된다. 태연과 티파니가 친구라면 '태연 ↔ 티파니'가 되는 것이다. 그리고 태연과 티파니 사이에 얼마나 많은 얘기를 주고받는지부터 서로 얼마나 친하게 생각하는지 등 여러 가지 요인에 따라 이것이 강한 연결인지 약한 연결인지 판단할 수 있다. 그리고 여기에 다른 멤버까지 포함하여 그들 사이에 연결을 만들고 그 구조를 파악하면 소녀시대의 사회 연결망 분석이 이뤄지게 되는 것이다.

특히 2000년대 중반 이후 SNS가 활성화되면서 사회 연결망 분석은 더 널리 활용되고 있다. 예전에는 사회적 관계를 파악하기 위해 "당신의 친구는 누구입니까?"라는 식으로 개인에게 직접 물어서 데이터를 수집했는데, 이런 방식으로 모인 데이터는 개인의 기억에 의존한다는 점에서 완전함이나 정확성의 측면에서 떨어진다는 한계를 갖고 있었다. 지금 당장 스스로 내 친한 친구가 누구인지 물어본다면 의외로 대답하기 쉽지 않다는 사실을 발견할 수 있을 것이다. 이때 내 휴대폰의 전화번호부와 통화 목록을 살펴보면 나와 친한 사람이 누구인지 쉽게 떠올릴 수 있게 된다. 바로 소셜 미디어에서 내 친구들의 목록이 이러한 기능을 한다. 사람들의 온라인 친구 목록을 수합하고 그것을 통해 연결 관계를 그리면 더욱 객관적이고 완전한 사회 연결망을 구축할 수 있는 것이다.

사회 연결망 분석을 통해 이해할 수 있는 구조의 특성은 여러 가지가 있지만, 특히 정보 확산 연구에서 기본이 되는 것은 연결망의 중심점을 파악하는 것이다. 중앙성(centrality)은 사회 연결망 분석에서 가장 빈번하게 사용되는 지표 중 하나로, 연결망 내에서 한 행위자가 얼마나 많은 다른 행위자와 연결되어 있는지를 의미한다. 간단하게 트위터에서의 팔로어 숫자가 중앙성을 의미한다고 생각하면 쉽다. 400만 명의 팔로어를 가지고 있는 싸이보다 6000만 명의 팔로어를 갖고 있는 저스틴 비버가 연결망의 중심에 더 가깝다는 얘기다. 그리고 상식적인 얘기일 수도 있지만, 정보 확산에 대한 많은 학술 연구들이 많은 사람들과 연결되어 연결망의 중심에 있는 이들이 확산 과정에 더 큰 영향을 미친다는 결과들을 제시해왔다. 〈강남 스타일〉의 뮤직비디오가 전파되는 과정에서 싸이 본인보다 저스틴 비버가 언급하는 순간 확산의 속도가 엄청나게 빨라졌다는 사실이 그 대표적인 예다. 따라서 트위터상의 케이팝 팬들의 사회 연결망에서 중심성이 높은 행위자들의 특성을 분석하면 한류 확산에서 중요한 역할을 하는 이들의 특징을 알 수 있게 된다.

그래서 우리는 수집한 데이터에서 사람들 사이에 서로 주고받은 멘션(mention)을 기준으로 케이팝 팬들의 사회 연결망을 만들어봤다. 멘션이란 트위터에서 특정한 누군가를 지목하여 보내는 일종의 메시지로, 트위터에 @와 함께 특정한 사람의 아이디를 적어 넣으면 간단하게 멘션을 보낼 수 있다. 그리고 멘션을 주고받은 관계라면 말을 주고받은 사이라는 점에서 서로를 알고 있다고 볼 수 있다. 이처럼 멘션을 통한 연결은 단순히 남의 글을 받아보려는 팔로우에 비해 더 강한 관계의 지표로 사용된다. 예를 들면 당신이 싸이를 팔로우하고 있다고 해서 그와 친구라고 보기는 어렵지만, 만약 당신이 싸이에게 멘션을 보냈는데 그로부터 답장이 온다면 둘이 친구일 확률이 높을 것이다.

〈표 7-3〉은 멘션 데이터를 바탕으로 말레이시아, 인도네시아, 태국, 필리핀 등 총 4개 국가에서 2PM, 블락비, 소녀시대, 슈퍼주니어, EXO 등 아시아 전역에서 고르게 팬들을 보유하고 있는 총 5개 팀에 대한 팬들의 사

표 7-3 ｜ 국가·가수별 중앙성 상위 3개 계정

국가	가수	ID1	ID2	ID3
말레이시아	2PM	CikDayang	alia_muhajir	msalbiah
	블락비	_azizmalek	95asyraff	fifymeow91
	소녀시대	riezz92	soomilk	sheila_lee90
	슈퍼주니어	Rafsanjanimohd	FighTeuksuni_SJ	AmirAssyraf
	EXO	My_EXO	imSabrinaa_	ijolxoxo
인도네시아	2PM	DUNIA_KPOPERS	KpopersClub	KPopandKdrama
	블락비	DUNIA_KPOPERS	KPopandKdrama	Vye_Moyy9391
	소녀시대	DUNIA_KPOPERS	RIPChibi	KPopandKdrama
	슈퍼주니어	DUNIA_KPOPERS	SparkyuINA	KpopersIND_
	EXO	DUNIA_KPOPERS	kpopers_family	EXO_FANBASE
태국	2PM	Heecool	GNAWKHUN_	Lady_Kiekie
	소녀시대	Pingbooknews	Ray_Zennume	banshop
	슈퍼주니어	Pingbooknews	minL3ekh	SnowerSky
	EXO	Oxygen_jane	exocafe_TH	exofamilyth
필리핀	2PM	Manilaconcerts	REALHOTTEST	cheriegilcruz
	소녀시대	R_Iva_L	iAdoreShikShin	jahahahandell
	슈퍼주니어	ELFISHics	msfishy14 ·	KimYoonJi1106

회 연결망을 만든 후 거기서 중앙성이 높게 나타나는 행위자들의 특성을 분석한 목록이다. 여러 나라들 중에서 4개 국가를 선정한 이유는, 앞서 밝혔듯이 인구 대비 트위터에서 케이팝 팬들이 활발하게 활동하는 지역들을 고른 것으로, 이미 한류가 널리 퍼져 있는 일본이나 중국에 비해 지금 확산되는 진행형의 한류를 살펴보기에 좀 더 적합하기 때문이다.

〈표 7-3〉에서 중앙성이 높은 행위자의 계정은 크게 세 가지로 구분할 수 있다. 첫 번째는 가수 본인이 운영하는 계정이다. 태국에서 2PM 멤버인 닉쿤이 운영하는 @GNAWKHUN이 대표적인데, 한국인과 태국인으로 구성

된 다국적 그룹의 특성을 활용, 태국인 멤버가 직접 모국에서 계정을 운영하는 전략이 유효하게 받아들여진 결과로 보인다. 두 번째는 특정 아티스트에 대한 팬 활동을 목적으로 만들어진 계정이다. 예를 들어 말레이시아의 @My_EXO, 인도네시아의 @EXO_FANBASE, 태국의 @exocafe_TH는 EXO의 근황을 전하고 그것을 팬들끼리 공유하기 위해 만들어진 계정들이다. 마지막은 케이팝 전반에 대한 소식을 전달하는 계정들로, 특히 인도네시아에서 모든 가수들의 팬 연결망에서 1위를 기록한 @DUNIA_KPOPERS를 비롯해 @KpopersClub, @kpopers_family, @KpopersIND_, @KPopandKdrama 등이 여기에 속한다. 이것은 트위터를 통해 널리 공유되는 사이트들이 한류 관련 뉴스 포털이라는 점과 일맥상통한다. 그리고 이 중에서 @KPopandKdrama의 경우에는 케이팝뿐만 아니라 한국 드라마에 대한 소식도 함께 전하는 계정으로, 한류가 여러 장르에 걸쳐 복합적으로 전파되고 있음을 보여주는 사례라 할 수 있다.

중앙성 이외에도 사회 연결망 분석에 사용되는 지표는 여러 가지가 있다. 그중 우리는 케이팝 팬들의 사회 연결망에 대해 전역 결집 계수(global clustering coefficient)를 계산했는데, 이는 특정 연결망에서 행위자들끼리 얼마나 관계를 많이 맺고 있느냐를 나타내는 지표다. 전역 결집 계수를 이해하기 위해서는 트리플렛(triplet)을 먼저 알아야 한다. 트리플렛이란 세 개의 행위자가 연결되어 있는 형태를 얘기하는데, 〈그림 7-2〉처럼 세 행위자 중 두 개의 연결만 존재하면 열린 트리플렛(open triplet), 세 개의 연결이 모두 존재하는 경우는 닫힌 트리플렛(closed triplet)이라 한다. 전역 결집 계수는 이러한 개념을 이용하여, 연결망 내의 전체 트리플렛 중에서 닫힌 트리플렛의 비율이 얼마나 되느냐로 계산한다. 그리고 닫힌 트리플렛이 많을수록 세 행위자 사이의 연결이 좀 더 긴밀하게 형성되어 있다고 할 수 있기

그림 7-2 ㅣ 트리플렛의 종류

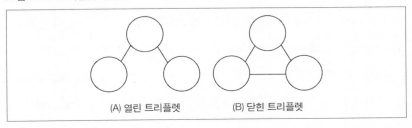

(A) 열린 트리플렛   (B) 닫힌 트리플렛

그림 7-3 ㅣ 두 관계망의 결집 계수에 따른 형태의 차이

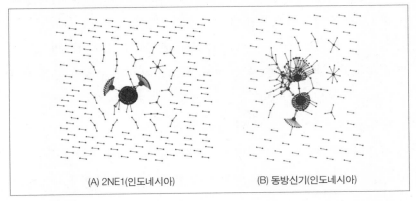

(A) 2NE1(인도네시아)   (B) 동방신기(인도네시아)

때문에 전역 결집 계수는 연결망이 얼마나 촘촘하게 형성이 되어 있는지에 대한 지표로 널리 활용된다.

특히 일반적인 연결망 분석에서 전역 결집 계수는 연결망의 형태가 특정한 행위자를 중심으로 집중되어 있는지, 아니면 여러 행위자들 사이의 관계로 분산되어 있는지를 파악하는 데 이용된다. 예컨대 행위자와 연결의 숫자가 동일한 두 연결망이 있다고 했을 때 결집 계수가 낮으면 하나의 계정이 여러 행위자들에게 영향을 미치고 있을 가능성이 높은 대신 행위자들 사이에는 연결이 존재할 가능성은 낮다고 할 수 있고, 반면 결집 계수가 높을수록 행위자들 사이의 상호작용이 더 긴밀하다고 할 수 있다.

〈그림 7-3〉은 2NE1과 동방신기에 대한 인도네시아 팬들의 연결망을 그림으로 나타낸 것이다. 두 연결망의 행위자 숫자는 각각 522개(2NE1)와 384개(동방신기)이고 연결 숫자는 386개(2NE1), 348개(동방신기)로 거의 유사하다. 그런데 결집 계수의 경우에는 2NE1은 0.0022, 동방신기는 0.0272로 차이가 난다. 그리고 이러한 결집 계수의 차이가 연결망의 구조에서 어떠한 차이를 의미하는지는 그림을 통해 확인할 수 있다. 2NE1 팬들의 관계망은 중심에 하나의 행위자가 있는 반면, 동방신기 팬들의 관계망에서는 중심이 여러 개 존재하고 있다. 정보 확산의 맥락에서 이러한 차이는 정보를 입수하는 경로의 차이로 나타난다. 2NE1 팬의 경우에 비해 동방신기 팬들의 경우가 정보를 습득할 수 있는 채널을 다양하게 보유하며, 팬들 간의 상호작용이 활발할 가능성 역시 높은 것이다.

하지만 모든 케이팝 가수들의 팬 연결망에 대해 이런 방식으로 비교하는 것은 분명한 한계를 가지고 있다. 결집 계수를 비교하기 위해서는 앞서 얘기했듯이 두 연결망 각각의 행위자 및 연결의 숫자가 거의 유사해야 하는데, 실제 데이터들에서 각 연결망들의 행위자 및 연결 숫자는 차이가 크기 때문이다. 향후 좀 더 정교한 분석 기법이 필요한 이유다.

가수별 사이버 한류 양상

앞에서 국가별로 나타나는 한류의 양상을 전반적으로 살펴봤다. 여기에서는 대표적인 한류 가수들 각각에 대해 지역별로 사이버 팬덤이 어떠한 분포를 나타내는지, 그리고 그것이 시간에 따라 어떻게 변화하며, 변화를 일으키는 주요한 원인들은 어떤 것이 있는지에 대해 살펴볼 것이다.

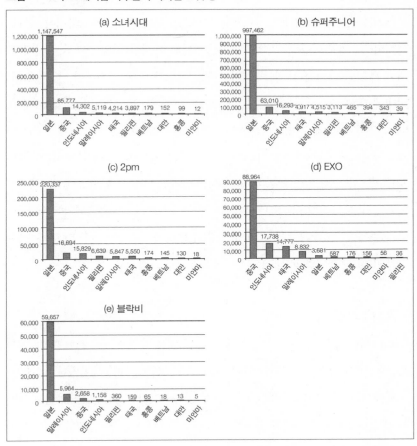

그림 7-4 | 주요 케이팝 가수들의 국가별 트윗 양

소녀시대

한국의 대표적인 걸 그룹인 소녀시대는 아시아 전체 지역 트윗 총량 중 19.8%를 차지하며 가장 높은 인기를 나타낸다. 인기가 가장 좋은 지역은 아시아 지역 최대이자 세계적으로도 손꼽히는 시장 규모를 갖고 있는 일본으로, 〈그림 7-4 (a)〉에서 볼 수 있듯 100만 개가 넘는 양의 트윗이 수집되어 아시아 전체에서 91%를 차지하고 있다. 소녀시대가 시작 단계부터 일본 시장을 겨냥하여 기획되었고 그 과정에서 유튜브와 같은 소셜 미디어를 적극적으로 활용한 결과로 보인다. 그다음으로는 중국, 인도네시아, 말레이시아, 태국 순이다. 〈그림 7-5 (a)〉는 전체 아시아 지역에서 소녀시대에 대한 트윗의 양이 시간에 따라 변화하는 정도를 나타낸 것이다. 특히 소녀시대에 대한 관심이 높아진 시점은 2012년 9월 24일과 2013년 3월 24일이다. 2만 3620개의 트윗이 발생한 2012년 9월 24일에는 소녀시대가 〈Hey Hey Hey〉라는 음악 프로그램의 생방송에, 1만 2597개의 트윗이 발생한 2013년 3월 24일에도 마찬가지로 〈정열 대륙〉이라는 토크쇼에 출연하는 이벤트가 각각 있었다. 소녀시대에 대한 인기가 가장 높은 지역이 일본인 만큼 주로 일본 국내에서 벌어지는 방송 등의 이벤트가 관심 변화에 큰 영향을 미치는 것으로 보인다.

슈퍼주니어

소녀시대에 이어 아시아 전역에서 가장 많은 트윗 양을 나타낸 것은 같은 SM 엔터테인먼트 소속인 한국 대표 보이 그룹 슈퍼주니어였다. 아시아 전역에서 슈퍼주니어가 차지하는 전체 점유율은 17.1%로 나타났고, 그중 91.5%가 일본에서 발생한 것으로 나타나 소녀시대와 거의 유사한 양상을 보였다. 그다음으로 트윗 양이 많은 국가는 중국, 인도네시아, 태국, 말레이시아 순서였다(〈그림 7-4 (b)〉).

〈그림 7-5 (b)〉에서 시간에 따른 트윗 양의 변화를 살펴보면, 특징적으로 ① 2013년 7월 27일~7월 29일, ② 2013년 8월 30일에 슈퍼주니어에 대한 관심이 급상승했음을 알 수 있다. ① 시기는 월드 투어 〈슈퍼쇼 5〉의 일본 공연에서 11만 명의 관객을 동원했던 시점이고, ② 시기는 주요 멤버 중한 명인 김희철이 공익근무에서 소집 해제된 시점이다. 소녀시대와 마찬가

그림 7-5 ｜ 주요 케이팝 가수 관련 아시아 전역 트윗 양의 시간에 따른 변화

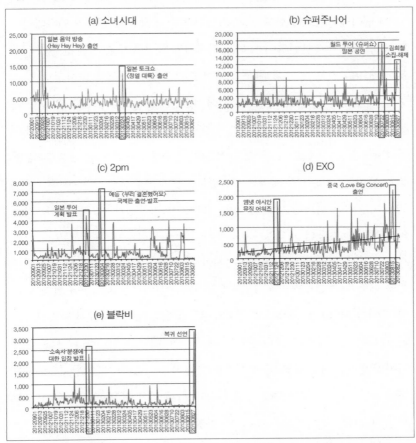

(a) 소녀시대

(b) 슈퍼주니어

(c) 2pm

(d) EXO

(e) 블락비

주: 위 그래프에서는 12일 간격으로 날짜가 표기되어 있어 각 이벤트가 발생한 날짜와 약간의 차이가 있다. 정확한 이벤트 날짜는 본문에 설명되어 있다.

지로 아시아 전역에서 슈퍼주니어에 대한 관심이 가장 많은 지역이 일본인
만큼 일본에서 이뤄진 주요한 이벤트가 전체 관심도에 큰 영향을 미치나,
②에서 볼 수 있듯이 한류의 본토인 한국 내에서 발생한 이벤트가 다른 아
시아 지역에도 영향을 준다는 것을 알 수 있다.

2PM

SM 엔터테인먼트와 함께 한국 최대의 기획사 중 하나인 JYP 엔터테인먼트 소속인 2PM과 관련하여 아시아 지역에서 발생한 트윗의 점유율은 4.3%로 전체 10위권 안에 포함된다. 2PM이 인기가 있는 지역은 순서대로 일본, 중국, 인도네시아, 필리핀, 말레이시아, 태국이다(〈그림 7-4 (c)〉). 2PM이 가장 인기 있는 지역은 역시 한류의 발원지인 일본이었고, 아시아 지역 내에서 발생하는 2PM 관련 트윗 중 필리핀과 태국에서 각각 8.8%와 8.5%의 점유율을 기록, 높은 인기를 누리고 있는 것으로 나타난다. 특히 태국에서 2PM의 인기는 멤버인 닉쿤의 고향이라는 점을 반영한 것으로, 한류 가수의 다국적화 전략이 지향하는 바를 엿볼 수 있게 한다.

〈그림 7-5 (c)〉에서 나타나듯 아시아 전역에서 2PM에 대한 관심이 급상승한 시점은 ① 2013년 2월 1일과 ② 2013년 1월 1일이다. ①은 2PM 멤버인 택연이 MBC TV 프로그램 〈우리 결혼했어요〉의 국제판에 출연한다는 발표가 이뤄진 시점이고, ②는 일본 투어에 대한 계획이 발표된 시점이다. 케이팝의 전파에서 한국 국내의 예능 방송이 갖고 있는 역할이 중요하다는 점을 나타내는 결과로, 이를 통해 한류가 서로 다른 장르 간에 복합하는 양상을 나타내며 전파되고 있음을 알 수 있다.

EXO

한국 최대의 기획사인 SM 엔터테인먼트가 중국 시장을 겨냥하여 제작한 다국적 그룹 EXO는 그 전략을 그대로 반영하듯 중국에서 가장 높은 인기를 나타냈다. 그 뒤를 이어 인도네시아, 태국, 말레이시아, 일본의 순서로 나타난다(〈그림 7-4 (d)〉). 다른 가수들과 달리 이례적으로 일본에서의 인기는 저조한 편이다. 특징적인 것은 각 지역별로 봤을 때 일본을 제외한

그림 7-6 ┃ EXO의 지역별 트윗 점유율

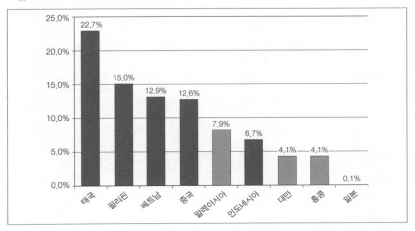

그림 7-6 ┃ EXO의 지역별 트윗 점유율

주요 아시아 국가들에서 EXO가 모두 1위를 차지하고 있다는 점으로, 〈그림 7-6〉에서 볼 수 있듯이 태국에서 22.7%, 베트남에서 12.9%, 중국에서 12.6%의 점유율을 나타냈다. 소녀시대와 슈퍼주니어 등 초기 한류를 이끌었던 가수들이 일본 시장에 집중했다면, 상대적으로 최근에 기획된 EXO의 경우에는 일본 외의 시장을 겨냥하고 있다는 점에서 새로운 한류의 확산이 이제 아시아 전역에서 발생하고 있음을 알 수 있다.

　이와 같은 한류의 양상 변화는 〈그림 7-5 (d)〉에서 볼 수 있는 시간에 따른 EXO의 인기 변화에서도 나타난다. 그림을 보면 전반적으로 성장세인 가운데 ① 2013년 8월 18일과 ② 2012년 11월 30일에 급증하고 있음을 관찰할 수 있다. ①은 중국에서 〈Love Big Concert〉에 출연한 동영상이 업로드된 시점이며, ②는 엠넷 아시안 뮤직 어워즈가 홍콩에서 개최된 시점이다. EXO에 대한 주된 관심이 중국 시장에서 발생하는 만큼 중국 관련 이벤트에 트위터 사용자들이 민감하게 반응하고 있다는 점을 알 수 있다.

블락비

최근 유럽에서 공연을 연일 매진시키며 새로운 한류의 주역으로 떠오르고 있는 블락비의 경우에도 관련 트윗의 대부분이 일본에서 발생하는 것으로 나타났다. 아시아 지역 전체에서 블락비 관련 트윗의 85.2%는 일본의 팬들이 업로드한 것이었다. 이는 다른 가수들과도 유사한 경향이나, 이례적으로 그다음으로 높은 지역은 중국이 아닌 말레이시아로 나타났다(〈그림 7-4 (e)〉). 이 역시 일본과 중국 중심이었던 한류가 아시아의 다른 국가로 전파되고 있음을 시사하는 결과다. 하지만 현재 활발한 활동을 보이고 있는 블락비의 경우 분석 기간인 2012년 9월~2013년 8월에는 소속사와의 분쟁으로 인해 활동에 제약을 받은 상황이었다. 이러한 상황은 블락비 관련 트윗의 시간에 따른 변화에서도 확실하게 나타나는데, 〈그림 7-5 (e)〉에서 볼 수 있듯이 이례적으로 트윗 양이 많이 나타난 시점인 2013년 1월 4일은 블락비가 이전 소속사와의 관계에 대한 본인들의 공식 입장을 발표한 날이고, 정점을 기록한 같은 해 8월 29일은 오랜 활동 중단을 마감하고 복귀를 선언한 시점이다. 역시 한국 본토에서 발생한 이벤트에 대해 아시아 전역에서 관심을 갖고 있음을 알 수 있다.

사이버 한류의 미래

여기까지 우리는 최근 음악 팬덤의 형성에서 중요한 역할을 하고 있는 소셜 미디어에서 한류가 어떤 양상을 가지고 있고 어떻게 변화하고 있는지를 한국 외의 아시아 주요 국가들을 중심으로 살펴봤다. 구체적으로는 대표적인 소셜 미디어 중 하나인 트위터에서 주요 한류 가수들과 관련한 데이터를 수집하여 이를 바탕으로 케이팝에 대한 지역별 관심의 분포를 살펴보는 한편, 케이팝 팬들의 연결망 분석을 통해 케이팝 확산의 구조를 알 수 있었다.

우선 지역별 분포를 살펴보면, 역시 케이팝에 대한 관심이 높은 것은 한류의 진원지인 일본과 중국이었다. 하지만 국가별 인구를 감안하여 얼마나 활발하게 얘기하고 있는지를 살펴본 결과, 오히려 말레이시아, 인도네시아, 태국, 필리핀이 아시아 제2의 시장인 중국을 능가하고 있었다. 한류가 동아시아를 넘어 이제 아시아 전역으로 전파되고 있는 것이다. 그리고 소셜미디어에서 이뤄지는 케이팝의 전파에서 가장 중심적인 역할을 하는 것은 한류에 대한 소식을 다루는 뉴스 포털 사이트였다. 한류가 성숙한 일본과 중국 시장에서는 주로 자국어로 케이팝 관련 뉴스를 전하는 사이트들이 큰 역할을 하는 것으로 나타났으며, 팬들이 관심을 갖는 이벤트 역시 자기 나라에서 벌어지는 일들이었다. 반면 한류의 신흥 지역인 동남아시아 국가들에서는 영어로 된 뉴스를 제공하는 사이트들이 중요한 역할을 하는 것으로 나타났고, 이를 통해 한국 본토에서 발생한 이벤트가 이 지역 전반에 큰 영향을 미치는 것으로 나타났다. 아직 신흥 케이팝 국가들의 관심의 중심에는 한류의 본토인 한국이 있는 것이다. 한편으로는 음악뿐만 아니라 가수의 예능 프로그램 출연과 같은 이벤트에 대한 관심도 나타나 한류가 여러 장르 간에 복합적으로 연결되어 확산되는 특징을 갖고 있다는 사실 역시 확인할 수 있었다.

여전히 한류에서 가장 큰 영향력을 가지고 있는 것은 최대 기획사인 SM 엔터테인먼트 소속의 소녀시대, 슈퍼주니어 등 한류 초기부터 활동해온 가수들이었다. 하지만 일본 시장에 집중되어 있는 이들과 달리 새로운 강자로 떠오르고 있는 같은 기획사의 EXO의 경우 일본보다는 중국을 비롯한 다른 지역에서 더 큰 관심을 받는 것으로 나타나 한류의 확산에 따른 전략의 변화 역시 엿볼 수 있었다.

여기까지 트위터의 데이터를 이용하여, 아시아 전역에서 케이팝을 중심으로 한류가 어떤 양상으로 전파되었는지 살펴봤다. 하지만 우리가 이렇게 분석했던 2013년으로부터 1년이 넘는 시간이 지났고 그사이 소셜 미디어와 케이팝 모두 많은 변화를 겪고 있다. 분석 당시만 해도 가장 인기 있는 서비스 중 하나였던 트위터의 인기는 점차 시들해지고 있고, 그 대신 페이스북이 지배적인 위치를 굳히고 있는 와중에 인스타그램과 같은 새로운 소셜 미디어가 떠오르고 있는 상황이다. 한때 가장 인기 있던 소셜 미디어였던 마이스페이스가 이제는 아무런 존재감이 없게 된 것처럼, 소셜 미디어 환경은 지금도 변하고 있고, 앞으로도 계속 변화할 것이다.

한편 케이팝은 아시아를 넘어 유럽과 남미까지 활동 반경을 넓히고 있지만, 동시에 중국 시장이 성장함에 따라 추격을 받고 있는 상황이다. 그 일례가 중국 시장을 겨냥하여 만들어진 다국적 그룹 EXO에서 중국인 멤버들이 독립을 선언하고 중국 본토에서의 활동에 집중하는 상황이다. 더욱이 한국 음악 시장의 고질적인 문제, 즉 90%를 아이돌을 위시한 댄스·발라드 음악이 장악하고 있는 편향은 과연 케이팝이 지금과 같이 계속 성장할 수 있을지에 대한 의문을 제기하게 한다. 사실 세계시장을 양분하고 있는 것은 록 음악과 팝 음악으로 각각 30% 수준의 시장 점유율을 갖고 있다. 그리고 여기서 팝 음악도 대부분 솔로 가수를 지칭하는 것으로 국내에서 통용되는 댄스·발라드와는 차이가 있다. 오히려 현재 케이팝의 주류를 차지하고 있는 아이돌은 세계시장에서는 소수 장르인 것이다. 이런 측면에서 국내에서는 별다른 대중적인 반응을 얻지 못한 채 인디 시장에 머물고 있는 록 밴드들이 해외에서 좋은 반응을 얻고 있는 것은 앞으로 케이팝과 한류가 지금까지와는 다른 양상을 띠게 될 가능성을 보여준다. 더 다양한 소셜 미디어에서 더 다양한 케이팝이 전파되는 과정을 앞으로도 계속 살펴봐야 할 이유다.

찾아보기

버즈 125
베버, M.(M. Weber) 65
복잡계(complex system) 209~210, 221,
　227, 229
부르디외, P.(P. Bourdieu) 98
붕당 111
붕당정치 111
블라지, A.(A. Blasi) 41~42
블락비 252~253, 262
빅 북 운동 96
빅 브라더의 문제 76~77

(ㅅ)
사생활 180~181
사이버 문화 73
사이버 불링 40, 109
사이버 스토킹 109
사이버 폭력 109
사회 연결망 분석 244, 250~251, 254
사회적 실재감 이론 45
사회적 인정 182
사회화 75
서울시장 (보궐)선거 115, 124~125, 132,
　135
선호적 연결 210, 220~222, 227, 232
소녀시대 241~242, 251~253, 257~258,
　261, 263
소비문화 138~143, 148, 168~169, 172
숙의 130, 135
숙의민주주의 74, 135~136
슈퍼주니어 241, 252~253, 258~259, 261,
　263
슐러, J.(J. Suler) 45~47
스타 177, 183, 192, 201
승자 독식 208, 229~231, 233
신부족 141, 162~163, 165~167
실러, H. I.(H. I. Schiller) 66
심리적 거리 28, 34

싸이 240, 243, 249, 252

(ㅇ)
여론 107~108, 115~116, 121, 123, 125,
　131~132
영향력자 115~117, 123, 126~133
≪오마이뉴스≫ 119
오케이 고(Ok Go) 236, 239~240, 242
오픈코스웨어(OCW) 91
오피니언 리더 131
온화한 탈억제 46
유독한 탈억제 46
유유상종(homophily) 208, 223, 225, 227,
　229~231
유튜브(YouTube) 236, 239, 241~243, 245,
　249
유희적 문화 119, 123
의제화 107
익명성 27, 30, 74, 76
일베 131

(ㅈ)
자긍심 193
자기 일관성 41, 43
자발성 74, 76
자아 139, 141, 144, 146, 168, 170
자아 모델 42
전역 결집 계수 254~255
접근성의 불평등 82
정보격차 67, 77~79
정보사회 66
정보의 가치 69
정보 폭포 222, 225, 227
정체성 180
제니캠(JenniCam) 193~194
조인슨, A.(A. Joinson) 44
중앙성 251~254

| 엮은이 |

조화순 연세대학교 정치외교학과 교수로 재직 중이며 동 대학교 정보사회연구센터장을 겸하고 있다. 연세대학교 정치외교학과를 졸업하고 미국 노스웨스턴 대학교에서 정치학 박사 학위를 받았다. 정보사회진흥원 책임연구원, 서울과학기술대학교 IT정책전문대학원 교수, 하버드 대학교 방문교수를 역임했다. 주요 관심사는 정보 기술의 발전에 의해 추동되는 정치와 사회의 패러다임 변화이며 정보혁명과 국제·국내 거버넌스의 변화, 권력 변화와 미래 통치 질서, 정치경제적 갈등과 협력 등을 연구하고 있다. 최근에는 세계적 연구자들과 함께 '쏠림과 불평등: 네트워크 사회의 민주주의와 사회통합' 팀을 이끌며 소셜 미디어, 빅데이터 연구를 진행하고 있다. 주요 저서로는 *Building Telecom Markets: Evolution of Governance in the Korean Mobile Telecommunication Market*, 『디지털 거버넌스: 국가·시장·사회의 미래』, 『정보시대의 인간안보: 감시사회인가? 복지사회인가?』, 『소셜네트워크와 정치변동』(공저), 『집단지성의 정치경제: 네트워크 사회를 움직이는 힘』(공저), 『소셜 네트워크와 선거』(공저) 등이 있으며, 다수의 논문을 집필했다.

| 지은이 | (수록순)

조화순 미국 노스웨스턴 대학교에서 정치학 박사 학위를 받았으며, 현재 연세대학교 정치외교학과 교수와 동 대학교 정보사회연구센터장을 겸하고 있다. 정보사회진흥원 책임연구원, 서울과학기술대학교 IT정책전문대학원 교수, 하버드 대학교 방문교수를 역임했다.

추병완 서울대학교 사범대학 윤리교육과 및 대학원을 졸업하고, 미국 조지아 대학교에서 철학 박사 학위를 취득했다. 현재 춘천교육대학교 윤리교육과 교수로 재직하고 있다. 주요 저서로는 『다문화사회에서의 반편견 교수 전략』, 『도덕교육의 이해』, 『정보윤리교육론』, 『다문화 도덕교육의 이론과 실제』 등이 있으며, 주요 역서로는 『미래사회를 위한 준비: 도덕적 생명 향상』, 『도덕 발달 이론』 등이 있다.

박근영 일리노이 대학교(University of Illinois at Urbana & Champaign)에서 박사 학위를 받았고, 현재 연세대학교 사회과학연구소 전문연구원으로 재직하고 있다. 주요 논문으로는 「『구별짓기』의 한국적 문법: 여가활동을 통해 본 2005년 한국사회의 문화지형」(공저), 「영화관람 행위에 있어 옴니보어(Omnivore) 존재 여부에 대한 실증적 고찰」 등이 있다.

함지현 덕성여자대학교에서 정치외교학 학사 학위를 받고, 현재 연세대학교 정치학과 대학원 석사과정에 재학 중이다.

서우석 서울대학교 사회학과에서 학사와 석사를 마치고, 독일 쾰른 대학교에서 사회학 박사학위를 받았다. 현재 서울시립대학교 도시사회학과 교수와 동 대학교 도시과학대학원 문화예술관광학과 교수로 재직하고 있다. 주요 저서 및 논문으로는 「네트워크화된 문화소비자와 문화자본」, 「문화여가활동이 경제적 빈곤층의 행복과 사회자본 형성에 미치는 영향」, 『청소년문화론』(공저) 등이 있다.

최항섭 프랑스 파리 5대학교에서 사회학 박사 학위를 받고, 현재 국민대학교에서 사회학과 교수로 재직하고 있다. 주요 저서로는 『디지털 사회론』, 『감정과 이미지의 사회학 이론』, 『소셜 미디어 시대를 읽다』(공저) 등이 있다.

이호영 서울대학교 사회학과에서 학사와 석사를 마치고, 프랑스 파리 5대학교에서 사회학 박사 학위를 받았다. 현재 정보통신정책연구원 정보사회분석실 연구위원으로 재직하고 있다. 주요 저서 및 논문으로는 『인터넷 권력의 해부』(공저), 「디지털 시대의 문화자본과 불평등」(공저), 「문화자본과 영화선호의 다양성」(공저) 등이 있다.

고건혁 현재 KAIST 문화기술대학원 박사과정에 재학 중이다. 독립 음반 제작사 붕가붕가레코드의 창업자이자 대표로서 2005년 이후 장기하와 얼굴들, 술탄 오브 더 디스코 등 아티스트들의 음반을 제작하며 음악 산업 현장에서 활동하고 있다. 2014년 한국대중문화예술상 문화부장관상을 수상한 바 있다.

김정민 KAIST 전산학 학사, KAIST 문화기술대학원 석사를 마치고, 현재 KAIST 문화기술대학원 소셜컴퓨팅랩 박사과정에 있다. 공공 빅데이터 분석을 통한 도시·교통 연구를 수행하고 있다.

이원재 연세대학교에서 사회학 학사와 석사를 취득하고, 시카고 대학교 사회학과에서 네트워크, 교환이론, 지위 연구로 박사 학위를 받았다. 현재 KAIST 문화기술대학원에서 소셜컴퓨팅, 사회학을 가르치고 있다.

한울아카데미 1799

사이버 공간의 문화 코드

ⓒ 조화순 외, 2015

엮은이 ┃ 조화순
지은이 ┃ 조화순·추병완·박근영·함지현·서우석·최항섭·이호영·고건혁·김정민·이원재
펴낸이 ┃ 김종수
펴낸곳 ┃ 도서출판 한울
편 집 ┃ 이수동

초판 1쇄 인쇄 ┃ 2015년 6월 15일
초판 1쇄 발행 ┃ 2015년 6월 30일

주소 ┃ 413-120 경기도 파주시 광인사길 153 한울시소빌딩 3층
전화 ┃ 031-955-0655
팩스 ┃ 031-955-0656
홈페이지 ┃ www.hanulbooks.co.kr
등록번호 ┃ 제406-2003-000051호

Printed in Korea.
ISBN 978-89-460-5799-9 93300

* 책값은 겉표지에 표시되어 있습니다.